# 청소년프로그램 개발과 평가

# 청소년프로그램 개발과 평가

김동일·추 양·이학곤·천은영·유승창
전대성·오현숙·신선애·이송희·박호문 공저

## Youth Program Development and Evaluation

dm 동문사

PREFACE

# 머리말

현대사회는 정보화와 디지털을 넘어 인공지능(AI)이라는 급변하는 사회 환경 속에서 살아가고 있다. 과학기술의 발전과 정보화의 가속화는 우리의 삶을 편리하게 하였지만, 그와 동시에 새로운 도전과 문제가 만들어지고 있다. 이러한 환경 속에서 청소년은 학업, 또래 관계, 외모, 진로에 대한 사회적 기대로 인한 많은 영향을 받고 있으나, 청소년을 위한 프로그램은 부족한 현상이다. 청소년기는 단순히 어른으로 성장하기 위한 과도기가 아니라 개인의 정체성을 확립하고 미래를 설계하는 중요한 시기이다. 그러므로 청소년프로그램은 단순히 활동의 제공을 넘어, 청소년이 자신을 이해하고 사회와 긍정적으로 상호작용하며, 개인적 잠재력을 발휘할 수 있도록 돕는 역할을 한다.

이 교재는 청소년프로그램의 개발과 평가를 중심으로, 실질적인 이론과 실무적 통찰을 제공하며, 프로그램의 기획 단계부터 최종 평가에 이르기까지, 프로그램 운영의 전 과정을 체계적으로 다루었다. 청소년이 단순한 참여자가 아니라, 능동적이고 주체적인 역할을 하는 존재로 보고, 적극적으로 프로그램 과정을 통해 개인적 성장과 사회적 변화를 동시에 경험하도록 돕는 데 중점을 두었다.

1장~3장에서는 프로그램의 이해와 특성, 그리고 개발 원리와 기본요건 그리고 개발이론과 접근방법 등의 청소년 발달 이론과 프로그램 개발의 기초 원리를 다룬다. 청소년기의 심리적·사회적 특성을 이해하는 것은 프로그램 설계의 출발점이 된다. 이론적 배경은 청소년의 요구와 욕구를 더 명확히 정의하고, 이에 맞는 목표와 내용을 구성하는데 중요한 기반을 제공한다.

4장~11장에서는 프로그램의 기획과 요구분석 그리고 목적 및 목표와 설계,

그리고 인적자원, 물적자원, 재정자원, 정보자원의 활용과 마케팅 등에 대한 실행과 운영, 관리에 대한 구체적인 접근법을 제안하였다. 프로그램이 청소년들에게 긍정적인 영향을 미칠 수 있도록 실행과정에서 피드백을 수집하고 이를 바탕으로 유연하게 대응하는 능력이 중요하다.

12장과 13장은 프로그램 평가의 중요성과 방법론에 대해 다루었다. 평가 과정은 단순히 프로그램의 성패를 판단하는 것이 아니라, 프로그램의 강점과 약점을 파악하고 이를 개선하기 위한 중요한 단계이다. 청소년프로그램의 평가는 질적·양적 자료수집을 포함하여 다양한 관점을 고려해야 하며, 이를 통해 프로그램의 효과를 명확히 확인하고 학습할 기회를 제공한다.

마지막으로, 청소년프로그램을 설계하고 평가하는 모든 과정에서 청소년의 목소리와 참여를 중심에 두어야 하며, 청소년이 프로그램의 수동적인 대상이 아니라 그들의 삶과 환경에 긍정적인 변화를 끌어내는 중요한 주체로, 프로그램이 단기적인 활동의 제공에 그치지 않고 청소년의 삶에 지속적이고 의미있는 변화를 불러올 수 있도록 장기적인 관점으로 설계되어야 한다고 강조하였다.

이 교재를 통해 청소년들의 성장과 변화를 지원하려는 모든 이들에게 유용한 안내서가 되기를 바라며, 청소년을 위한 창의적이고 효과적인 프로그램 개발로 긍정적인 다양한 경험과 지속적인 성장을 이룰 것이며, 청소년교육의 창의적인 미래를 함께 만들어가길 소망한다.

2025년 2월

저자 일동

CONTENTS

# 차 례

## Chapter 04 청소년프로그램 기획



## Chapter 05 청소년프로그램 요구분석



## Chapter 06 청소년프로그램 목적 및 목표



## Chapter 07 청소년프로그램 설계

## Chapter 12 청소년프로그램 평가



## Chapter 13 청소년프로그램 인증과 관리



## 부록: 청소년프로그램의 사례

Chapter

01

# 청소년프로그램의 이해와 특성

# 1. 청소년의 이해

## 1) 청소년의 개념

청소년의 개념은 시대의 상황에 따라 또는 사회와 문화에 따라 청소년의 범위가 다르게 적용되어 있다. 사회·문화적 배경에 따라 청소년기는 짧거나 길 수도 있고 심지어 그 시기를 그냥 지나칠 수도 있다. 청소년기가 뚜렷하게 존재하지 않는 문화나 사회에서는 아동이 그 사회의 고유한 통과의례를 거치면서 성인으로 받아들여졌다(천정웅, 2021). 원시 문화에서의 사냥의식이나 성인의식 등이 해당한다. 그러나 현대사회에서는 고등교육의 확대로 인해 재학 기간이 연장되고 직업훈련 기간이 늘어남에 따라 청소년기는 점차 길어지고 있는 것이 보편적인 현상이다(홍봉선 외, 2018). 우리나라도 각 법률에 따라 청소년의 범위가 다르게 적용되고 있다. 즉, 「아동복지법」 및 「UN아동권리협약」에 따라 아동은 0~18세 미만과 「청소년기본법」 등에 따른 청소년의 연령은 9~24세 이하인 자로 나누어 아동정책과 청소년 정책을 구분하기도 한다. 그 외에도 「청소년보호법」에는 19세 미만인 자, 「민법」에서는 청소년에 해당되는 미성년자를 20세 미만인 자로 구분하고 있다.

**| 표 1-1 | 각국의 청소년 연령 범주**

| 국가명 | 연령층(세) | 국가명 | 연령층(세) |
|---|---|---|---|
| 가봉 | 7~14 | 스페인 | 30세까지 |
| 그리스 | 14~30 | 시리아 | 15~24 |
| 네팔1) | 40세 이하 | 아르헨티나 | 40세까지 |
| 레소토 | 15~45 | 오스트리아3) | 14/40~25/27 |
| 르완다 | 7~24 | 요르단 | 15~24 |
| 마다가스카르 | 15~30 | 에티오피아 | 14~30 |
| 미국 | 16~24 | 이란 | 15~30 |
| 방글라데시 | 15~30 | 이집트 | 18~35 |
| 벨기에 | 26세까지 | 인도 | 15~30 |
| 부르키나파소 | 7~25 | 자메이카 | 15~25 |
| 불가리아2) | 14~35 | 잠비아 | 12~35 |
| 브라질 | 14~24/30 | 중국 | 7~30 |
| 부룬디 | 21세까지 | 콩고 | 6~35 |
| 산마리노 | 26세까지 | 핀란드 | 29세까지 |
| 스리랑카 | 15~29 | 한국 | 9~24 |
| 스위스 | 15~34 | 헝가리4) | 15~35 |

비고: 1) 청소년연구원 규정, 2) 각기 다른 보고자료 응답, 3) 연방주에 따라 다름, 4) 인력자원부 청소년국

출처: 이복희 외. (2018). 청소년지도자와 평생교육사를 위한 청소년교육론. 서울: 학지사.

우리나라에서는 아동, 미성년, 소년, 10대, 사춘기, 청춘기, 젊은이 등 다양한 용어와 호칭으로 청소년을 표현한다. 영어권에서는 '애덜레센트(adolescent)'와 '퓨버티(puberty)', '유쓰(youth)', '틴에이져(teenager)'라는 용어들이 있다. 이러한 용어들은 접근방법에 따라 조금씩 다르다. adolescent와 puberty는 심리, 생리, 발달론적 접근으로 이해되고, youth, teenager는 사회문화적 접근으로 이해된다 (최윤진, 2008).

애델레슨스(adolescence)라는 청소년기는 연령층 집단을 의미하는 것으로 미국

의 심리학자 스탠리 홀(Granville Stanley Hall, 1844~1924)이 1904년에 발간한 『청소년기: 심리학 그리고 청소년기와 생리학, 인류학, 사회학, 성범죄, 종교 및 교육의 관계(Adolescence: Its Psychology and Its Relations to Psychology, Anthropology, Sociology, Sex, Crime, Religion, and Education)』라는 저서를 발간(박정임, 2015)하면서 청소년기를 adolescence란 용어를 사용하였다. 그 어원을 살펴보면, 라틴어의 동사인 '아돌레스케레(adolescere)'에서 '성장하다', 또는 '성숙에 이르다'라는 뜻이 있어 미성숙한 상태를 벗어나는 과정을 의미한다(Lerner et al., 2009; 김성이 외, 2013).

홀(Hall)에 따르면 발달의 네 단계, 즉 유아기, 아동기, 청소년기, 청년기 중 청소년기는 12세에서 23세까지의 연령 범위에 해당하며, '질풍노도(疾風怒濤, storm and stress)'로 특징지어진다. 질풍노도는 청소년기가 갈등과 정서 혼란으로 가득 찬 격변기임을 나타내기 위하여 홀이 명명한 개념이다(이복희 외, 2018).

이 저서에서 청소년기는 자연적이며 생리적인 발달 때문에 진행되는 과정이어서 모든 인간에게서 공통적인 특성을 보이지만, 동시에 사회문화적인 조건에 따라 그 특성이 달리 나타난다고 설명하고 있다(김동호, 2016). 그러므로 청소년기를 이해하기 위해서는 먼저 심리학적 관점에서 설명하고 동시에 생리학적 접근, 인류학적 접근, 사회학적 접근 등 학제적인 접근이 필요하다(Youniss et al., 2005).

## 2) 청소년기 발달특성

청소년기는 신체적 · 성적 발달 및 변화뿐만 아니라, 인지적 발달, 정서적 발달, 사회적 발달, 영성적 · 종교적 발달 및 변화가 큰 시기이며, 생애 주기 중에서도 발달과 변화 수준이 가장 높고 이에 따라 사회 체계적 지원과 관심이 가장 요구되는 시기이다(천정웅, 2021). 특히 이 시기에 두드러지는 특성이 신체적으로나 심리적으로 뚜렷하게 나타난다. 제2차적 성적 발달 및 특징의 변화가 확실히 나타나는 시기이다. 때로는 이러한 신체적 변화로 심리적인 갈등과 긴장,

두려움과 공포를 느끼게 되며 스트레스의 원인이 된다. 이러한 신체적 변화는 오히려 성장을 의미하는 자연스러운 생물학적인 연속 현상이 된다. 유아기와의 단절을 거치면서 청소년들은 더욱 그들의 신체에 더 신경을 쓴다. 즉, 그들 자신의 '보디 이미지(Body image)' 같은 것에 더 신경을 쓰게 된다(한준상, 2009).

### (1) 신체적 · 생리적 발달

청소년기 성장폭발(growth spurt)은 유전, 영양 상태, 후천적 환경요인 등에 따라 영향을 받을 수 있지만, 인간발달에 보편적으로 보이는 현상이다. 개인차가 있을 수 있지만 보통 여아가 남아보다 2~3년 빨라서 대체로 여자의 경우 11세 경에, 남자의 경우 13세경에 시작해서 4년 정도 지속한다고 한다(Tanner, 1991).

신장과 체중의 증가와 더불어 다른 신체 변화도 나타나는데, 남성은 어깨가 넓어지고 근육이 발달하여 남자다운 체형으로 변모하고, 여성은 골반이 넓어지고 피하지방이 축적되어 여자다운 체형으로 변모한다(김현준, 2016). 머리 크기가 신체에서 차지하는 비중이 작아지고, 얼굴 모양은 둥근형에서 길쭉한 형으로 변화하며, 코와 입이 크고 넓어져 전체적인 윤곽이 달라진다(Lloyd, 1985). 외적인 신체 변화와 더불어 소화기관, 폐, 심장 등 신체 내부에서도 변화가 일어난다. 신체 변화에 영향을 미치는 요인은 유전, 영양상태, 건강상태, 환경, 인종, 기후, 성장 호르몬 분비 등 다양하다(임형택 외, 2013).

청소년기는 호르몬 변화로 인한 제2차 성징(secondary sexual character)이 일어나는 시기로 급격한 신체 및 생리적 발달과 성숙이 이루어진다. 또한, 남자 또는 여자로서 성장이 이루어지는 시기이기도 하다. 이 시기에 남성의 경우 안드로젠(androgens) 호르몬이 분비되어 남성 성징(male sexual symbols)이 나타나며, 여성에게는 에스트로젠(estrogens) 호르몬이 분비되어 여성 성징(female sexual symbols)이 나타난다(박진규 외, 2024).

여성 호르몬은 여성의 사춘기에 가슴과 자궁 발달, 골격 변화와 음모 발달을 가져오며, 여아는 일정 체중, 즉 47kg 정도에 도달하면 초경이 시작되기도 한다. 남성 호르몬은 신장의 발달과 정자 생산 및 성욕 증가를 가져온다. 급격한 신체적·성적 변화는 청소년의 심리와 행동에 일관성이 없고 불안정하게 느끼며 정서의 기복이 크다. 또한, 신체 각 부분의 불균형적인 발달로 청소년에게 자신감 상실과 정서 불안과 같은 부적응 현상이 나타나기도 한다. 반면에 자아 의식의 고취와 고독을 즐기며 낭만적·감성적 경향을 보이기도 한다. 두드러진 현상은 자아 정체감의 확립과 독립 욕구가 있다. '나는 누구인가?'에 대한 해답을 구하는 과정이다. 자기 자신이 얼마나 가치 있고 중요한 존재인가에 대한 질문에 답을 찾기 시작한다(김영화 외, 2017). 이 시기에는 자신이 독특한 존재로 인식되길 원하고, 부모에게서 벗어나 독립적으로 행동하기를 원한다. 이에 따라 부모에 대한 신뢰감이나 존경심이 줄어들고, 자립적이며 독립적인 인간관계가 가능한 친구 관계를 중요시하게 된다. 청소년기에 올바른 자아 정체감이 형성되지 못하면 자신의 존재와 역할에 대한 혼란이 일어나 자기 아닌 타인을 영웅시하여 맹목적으로 추종하거나 비합리적인 집단행동을 하게 된다(이복희 외, 2018).

### (2) 지적 · 인지적 발달

청소년기 지적·인지적 발달특성으로는 추상적이고 조합적 사고 발달, 자아 정체감 형성 및 가상 청중(imaginary audience), 개인적 우화(personal fable), 도덕성 발달이 이루어지는 시기이다(홍봉선 외, 2018). 청소년기에는 추상적 사고가 가능하다. 피아제(Piaget)의 인지발달이론에 의하면 형식적 사고가 가능하기 때문에 형식적 논리에 따라 추상적 사고와 은유가 활발해진다. 또한, 문제 발생 시 본질적인 사고가 가능하다. 따라서 자신의 사고 자체를 대상으로 하여 자기성찰이나 자기반성을 가짐으로써 자아 정체감을 획득하는 데 많은 도움을 준다.

**| 표 1-2 | 피아제의 인지발달단계**

| 단계 | 구분 | 주요 특징 |
|---|---|---|
| 감각운동기 | 0~2세 | • 대상연속성의 개념 발달 |
| 전조작기 | 2~4세(전개념적 사고기)<br>4~7세(통찰적 사고기) | • 물활론적 사고<br>• 보존성의 개념 이해 |
| 구체적 조작기 | 7~11/12세 | • 자기중심적 사고에서 벗어나기 시작 |
| 형식적 조작기 | 11/12~14/15세 | • 논리적 사고의 급성장 |

출처: 김영화 외. (2017). 오늘의 청소년, 그들은 누구인가?: 청소년복지론. 파주: 정민사.

청소년의 행동적 특성은 청소년 시기를 거치면서 청소년이 경험하는 심리적 특성의 표출결과이며, 이를 체계적으로 잘 분석하여 제시하고 있는 학자는 에릭슨(Erick Erikson)이다. 에릭슨은 발달단계에 따라 각각 독특한 과업을 성취하게 되어 있다. 청소년기에 해당하는 시기는 4~6단계와 그에 따른 과업이다. 그중에서도 가장 중요한 단계와 과업은 5단계에서 이루어지는 자기 정체감과 역할을 확립하는 과업이다(박진규 외, 2024).

**| 표 1-3 | 에릭슨의 8단계 발달이론**

| 단계 | 심적 발달위기 | 연령 | 주요 과업 |
|---|---|---|---|
| 1 | 신뢰 대 불신<br>(trust vs. mistrust) | 0~1세 | 수유활동<br>(feeding) |
| 2 | 자율성 대 수치 혹은 의혹<br>(autonomy vs. shame, doubt) | 2~3세 | 배변활동<br>(toileting) |
| 3 | 자주성 대 죄악감<br>(initiative vs. guilt) | 4~5세 | 조작활동<br>(locomoting) |
| 4 | 근면성 대 열등감<br>(industry vs. inferioritiy) | 6~11세 | 학교활동<br>(schooling) |
| 5 | 자기정체감 대 역할혼미<br>(identity vs. role confusion) | 12~18세 | 동료관계<br>(peer relationship) |

| 단계 | 심적 발달위기 | 연령 | 주요 과업 |
|---|---|---|---|
| 6 | 친밀성 대 고립감<br>(intimacy vs. isolation) | 19~24세 | 연애관계<br>(love relationship) |
| 7 | 생산성 대 침체성<br>(generativity vs. stagnation) | 25~54세 | 부모역할과 새 창의성 발휘<br>(parenting & creating) |
| 8 | 자아통합성 대 절망감<br>(ego-integrity vs. despair) | 54세 이상 | 삶의 수긍 태도<br>(accepting one's life) |

출처: 박진규 외. (2024). 청소년문화(2판). 서울: 학지사.

또한, 청소년은 자신이 특별한 존재라고 보는 독특성에 빠져들어 강한 자아 의식을 보이게 된다. 엘킨드(Elkind)는 청소년기의 자아 중심성이 개인적 우화(personal fable), 상상 속 청중(imaginary audience)의 특성으로 나타난다고 하였다(Elkind, 1967; 1978).

개인적 우화란 자신을 특별하고 독특한 존재라고 생각하며, 자신의 감정이나 경험 세계는 다른 사람의 그것과 근본적으로 다르다고 믿는 것으로서 자신을 불멸의 존재로 착각하여 때론 무모한 행동을 서슴지 않고 감행하기도 한다(황철하, 2016).

상상 속의 청중은 과장된 자의식으로 인해 자신이 타인의 집중적인 관심과 주의의 대상이 되고 있다고 믿는 것이다. 이것이 청소년에게 자신을 무대 위의 배우로 생각하여 배우처럼 과장된 행동을 하거나 또는 남이 의식하지 못하는 실수를 하고도 무척 당황해하는 특성을 갖는다(이복희 외, 2018).

### (3) 심리 · 사회적 발달

청소년기의 부모-자녀 관계는 애착과 자율성이라는 핵심적 요소로 이해될 수 있다. 청소년들은 부모에게 의존하기보다는 자기 스스로 삶의 방향을 나아가기를 원한다. 이러한 자율성의 추구는 청소년 내부에 내재화된 부모의 가치와 질서를 자기의 것으로 발전시키려고 하는 내적 갈등 차원으로 이해할 수 있다. 이런 과정이 적절히 이루어지면 청소년은 개별화되어 간다. 개별화(individuation)는 청소년이 부모와 정서적인 유대를 지속하면서 자신을 부모와 다른 독특한 한 사람의 인격체로 인식하고 경험해 가는 심리적인 과정으로, 부모로부터 개별화되는 것은 애착대상, 가치관, 흥미, 관심, 진로, 공간적 거리 등 다양한 측면에서 일어난다. 아동기에는 부모가 가장 중요한 가치관의 기준이었으나 청소년기에는 부모의 가치관과 다른 가치관을 접하고 받아들이며 그것을 자신의 것으로 내면화하기 시작한다. 개별화를 위한 청소년의 노력은 건전한 성장을 위해 필요한 과정이다. 만약 청소년의 개별화 노력이 성장의 과정으로 보이지 않는다면 청소년과 부모 사이에 다양한 문제가 발생하게 된다. 따라서 부모가 자녀에 대한 애정을 표현하고 지지하면서 자율성을 키워나갈 수 있는 관계를 형성하는 것이 중요하다(임형택 외, 2013).

청소년은 친밀감과 대인 관계 욕구가 증가하는데 부모의 의존보다 이성 친구와의 친밀감 욕구가 급증한다. 청소년기에는 또래에 대한 동조성과 친밀감이 눈에 띄게 커지는 시기이며, 또래와의 친밀감은 청소년의 자아 존중감, 자아 정체성 형성에 절대적으로 필요하다. 또래 친밀감 형성이 어려운 경우에는 치명적인 정서적, 대인관계적 박탈감을 경험할 수 있다. 청소년기 심리·사회적 발달은 타인과의 상호작용으로 인해 각 개인은 상이한 발달을 경험하며, 중요한 타인에 의한 반영적 평가(reflective appraisal)는 청소년 자신의 자아 형성에 영향을 준다(천정웅, 2021).

마르샤(Marcia, 1976)는 에릭슨의 자아 정체감 발달이론을 바탕으로 정체감을 형성하는 데 있어 위기와 수행이라는 두 가지 차원을 결정적인 요소로 보고, 이 두 가지 구성 요소의 유무에 따른 조합을 통해 정체감의 범주를 네 가지로 나누어 설명하고 있다(김향은 외, 2016).

위기

| 수행 | 예 | 아니요 |
|---|---|---|
| | **성취**<br>(위기 해결) | **유실**<br>(위기 경험 없음) |
| | **유예**<br>(위기 경험 진행 중) | **혼미**<br>(위기 경험 없음) |

**| 그림 1-1 | 마르샤의 자아 정체감 범주**

출처: 정옥분. (2015). 청소년발달의 이해(3판). 서울: 학지사.

## (4) 도덕성 · 인성 발달

청소년기의 인지 발달은 도덕성 · 인성 발달과도 밀접한 관계가 있다. 인지 발달 수준이 향상됨에 따라 도덕 발달 수준도 향상된다. 그러나 각 도덕 발달에서 한 개인이 생각하며 느끼는 것과 실제로 행동으로 이어지는 것에는 차이가 있다.

콜버그(Kohlberg)는 피아제(Piaget)의 인지발달이론을 발전시켜 도덕 추론단계를 전인습적, 인습적, 후인습적 세 수준으로 구분하고 각 수준을 두 단계로 세분화하여 총 여섯 단계로 구분하였다(김애순 외, 2001). 전인습적 수준은 행위의 결과가 가져오는 보상과 처벌 때문에 옳고 그름을 판단하는 수준으로 행동의 의도보다는 결과를 중요하게 고려하며 자신이나 타인의 욕구를 충족시키는 것이 옳다고 생각한다. 인습적 수준은 사회적 기대와 규칙을 중요한 판단근거로 사용하며, 올바른 일이란 사회적 질서를 유지하는 것으로 생각한다. 후인습적 수준은 도덕적 가치와 원리에 초점을 맞추면서 개인의 권리를 존중한다. 법이나 규칙은 개인 자유의 규제가 아닌 극대화를 위해 제정된 것이기 때문에 사회적 약속은 대다수 이익을 위해 변화될 수 있다고 생각한다(백사인 외, 2015).

|표 1-4| **콜버그의 도덕성 발달단계**

| 수준 | 단계 |
|---|---|
| 제1수준: 전인습적 수준<br>(약 4~10세) | • 1단계: 처벌과 복종 순응<br>• 2단계: 상대적 쾌락주의 |
| 제2수준: 인습적 수준<br>(약 10~13세) | • 3단계: 대인 간 조화 또는 착한 소년 · 소녀 지향<br>• 4단계: 법과 질서 유지 지향 |
| 제3수준: 후인습적 수준 | • 5단계: 사회적 계약과 합법성 지향<br>• 6단계: 보편적 · 윤리적 원리의 지향 |

출처: 김애순 외. (2001). 청년기 갈등과 자기이해. 서울: 중앙적성출판사.

콜버그의 이론은 청소년의 도덕 발달을 파악할 수 있는 근거로서 유용하다. 특히 청소년 자신의 행동과 생각에서 도덕적인 측면에서 차이가 있을 때 이에 따른 임상적 개입을 어떻게 할 것인가는 개입의 초점을 정하는 데 있어 매우 중요한 과제이다(김성이 외, 2013).

## 2. 청소년프로그램의 필요성

### 1) 프로그램 개념

프로그램은 의도한 변화를 주도하는 전체 과정과 그 세부 실천전략을 보여주는 설계도와 같다. 상황변화에 따라 각기 다른 설계도가 그려지고, 서로 다른 프로그램으로 개발된다. 그리고 다양한 프로그램은 청소년 참여활동을 결정짓는 요인이 된다. 청소년시설의 정체성과 활성화 차원에서 청소년프로그램은 전략적 요소로서 역할을 한다. 한편 오늘날 사회의 변화 속도가 매우 빠르므로 새로운 지식과 정보를 습득할 수 있는 유연한 평생학습체제가 요구되고 있다. 특히 정보통신 기술의 발전으로 온라인 중심 또는 온-오프라인이 융합된 새로운 형태의 교육모형에 대한 필요성이 대두되고, 교육 공급자와 수요자 간의 경계가 사라지는 추세로 학습모임 등 새로운 형태의 청소년프로그램이 필요하게 되었다.

프로그램(Program)이란 용어는 라틴어의 'pro'와 'graphein'이라는 합성어로 '미리(before)'와 '써 놓은 것(to write)'이라는 의미가 있다. 즉 앞으로 진행될 일이나 계획 및 순서 등을 체계적으로 정리한 목록을 말한다. 프로그램 용어는 17세기부터 문헌에 등장하였고, 주로 운동회의 순서나 음악회 연주곡목 순서 등을 미리 짜 놓은 것의 의미로 사용되었다. 1920년대에 라디오가 개발되면서 방송시간표를 일컫는 말로 사용되었으며, 컴퓨터가 발달하면서 컴퓨터가 수행하는 순서에 따라 한 번에 하나씩 실행되는 명령어로 구성된 절차를 나타내는 의미로 사용되기도 하였다.

프로그램에 대한 사전적 정의는 목록, 순서, 예정, 계획 등으로 요약될 수 있다. 앞으로 진행될 일에 대한 예정이나 계획을 체계적으로 정리한 목록이며, 진행순서와 실천이 포함된 개념이라고 볼 수 있다. 계획은 추상적인 상태로 존재하는 일을 의미 있게 실행하기 위하여 절차와 방법, 규모 등을 미리 구체적으로 설계하는 것을 의미한다. 목록은 이를 위하여 필요한 인력, 예산, 활동내용, 방법 등을 실체화할 수 있는 지침으로 구체화한 것으로 볼 수 있다. 순서는 목록에 포함된 활동내용들이 어떤 순서대로 전개되고 운영되어야 하는지를 나타낸 것이다. 그러므로 청소년프로그램을 광의로 해석할 때는 '조직적인 모든 교육활동'이라고 정의할 수 있다. 하지만 협의로 프로그램을 정의할 때는 그 말이 사용되는 맥락이나 상황, 목적에 따라 다르게 정의를 규정하고 있다.

| 표 1-5 | 프로그램에 대한 사전적 의미

| 구분 | 내용 |
|---|---|
| 계획 | 추상적인 상태로 존재하는 일을 의미 있게 실행하기 위하여 절차와 방법, 규모 등을 미리 구체적으로 설계하는 것 |
| 목록 | 계획을 위하여 필요한 인력, 예산, 활동내용, 방법 등을 실체화할 수 있는 지침으로 구체화한 것 |
| 순서 | 목록에 포함된 활동내용들이 어떤 순서대로 전개되고 운영되어야 하는지를 나타낸 것 |

프로그램의 개념은 학자에 따라 다양하게 정의된다. 요크(York, 1983)는 광범위하게 프로그램을 '목표를 달성하기 위한 일련의 상호 의존적 활동'이라 정의한 바 있다. 버너(Verner, 1964)는 프로그램을 '정해진 기간에 특정한 학습 목적을 달성하도록 고안된 학습경험'이라고 하였다. 코왈스키(Kowalski, 1988)는 더 구체적으로 '조직적 · 의도적 학습활동의 설계이며 환경 · 조직 · 프로그램 · 학습자 간의 상호작용'으로 정의하였다. 보일(Boyle, 1981)은 프로그램의 의미를 보다 세분화하여 '전문가와 학습자가 참여하는 프로그램 개발을 통해 도출된 결과물'로 정의하였다. 카파렐라(Caffarella, 2002)는 '교육자와 학습자 간의 상호작용, 활동, 행정적 기능이 서로 연결되어 이루어지는 의사결정의 연속적, 역동적 과정'으로 정의하였다.

기영화(2002)는 프로그램을 목적, 대상, 내용, 구성범위 등 그 기준에 따라 다양하게 정의하고 있으며 '개인, 조직, 사회의 변화요구를 충족시키는 매개체이자 실행수단으로써 학습자의 참여를 결정짓는 요인'으로서 다차원적인 개념으로 정의하였다. 슈뢰더(Schroeder, 1980)는 이러한 학자들의 견해를 포괄하는 프로그램 정의의 공통적 요소를 정리한다면, 대체로 지역사회에서 이용 가능한 모든 교육적 활동 또는 조직 및 기관에서 제공하는 모든 교육적 노력, 특정한 집단을 위해 설계된 교육적 활동, 그리고 이러한 활동들을 서로 연결하려는 사회적 활동 등의 의미가 포함된다고 하였다. 여러 학자의 프로그램 정의를 비교해 보면 목표 달성, 교육과정, 학습경험, 상호작용 등의 용어가 공통으로 포함되어 있음을 알 수 있다.

| 표 1-6 | **학자별 프로그램의 정의**

| 구분 | 정의 |
|---|---|
| York(1983) | 목표를 달성하기 위한 일련의 상호 의존적 활동 |
| Verner(1964) | 정해진 기간에 특정한 학습 목적을 달성하도록 고안된 학습경험 |
| Kowalski(1988) | 조직적 · 의도적 학습 활동의 설계이며 환경 · 조직 · 프로그램 · 학습자 간의 상호작용 |
| Boyle(1981) | 전문가와 학습자가 참여하는 프로그램 개발을 통해 도출된 결과물 |
| Caffarella(2002) | 교육자와 학습자 간의 상호작용, 활동, 행정적 기능이 서로 연결되어 이루어지는 의사결정의 연속적, 역동적 과정 |
| 기영화(2002) | 개인, 조직, 사회의 변화요구를 충족시키는 매개체이자 실행수단으로써 학습자의 참여를 결정짓는 요인 |

출처: 신용주. (2022). 평생교육프로그램 개발론. 서울: 학지사. 재구성.

따라서 프로그램이란 특정한 교육목표를 달성하기 위하여 사전에 구체적으로 짜 놓은 효율적인 교육활동계획이라고 볼 수 있다. 보통의 경우 이러한 교육활동계획 속에는 교육목표, 교육내용, 교육방법, 교육활동, 교수자, 학습자, 교육시간, 장소, 교육매체, 교육평가 등이 포함되어 있다.

청소년프로그램이란 '조직화된 지식의 모음', '실제적 참여', '의도적 계획', '학습결과'라는 네 가지 의미가 유기적으로 어우러져 만들어진 개념이라고 볼 수 있다.

첫째, 청소년프로그램은 조직화된 지식의 모음을 의미한다. 프로그램을 교수자의 입장에서 교육내용적 측면으로 접근하면, 청소년들이 배워야 할 내용으로 조직화된 지식을 모아 놓은 교재, 교과 개요, 교수자 지침서를 의미하는 것으로 규정할 수 있다. 이러한 입장은 프로그램에 대한 가장 고전적인 정의로 보수적인 교육철학을 갖고 있는 사람들에게 보편적으로 받아들여져 왔다. 그러나 프로그램을 이렇게 지식의 완성된 형체로 생각하고 보니, 교육을 실제로 담당하는 사람이나 배우는 학습자들이 많은 혼란과 어려움을 느끼기 시작하였다. 지식은 폭발적으로 늘어나고 지식의 새로운 분야가 나타나기 시작하면서, 어떠한 지식이 참으로 필수적인 지식인가를 결정하기가 점점 어려워진 것이다. 또한 청소년보다 전문가와 교수자의 입장을 지나치게 강조하여 규범적이고 폐쇄적인 특성이 부각된다.

둘째, 청소년프로그램은 실제적 참여를 의미한다. 교육내용적 측면으로 접근하는 학자들은 교수자의 입장에서만 프로그램을 바라보려고 하는 전통적인 사고를 비판하고 있다. 즉, 청소년의 입장에서 경험이 프로그램의 실체적 내용이 되어야 한다고 주장한다. 프로그램은 우리가 살고 있는 삶을 개척하고자 하는 의도로 선택되어야 하고, 지역사회에서 주민들의 삶의 요구에 부합되도록 구성되어야 한다고 보고 있다. 따라서 프로그램이란 지도자와 전문가에 의하여 사전에 활동내용이 청소년에게 일방적으로 주어지는 내용이 아니라 프로그램 활동 속에서 청소년 개인이 갖는 교육적 경험과 체험의 의미를 지닌다고 보고 있다.

셋째, 청소년프로그램은 의도적 계획을 의미한다. 단순히 내용적인 측면에서만 생각할 것이 아니라, 그것을 실제로 어떻게 운용하느냐에 관심을 두고 접근하는 것이다. 즉, 청소년이 배워야 할 학습내용이나 청소년의 체험에 초점을 두는 것이 아니라 지도자의 입장에서 청소년활동 프로그램의 사전 계획성을 강조한 것이다. 청소년프로그램이 학습을 위한 지도자들의 의도적인 활동계획으로 접근하면, 공식적인 문서로서의 의미를 지니게 된다. 다시 말하면, 청소년프로그램은 공공적 활동계획서로서, 이는 그것을 개발하여 제공하는 쪽과 그것을 받아들여서 소비하고 사용하는 쪽 간의 검증된 약속으로서 특징을 지닌다.

넷째, 청소년프로그램은 학습결과를 의미한다. 청소년의 입장에서 교육운용적 측면으로 접근하면, 청소년의 행동변화나 학습결과를 의미하는 것으로 규정할 수 있다. 일정한 기간 동안 학습활동을 전개한 결과로서 청소년 개인의 행동변화나 조직과 지역사회의 변화 등 기대하는 결과를 의미한다.

결국, 청소년프로그램은 이러한 네 가지 의미(조직화된 지식의 모음, 실제적 참여, 의도적 계획, 학습결과)를 포함하는 것으로 상정할 때, 청소년프로그램이란 청소년활동을 주도하는 기관이 체계적으로 개발하는 총체적인 학습내용의 사전계획과 기대하는 결과라고 정의할 수 있다.

## 2) 프로그램의 의미

21세기 지식정보화 사회에서는 프로그램의 제공기관은 물론 프로그램의 특성도 시간과 장소의 제약을 점점 벗어남에 따라 프로그램의 유형과 제공 형태가 더욱 유연해지고 있다. 김진화(2011)는 프로그램의 개념을 일상적 의미, 교육적 의미 및 평생교육적 의미의 세 가지로 나누고 이를 각각 다음과 같이 설명하였다.

### (1) 일상적 의미

일상적 의미의 프로그램은 단순히 앞으로 진행될 절차나 사건, 순서와 활동만을 강조한다. 방송이나 행사, 컴퓨터 프로그램 또는 연극이나 음악회 등 각종 공연장에서 공연 내용을 안내 또는 소개하기 위해 배포되는 팸플릿이나 작은 책자 등을 통해 앞으로 진행될 내용을 쉽게 짐작할 수 있다. 따라서 일상적 의미의 프로그램은 단순한 시간적 흐름에 따라 진행될 활동의 내용이 어떠할지를 알려주는 계획에 불과하다. 프로그램 참여자에 대한 인식과 고려는 없으며 시간 흐름에 따라 열거한 사전 계획표라 할 수 있다.

### (2) 교육적 의미

교육적 의미의 프로그램이란 대개 학교교육에서 사용되는 커리큘럼과 동일한 의미로 사용된다. 단순하게 시간에 따라 진행되는 활동을 지칭하는 것이 아니라 청소년 참여와 관련된 영역의 가치를 인식하고, 학습자의 행동변화를 모색하기 위해 체계화된 교육내용을 의미한다. 전통적 의미의 커리큘럼에서는 주로 청소년이 반드시 익혀야 할 내용을 외부의 교수자와 전문가들이 합리주의 전통에 기초해 사전에 준비한 지식과 정보, 기술 및 교과 등의 교육내용을 강조한다.

#### (3) 통합적 의미

청소년교육에서 말하는 프로그램은 단위나 형식, 내용이 다양하며, 그 자체가 하나의 계획이고, 내용이며, 또 활동이기도 하다. 따라서 지금까지 커리큘럼이라는 용어를 사용하던 것에서 벗어나 청소년활동 고유의 프로그램이라는 용어를 적용할 수 있다. 즉, 커리큘럼이 의미하는 바와 같은 순차적 활동계획이라는 개념에서 벗어나, 청소년의 체험을 강조하는 교육내용을 토대로 하는 프로그램이라는 용어를 사용하게 된 것이다. 그러므로 청소년프로그램이란 일정한 기간 동안 미리 계획했던 학습결과를 성취하기 위해 체계적으로 설계한 조직화된 일련의 학습내용, 학습방법, 학습활동의 통합된 교육적 실체를 말한다(Rothwell et al., 1997). 아울러서, 프로그램은 개인, 조직, 지역사회가 교육적 경험에 의해 변화를 일으킬 수 있도록 모든 요소가 유기적 네트워크를 형성하고 있는 하나의 체계로 인식된다(Knowles, 1970).

### 3) 청소년프로그램 개발의 중요성

청소년프로그램은 학교의 교육과정과 같은 역할을 한다. 청소년프로그램은 청소년기관과 청소년들의 요구와 상황에 맞게 수시로 개발되어야 하며 전달하고자 하는 내용을 매개할 수 있는 기법 또한 매우 중요하다. 상황에 맞는 프로그램을 개발하고 그 개발된 것을 운영하고 발전시키는 일은 교육과정을 만드는 작업보다 다양한 변수를 생각해야 한다. 특히 청소년프로그램은 실행학습(learning by doing)의 성격이 강하기 때문에 지식전달에서도 활동(doing)을 통해 스스로 깨달을 수 있도록 해야 한다. 청소년프로그램 개발이 중요한 이유를 다음과 같이 설명할 수 있다(마상욱, 2024).

첫째, 청소년프로그램은 학교의 교육과정이 안고 있는 구조적인 문제점의 대안이다. 급변하는 시대에 맞지 않게 느린 변화 속도, 지식 위주의 교육, 수요자보다는 공급자 중심의 학습방법, 상대평가로 인한 청소년들의 낮은 자존감 형성 등이 대표적으로 드러난 문제이다. 이러한 문제를 해결하기 위해서는 기존의 교실에서의 교육과정 중심의 한계를 극복할 방안을 마련해야 하는데, 청소년프로그램이 대안이 될 수 있을 것이다. 우리 사회의 교육이 안고 있는 문제의 대안으로서 청소년프로그램을 볼 때 좋은 프로그램을 개발하는 것에 대한 중요성을 강조할 수밖에 없는 것이다.

둘째, 청소년프로그램의 개발은 청소년들의 결핍을 채워주는 작업이다. 청소년프로그램은 활동을 통해 살아 있는 지식의 습득, 청소년 개개인의 수준에 맞는 목표설정, 결과보다는 과정을 중요시하는 평가방법 등이 그 특징이라고 할 수 있다. 그렇기 때문에 청소년프로그램을 개발하는 작업은 교과과정 중심의 교육에서 결핍될 수 있는 것들을 채우는 역할을 할 것이다.

셋째, 청소년프로그램 개발은 현장의 경험을 구조화하는 작업이다. 청소년현장에서 청소년지도를 위해 사용하는 방법과 경험은 여러 가지가 있다. 그러나 그것이 구조화되어 있지 않다면 경험 있는 지도자가 없으므로 아무도 대신할 수 없다. 그래서 청소년프로그램 개발을 통해 구조화 작업을 하는 것이다. 프로그램이 논리적으로 구조화되어야 청소년지도자들이 누구나 쉽게 적용할 수 있다. 청소년프로그램 개발은 지도자의 많은 경험을 공유할 수 있는 좋은 방법이다.

넷째, 청소년프로그램 개발은 청소년, 가족, 사회 공동체의 문제와 요구, 그리고 결핍을 잘 분석하고 정답을 찾을 수 있도록 격려한다. 학교의 교과과정은 대상을 학습자로 국한하여 제공되고 있다. 그러나 청소년들이 가지고 있는 어려움을 해소하기 위해서는 청소년 자신뿐만 아니라 그가 소속된 가족과 사회까지 변화시켜야 한다. 이러한 의미에서 청소년프로그램 개발은 청소년의 토양이

되는 학부모, 친구, 교사 등 청소년에게 있어서 다양하게 의미 있는 사람들과 함께 청소년의 역량 강화를 돕는 것을 목표로 한다.

다섯째, 청소년프로그램을 통해 청소년들은 학교에서 맛볼 수 없었던 성취감, 과정의 즐거움, 몰입, 협동학습, 원리의 이해 등을 경험하게 된다. 학교생활과는 달리 청소년들이 비경쟁적인 프로그램을 통해 성취를 이루는 기회를 주어야 한다. 따라서 철학적인 생각으로 청소년프로그램을 개발한다는 것은 사회적으로 매우 중요한 일이다.

청소년지도자는 청소년의 눈높이에 맞게 지도하면서 의도적 목표를 향해 청소년 스스로 찾아가게 함으로써 진정한 자기주도적 활동을 하도록 해야 한다. 청소년프로그램은 현재 우리 사회의 교육을 담당하는 여러 요인 중에 꼭 필요하면서도 결핍된 것을 줄 수 있다. 그러므로 청소년프로그램은 더욱 청소년들의 요구를 반영하여 더욱 세밀하게 의도성을 갖고 구성되어야 한다.

### 4) 프로그램과 커리큘럼

일반적으로 프로그램과 유사하게 사용되는 용어로 커리큘럼(curriculum)이 있다. 커리큘럼은 보통 학교를 중심으로 한 제도적 공교육에서 교육과정으로 인식된다. 따라서 주로 공교육 체제에서 특정한 교육목표를 수행하기 위해 구조화된 학습활동을 위한 계획이라는 의미로 이해되고 있다.

학교교육에서는 커리큘럼이, 청소년활동에서는 프로그램이 적절한 용어로 적용될 수 있다(Niemi et al., 1977). 왜냐하면 내용에 초점을 맞추는 학교교육에서는 주요 관심사가 교과목인 데 반해 활동에 초점을 맞추는 청소년교육에서는 개인의 요구 또는 문제에 집중되며, 학교교육이 학점 취득 중심인 데 반해 청소년교육은 학점 위주가 아니라는 특징이 있기 때문이다. 학교교육의 설계자가 전문가와 자문가임에 비해 청소년활동 설계자는 청소년지도자라는 차이점을 갖는다. 또한 학교교육의 주제는 전문가가 제시하는 지식, 기술, 태도, 가치임에 반해 청소년활동에서는 청소년의 요구나 문제해결 중심의 주제를 주로 다룬다는 점에서 차별화된다. 따라서 학교교육의 주요 개념으로 인식되는 커리큘럼은 뚜렷한 학습 목표에 따른 학습 방향의 제시로 학습 내용이 체계적으로 조직화하며 계열성을 갖는다는 유용성이 있다. 반면에 청소년프로그램에서는 청소년의 참여를 중시하여 활용하며 청소년의 요구에 민감하게 부응한다는 장점이 있다.

그러나 실제로 교육 현장에서 커리큘럼과 프로그램의 차이점에 대해 명확히 구분하기가 쉽지 않다. 근래 청소년활동 기관에서 제공하는 다양한 활동 프로그램의 이수 결과를 학력으로 인정해 주는 제도가 점차 확대되고 있기 때문이다. 또한 공교육 체제 내에서도 사회변화에 따른 교육 요구를 충족시키기 위해 정규 커리큘럼 외에 특별히 개발하여 운영하는 프로그램이 적지 않다. 따라서 최근 학문 간의 경계가 모호해지면서 융·복합 교육과정에 대한 인식이 높아지는 것과 같이 커리큘럼과 프로그램의 경계도 더욱 유연해질 것으로 보인다.

| 표 1-7 | **프로그램과 커리큘럼의 비교**

| 구분 | 커리큘럼 | 프로그램 |
|---|---|---|
| 주체 | 교육부 및 교육평가원 | 청소년기관 및 청소년프로그램 개발자 |
| 주요 관심 | 교과목 위주 | 개인적 요구와 문제 |
| 개발목적 | 전문가가 확인한 지식, 기술, 태도, 가치 등 | 청소년의 역량개발, 문제해결 |
| 설계자 | 선정된 전문가와 자문가 | 학습자와 청소년지도자 |
| 지도자 역할 | 내용전달자 | 프로그램 개발자 및 촉진자 |
| 초점 | 내용중심 | 문제 및 과제중심 |
| 운영체계 | 행정 및 관리체계 | 팀 단위의 독자적 운영 |
| 개발기간 | 장기적 | 단기적, 역동적 |
| 장점 | 학습목표나 학습방향이 분명하며, 학습내용이 체계적이고 조직화된 계열성을 지님 | 청소년의 경험을 최대한 이용하여 요구에 즉각 부응 |

## 3. 청소년프로그램의 개념

청소년프로그램을 '청소년활동을 주도하는 기관이 그 기관의 비전에 따라 청소년의 성장과 발전을 돕기 위하여 체계적으로 개발하여 수립하는 지식과 경험을 포함한 모든 지원활동의 사전계획과 기대하는 결과'로 정의하였다. 결국 청소년프로그램을 어떻게 체계적으로 개발하느냐의 문제라고 할 수 있다. 특히 개별 청소년기관 차원에서 청소년프로그램 개발은 중요한 의미를 가진다. 청소년프로그램 개발은 외부환경 변화라는 사회현상에 대한 청소년기관의 응답이자 기관에 몸담고 있는 관련 전문가들이 지향하고자 하는 변화 의지의 산물이며 교육적 대응이기 때문이다. 따라서 청소년기관에서는 어떠한 프로그램을 개발하느냐에 따라 그 기관의 지속적인 발전 여부가 판가름 난다고 해도 과언이 아니라고 볼 수 있다. 따라서 프로그램 개발이란 어떠한 성격을 지니고 있으며, 그 절차가 무엇인가를 규명하는 것이 필요하다.

프로그램 개발(program development)은 학자에 따라 프로그래밍(programming), 프로그램 기획(program planning)으로 사용되기도 한다. 프로그래밍이 프로그램의 기획, 설계, 운영, 평가와 그 효과 측정에서 청소년활동조직, 청소년지도자, 그리고 청소년들의 개별적인 노력이나 집합적인 노력, 즉 과정지향적이고 변화지향적인 속성을 강조하는 개념인 데 반하여, 프로그램 개발은 이를 포함하여 절차적이고 협력적인 속성을 강조하는 개념이다. 프로그램 개발은 좁은 의미로 보면 프로그램 계획으로만 이해될 수도 있다. 그러나 넓은 의미로 살펴보면, 프로그램 계획(planning)과 시행(implementation)을 포함하고 있으며(Kowalski, 1988), 심지어 분(Boone)은 프로그램의 운영결과는 물론이고 전체 과정에 대한 평가까지도 포함한다.

코왈스키(Kowalski)는 프로그램 개발을 구체적으로 기안하는 기획 부문과 프로그램을 통해서 발전해 나가도록 정리·배열해 놓은 목표나 내용의 실체와 그

조직을 의미하는 설계 부문을 포함한다. 반면, 프로그램 시행은 프로그램 자체가 그 기능을 수행하는 데 필요한 모든 과정을 의미한다. 이때 가장 기본이 되는 과정에는 기획, 실행과 운영, 평가의 세 가지가 포함된다. 기획은 다분히 이론적인 측면에 초점이 있으며, 시행은 프로그램의 편성과 운영이라는 실제적인 측면에 초점을 두고 있다.

프로그램 기획은 목적과 목표, 내용, 학습활동, 그리고 평가 등을 고안하고 계획하며 선택하는 의사결정이 이루어져야 하며, 여러 가지 관련된 철학적·심리적·사회문화적 기초에 대한 면밀한 검토와 분석의 토대 위에서 이루어지게 마련이다. 반면, 프로그램 시행은 실제로 행동에 옮기는 데 따른 제반 절차와 과정에 대한 문제를 검토하는 것이다. 그러므로 프로그램 개발이라고 한다면 기본적으로 프로그램 계획과 시행이라고 하는 양 측면을 모두 포함하여 통칭하는 용어이다. 따라서 프로그램 개발은 이론과 실제의 통합을 이루고자 하는 행위이다. 즉 프로그램 개발이 계획단계에서 시작하여 실행과 평가로 끝난다는 것은 프로그램 개발이 제반 이론적인 문제들에 대한 검토에서 시작되어 실제적인 행동으로 종결된다는 것을 의미한다.

한편, 보일(Boyle)은 프로그램 개발을 사람들과 그들이 속해 있는 지역사회의 상태나 조건 또는 상황을 증진하는데 기여할 활동 프로그램을 설계하려는 노력으로 보았다(Boyle, 1981). 그는 효과적인 프로그램 개발을 위해서는 상황의 개선에 필요한 변화가 무엇인지를 파악하고 알려야 한다고 하였다. 또한 이러한 상황을 변화시키기 위해 청소년지도자에게는 전문적 지식과 태도 및 기술이 요구된다는 사실도 강조하였다. 더 나아가 프로그램 개발을 잠재적 프로그램의 영향을 받는 사람들의 대표자가 과제수행을 위해 프로그램 개발자와 함께 참여하는 일련의 계획적인 활동 및 결정으로 규정하였다(Boyle, 1981). 즉, 프로그램 개발이란 '청소년과 청소년지도자가 공동으로 만들어 가는 일련의 활동과 결정'이라고 정의하였다. 프로그램 개발의 명료한 개념 정립을 위해서는 다음과 같은 사항들에 대해 고려와 실천이 필요하다(Boyle, 1981).

첫째, 변화 또는 개선되어야 할 문제 및 상황을 분석하고, 의사결정을 위한 조직구조를 개발한다.

둘째, 사람 및 지역사회에 관한 연구와 분석을 위하여 자원을 효율적으로 활용한다.

셋째, 실천계획을 수립할 때 바람직한 변화가 필요한 영역의 문제와 상황에 대한 분석, 주민과 지역사회가 프로그램을 통해 달성해야 할 바람직한 결과를 제시한다.

넷째, 활동계획을 설계할 때 학습자가 적절한 학습경험을 통해 적극적으로 참여할 수 있도록 한다.

다섯째, 효과적인 홍보와 프로그램의 효율적 진행을 위하여 동원할 수 있는 자원 및 지원체계를 파악한다.

여섯째, 회의·워크숍, 상담이나 라디오 및 TV 프로그램을 활용한 학습 기회를 제공하기 위한 실천계획을 실행한다.

일곱째, 프로그램의 가치에 대한 효과적인 판단을 위해 타당성에 기초한 접근 방법(accountability approach)을 개발한다.

여덟째, 재정적 의사결정자, 관심 있는 사람들 및 관련 단체와 함께 프로그램의 가치에 대한 의견을 교환한다.

결론적으로 청소년프로그램의 개념을 종합적으로 요약 정리한다면 먼저 교육적 경험을 통해 일정한 변화를 일으킬 수 있도록 활동목적과 목표, 활동대상, 활동내용, 활동과정, 활동방법, 활동장소, 활동시기, 매체 등의 모든 요소를 하나로 통합하여 체계화시킨 교육적 실체라고 할 수 있다. 즉, 청소년지도의 목표와 내용, 방법, 평가의 각 요소가 체계적으로 설계되어 있고, 이에 따라 청소년의 학습경험을 조력할 수 있는 다양한 환경적 자원과 지도 및 평가 전략이 구체적으로 제시된 일련의 계획표라고 할 수 있다(김창현 외, 2024).

## 4. 청소년프로그램 기능과 특성

### 1) 청소년프로그램의 기능

프로그램은 청소년기관과 조직 속에서 존재하며 기능하게 된다. 조직이 수행하는 모든 교육활동은 프로그램으로 실현된다. 프로그램은 목표를 토대로 활동목표와 내용, 운영을 포함하는 많은 요소로 구성되므로, 효과적으로 기능하기 위한 체제를 갖추는 것이 중요하다. 프로그램의 기능은 여러 차원에서 정의될 수 있으나, 그 기본 기능을 살펴보면 다음의 다섯 가지로 정리할 수 있다.

첫째, 프로그램 개발은 사회변화에 대한 청소년기관의 적응 기제이고, 변화창출 전략이다. 기관은 끊임없이 변화하는 사회변화와 청소년들의 요구에 적응해야 한다. 이러한 사회변화와 교육적 요구에 대하여 청소년기관이 적응해 나가기 위한 필수 불가결한 절차이다. 청소년기관은 사회변화와 교육적 요구에 수동적으로 대응하기보다는 적극적으로 새로운 변화를 창출하는 노력이 필요하다. 따라서 교육을 둘러싸고 있는 그 시대와 사회변화를 이끌고, 반영하며, 또 그 시대와 사회변화의 산물이라고 볼 수 있다. 청소년지도자는 언제나 당대는 물론이고 과거나 미래의 사회변화를 검토하고 예측하면서, 교육에 작용하는 많은 요소를 끊임없이 규명해 나가는 노력을 기울여야 한다.

둘째, 프로그램 개발은 청소년의 변화뿐만 아니라 조직이나 기관, 지역사회의 변화를 지향한다. 청소년은 개인뿐만 아니라 조직이나 기관, 지역사회를 포함하고 있기 때문이다. 개인의 변화가 이루어질 때, 그로부터 자발적인 책무의식과 조직으로의 파급효과를 기대할 수 있다. 프로그램 개발은 좁게는 청소년 개인의 지식(Knowledge)과 기능(Skill), 태도(Attitude)를 변화시키며, 넓게는 집단과 지역사회 리더의 신념과 태도를 변화시켜서 개혁과 발전을 이끄는 데 초점을 두어야 한다. 따라서 청소년지도자는 청소년 개인, 청소년집단, 지역사회의 세 가지 체제를 변화시키는 데 노력을 기울여야 한다.

셋째, 프로그램 개발은 여러 사람의 협동적인 의사결정과정이다. 몇몇 사람들의 아이디어와 탁상 결정으로 만들어지는 것이 아니다. 개발과정에 참여하는 많은 사람의 협동적인 노력과 참여로 이루어진다. 청소년지도자뿐만 아니라 청소년, 프로그램을 지원하는 많은 사람의 참여와 복잡한 의사결정과정을 통해서 지역사회 환경과 학습자들의 요구수준에 맞는 프로그램이 만들어진다. 다양한 가능성 속에서 가장 합리적이고 실천 가능성이 높은 것을 선택하는 협동적인 의사결정과정이라고 볼 수 있다.

넷째, 프로그램 개발은 활동에 필요한 모든 자원을 총체적으로 활용하여 계획하고 실시하며 평가하는 종합적인 과정이다. 단편적이고 부분적인 과정으로 이루어져서는 안 되며, 청소년활동에 필요한 모든 인적자원과 물적자원을 총체적으로 투입하여 개발되어야 한다. 투입된 자원은 통합적인 절차와 단계에 따라서 유기적으로 연계되고 최대의 효과를 기대할 수 있도록 개발되어야 한다.

다섯째, 프로그램 개발은 일시적인 과정이 아니라 끊임없이 계속되는 점진적 개혁과정이다. 최선과 최적, 최고를 향한 노력이다. 이러한 노력은 끊임없이 변하고 높아질 수밖에 없어서 계속된 평가와 개선, 피드백이 요구된다. 프로그램 개발은 일시적으로 완성되는 과정이 아니라 부단히 계속되는 과정이다. 피드백을 통한 점진적 개혁은 학습자가 변화하고, 조직이 변화하며, 사회가 변화하는 토대를 형성한다.

### 2) 청소년프로그램의 특성

청소년프로그램은 "청소년의 건전한 육성을 위해 청소년활동 영역에서 청소년을 지도할 수 있도록 체계적으로 구조화된 일련의 경험과 활동의 총체"라고 할 수 있다. 이러한 청소년프로그램은 기본적으로 청소년활동의 독특한 성격을 가지게 된다. 청소년활동 프로그램은 청소년의 건전한 육성을 목적으로 하는 다양한 청소년활동을 보다 효과적이고 효율적으로 실현하기 위해 필요한 활동들의 집합이라고 볼 수 있다(한국청소년개발원, 1997). 따라서 청소년프로그램은 목표, 계획, 설계, 절차, 조직된 방법, 계획된 행위, 정돈된 준비, 도식화 등을 포함한 광범위하고 포괄적인 성격을 가지고 있다.

청소년프로그램 개발은 청소년 개인뿐만 아니라 집단과 지역사회를 대상으로 바람직한 변화가 일어나도록 추구하는 것을 목적으로 한다. 분(Boone)은 프로그램 개발의 특성을 미래지향적인 활동, 적극적이고 능동적인 행위, 청소년활동기관의 효율성 증대 기능 수행 그리고 관련 정보를 수집분석, 요구확인, 사정분석하는 연속적이며 단계적인 과정으로 설명하였다(Boone, 1985). 청소년프로그램은 그 활동내용과 형식에 있어서 제도화된 틀에서 자유로우며 개방적이고 탄력적인 유연성을 지닌다. 따라서 프로그램 범위와 주제 및 내용은 상당히 융통성을 갖는다. 그러므로 정형화된 학교교육으로는 얻기 어려우며 급속한 사회변화에 부응하는 새로운 학습내용을 익히기에는 청소년프로그램이 더 효과적이다. 그리고 앞으로 전개될 행동들을 예측하여 미래행동과정을 사전에 수립해가는 미래지향적인 특성이 있으며, 최종적으로 실현되거나 도달하려는 결과로 목표를 명확하게 제시하는 목표지향적인 특성도 가지고 있고, 구체적 목표의 효율적인 달성과 최적의 전략을 선정하여 합리적이며 구체적인 방안을 모색하거나 제시하는 수단적인 특성이 있다.

일반적으로 프로그램은 구체화된 목표를 효율적으로 성취하기 위한 최적의 전략보다 구체적이고 합리적인 방안을 의식적으로 모색하여 제시하는 수단적인 특성을 보인다. 청소년지도자는 청소년프로그램의 목표를 구체적이고 효율적으로 달성하기 위한 최적의 전략을 선정하여야 한다. 그리고 합리적이고 구체적인 방안을 의식적으로 모색하여야 한다. 또한 프로그램 개발을 위해 제시하는 수단적인 특성이나 실제 행동을 전제로 하는 행동지향적인 특성 그리고 시간적 연속상태를 내용으로 하는 동태적 특성도 지닌다. 즉, 청소년 개인이나 집단 및 체제의 계획적인 행동변화를 모색하는 포괄적이고 역동적이며 순환적인 특성을 기본적인 과정으로 보았다. 따라서 청소년프로그램의 특성을 단순히 개인인 청소년에 한정하지 않고 집단과 지역사회도 그 대상으로 하면서 교육내용을 교과서나 학문 중심적인 것보다는 실생활과 밀접한 연관성이 있는 것으로 하였다.

청소년프로그램 개발은 실천 지향적이며, 경영관리적 성격을 포함하고 그 개발과정에서도 협동적 성격과 체제적 성격 등이 부각되는 다원적인 특성(pluralistic characteristics)을 포함하고 있다(김창현 외, 2024).

첫째, 청소년지도에서 프로그램 개발의 기본 단위와 주체는 청소년단체와 청소년기관 등 조직체를 기본단위로 한다. 따라서 학교교육이 교육부 주관하에서의 행정체제와 관리체제를 갖는 데 비해 청소년지도에서는 기관 및 조직체를 기본 단위로 하여 독립적으로 프로그램을 개발한다.

둘째, 청소년단체 및 청소년기관이 학교교육 기관에 비해 대체로 소규모적이고 여건이 열악하지만, 프로그램 개발은 학교교육과는 다르게 청소년기관 및 단체를 중심으로 더욱 역동적으로 이루어진다.

셋째, 프로그램 개발에서 청소년지도자의 역할이 학교교육에 종사하는 교사보다 월등히 크다고 할 수 있으며, 학교교육 현장에서는 참고할 수 있는 표준화된 교육과정이 많으며, 고정된 교육내용을 교실상황이나 학생의 특성에 따라 변형 또는 재구조화하는 역할을 수행하는 반면, 청소년지도 현장에서는 포괄하는 내용과 범위가 넓고, 상황에 따라 지도방법이 가변적인 상황에서 프로그램의 내용을 선정하고 조직하는 역할을 수행하여야 한다는 것이다. 따라서 청소년프로그램 개발에서 청소년지도자의 역할은 상대적으로 매우 크다고 할 수 있다.

넷째, 청소년지도에서 프로그램 개발은 청소년기관 및 단체의 성격, 프로그램의 유형, 프로그램의 단위, 참여자의 형태, 프로그램 개발자의 성향에 따라 다른 양상을 보인다. 즉, 프로그램 개발은 기관의 특성에 따라 다른 양상은 기관의 이념, 목적, 조직, 인적자원, 시설, 환경 등 프로그램의 유형에 따라 개발 절차 및 방법이 달라지며, 프로그램의 고객에 따라 프로그램 개발의 접근방법이 달라진다. 특히 소규모 청소년집단, 대규모 청소년집단에 따라 프로그램 개발 전략이 변화되며, 프로그램 개발에 참여하고 있는 관련자들의 개인적 특성, 인지도, 사회적 배경에 따라 프로그램 개발이 달라질 수 있다. 특히 프로그램 개발자의 특성이 프로그램 개발에 영향을 미치게 된다.

## 5. 청소년프로그램의 유형

청소년프로그램은 청소년과 지도자의 요구에 역동적으로 반응한다. 그렇기 때문에 학교의 교과목처럼 청소년프로그램을 어떤 하나의 원리로 분류하거나 유형화하는 작업은 어렵다. 청소년프로그램은 하나의 목표를 위해 만들어지기보다는 종합적인 구조로 되어 있기 때문이다. 그러나 몇 가지 분류의 원리에 따라 다음과 같이 나눌 수 있다.

### 1) 개발주체에 따른 분류

청소년프로그램은 개발주체가 누구냐에 따라 프로그램에 접근하고 개발하는 방식이 달라질 수 있는데, 국가 및 사회가 개발한 프로그램과 기관 단위에서 개발한 프로그램, 그리고 청소년지도자가 개발한 프로그램으로 분류할 수 있다.

#### (1) 국가 단위 프로그램

국가 단위에서 개발한 프로그램은 청소년지도 활성화를 위하여 개발하고 보급한 프로그램을 일컫는다. 이것은 청소년 주무 부처 및 지방정부의 주도 아래 개발된 프로그램을 말한다. 국가 단위의 대표적인 프로그램은 청소년프로그램

인증제에 의한 것이다. 인증된 청소년수련활동 프로그램은 청소년수련활동이 갖는 일정 기준 이상의 형식적 요건과 질적 특성을 갖춘 청소년활동 프로그램이다. 국가는 이를 통해 청소년활동에 관한 정책의 실효성을 높이고 양질의 청소년활동을 보급한다.

국가 단위의 청소년프로그램은 의식함양과 사회변화에 따른 양질의 청소년 프로그램을 제공하고 청소년들의 참여기회를 확대하는 것이 목적이다. 뿐만 아니라 청소년활동 과정을 통해 나타난 결과를 청소년 각자의 진로와 진학에 필요한 개인의 자료를 만드는 데 도움을 준다.

정부의 청소년활동 프로그램 공모사업으로 제시되는 청소년 체험활동 영역인 자기계발활동, 모험개척활동, 교류활동, 건강·보건활동, 문화예술활동, 과학정보활동, 봉사·지역활동, 환경보존활동, 직업체험활동 등과 관련된 프로그램이 이에 해당한다.

### (2) 청소년기관 단위의 프로그램

기관 프로그램은 주로 청소년단체나 청소년시설 등의 청소년 관련 기관들이 각 기관에서 전개될 청소년활동을 위해 독자적으로 개발하는 사업적 성격을 가진 프로그램을 의미한다. 이러한 프로그램은 각 단체가 지향하는 고유한 목적과 목표를 달성하기 위해 개발되고 운영된다.

예를 들면, 청소년적십자의 공중위생 프로그램, 해양청소년단의 해양활동 프로그램, 보이스카우트의 야영 프로그램, 한국우주소년단의 로켓모형 제작 프로그램 등이 있다.

### (3) 청소년지도자 단위의 프로그램

개별 청소년프로그램이란 청소년지도자가 현장에 필요한 프로그램을 개발하여 적용하는 것으로 주요 단위활동에 요구되는 구체적인 활동계획 수준의 프로그램을 의미한다. 따라서 누구나 프로그램을 진행할 수 있도록 일시, 장소, 시간, 자원과 같은 프로그램의 상세한 내용이 기재되어 있어야 한다. 예를 들면, 레크리에이션 프로그램, 도보여행 프로그램, 각종 전통체험 프로그램, 스포츠활동 프로그램, 봉사활동 프로그램 등이 여기에 속한다.

## 2) 구성범위에 따른 분류

청소년활동 프로그램은 프로그램을 통해 도달하고자 하는 목표에 접근하기 위해 체험거리 또는 경험하게 될 거리의 조합으로 이루어지게 된다. 단위 프로그램은 일반적으로 활동시간을 기준으로 일정한 편제에 따라 구성된 하나하나의 프로그램이 된다. 이러한 단위 프로그램을 기준으로 하여 청소년프로그램을 구성범위에 따라 나누면 단일 프로그램, 연속 프로그램, 통합 프로그램, 그리고 종합 프로그램으로 나눌 수 있다.

### (1) 단일 프로그램

단일 프로그램이란 어떤 하나의 주제에 따른 내용을 바탕으로 단순하게 일회성으로 이루어지는 간단한 활동 프로그램을 의미한다. 목표를 달성하는 데 비교적 짧은 시간이 소요되며, 다른 프로그램과의 유기적인 연관성이 거의 없다. 예를 들면, 일회성 지역사회 봉사 프로그램(청소하기, 위문하기 등), 견학 프로그램(박물관 견학, 미술관 견학 등), 레크리에이션 프로그램, 야영 프로그램 등이 여기에 속한다.

### (2) 연속 프로그램

큰 주제 하나를 여러 개의 내용으로 나누어서 일정한 순서에 따라 여러 번 연속적으로 운영하도록 개발된 프로그램이다. 각 프로그램이 앞뒤로 얽혀서 서로 동일하게 연관되어 있으며, 점차 심화하는 형태로 개발되어 있고 통일된 체계에 의해 조직되어 있다. 즉, 먼저 실행된 활동내용을 토대로 후속적인 활동이 이루어지도록 하는 선·후 활동내용 간의 종적인 체계를 이루면서 활동들의 넓이와 깊이가 점진적으로 확장되는 체제를 유지한다. 연속 프로그램은 주로 복잡한 기능 연마나 기술 습득을 목적으로 하는 활동 영역에서 많이 적용된다. 비교적 장기간에 걸쳐 지속적인 훈련을 해야 하는 프로그램이 운영되며 전문적인 내용일 경우 적절하다고 볼 수 있다. 예를 들면, 수영이나 태권도 지도, 컴퓨터 지도, 그림 지도, 악기연주 지도, 바둑 지도, 연극 지도, 도예 지도 등의 프로그램을 들 수 있다. 이러한 활동은 꾸준하게 지속적인 훈련이 필요한 프로그램이다.

최근에 이루어지는 청소년활동은 일회성 프로그램을 지양하고 단일 목표를 이루기 위한 연속 프로그램을 선호한다. 이러한 연속 프로그램을 통해 단일 프로그램에서는 맛볼 수 없는 큰 성취감을 청소년뿐만 아니라 청소년을 지도하는 청소년지도자도 경험한다.

### (3) 통합 프로그램

한 주제에서 세분화된 비슷한 성격의 여러 활동을 한 체계 속에 적절하게 연결하여 하나의 활동으로 구성한 프로그램이다. 각 활동의 독자적이고 기본적인 성격은 그대로 유지하면서 서로 관련된 내용만 연결·통합하는 융합적 접근방식을 취하고 있다. 통합 프로그램은 그것을 구성하는 여러 프로그램이 각기 독립적인 개별 프로그램으로 분리되면서도 서로 모순되지 않고 하나의 목적과 목표의 달성이라는 관점에서 효과적으로 결합하고 있다. 부분적인 활동내용들이 하나의 부분으로 존재하면서 전체적으로 조화 있게 결합하여 하나의 의미 있는 체계를 이루고 있다. 다양한 활동 프로그램들이 횡적인 관계에서 서로 간에 보완하고 강화할 수 있도록 조직되어 있다. 통합 프로그램의 목표 달성을 위해서는 상호 밀접하게 연관되어 있는 여러 유형의 활동들이 참여자들의 경험 속에서 모두 함께 어우러짐으로써 의미 있게 상호 연결되어 종합적으로 강화되어야만 하는 활동영역에서 많이 사용된다.

예를 들면, 중독과 관련 관련된 프로그램을 개발한 경우, 금연, 금주, 약물복용, 성, 도박 등 서로 비슷한 성격의 학습활동을 하나로 묶어서 프로그램을 개발하게 된다. 또한 환경문제를 인식하여 환경을 보호하는 태도를 형성하기 위한 것으로 강물오염, 공해, 쓰레기 난 등을 알리는 활동이 있다. 이를 위해 환경을 답사하고, 조사하고, 자연을 탐구하는 다수의 프로그램을 통합적으로 구성한다.

학습자들의 경험 속에서 비슷한 성격의 여러 활동이 함께 어우러져서 학습목표가 달성되도록 프로그램이 개발된다. 특히 가치관이나 태도 형성, 각종 사회문제 해결 등을 목적으로 하는 활동영역에서 많이 사용된다.

### (4) 종합 프로그램

성격이 다른 여러 유형의 학습활동을 한데 모아서 활동체계에 따라 분류하지 않고 그 구조 속에서 종합적으로 전개하는 프로그램을 말한다. 부분별 프로그램들이 각각 고유 목표와 성격을 그대로 유지하면서, 어떤 연결원칙이나 공통된 문제, 상호 관심 영역하에 연계성을 합리적으로 조합한 총괄성을 가진 프로그램이다. 여러 유형의 단위가 한 구조 속에서 각 활동을 다양하게 전개하면서 하나의 종합적인 기능을 하는 구조적 통합의 형태를 취한다. 비교적 편성 규모가 큰 광역 프로그램으로서, 주로 특정한 기간에 이루어지는 일정한 주제 중심의 행사 프로그램이 대부분이다. 성격이 다른 여러 악기가 함께 어우러진 교향악단의 협연처럼 다양한 학습활동을 통해서 전인적인 인격 형성이나 종합적인 기능발달을 목표로 한 프로그램을 개발할 때 적절하다고 볼 수 있다. 예를 들면, 한국의 밤, 청소년 우정캠프, 청소년 문화광장, 청소년 해양제전, 청소년축제 등의 행사 프로그램이 이에 해당한다.

| 표 1-8 | 구성범위에 따른 분류

| 구분 | 특징 |
| --- | --- |
| 단일 프로그램 | • 비교적 짧은 시간에 단순한 교육활동으로 구성<br>• 일회적인 용도로 개발<br>• 봉사활동 프로그램, 견학 프로그램, 레크리에이션 |
| 연속 프로그램 | • 큰 주제 하나를 여러 개의 내용으로 나누어서 여러 번 연속적으로 운영<br>• 앞뒤의 프로그램이 서로 연관되어 있으며, 점차 심화하는 형태<br>• 비교적 장기간에 걸쳐서 운영 |
| 통합 프로그램 | • 한 주제에서 세분화된 비슷한 성격의 여러 활동을 하나로 모은 프로그램<br>• 각 활동의 독자적인 성격은 유지하면서 관련된 내용만 통합하는 형태 |
| 종합 프로그램 | • 성격이 다른 여러 영역의 학습활동을 한데 모은 종합적인 프로그램<br>• 전인적인 인격 형성, 종합적인 기능발달을 목표로 한 프로그램에 적절 |

출처: 이복희 외. (2023). 평생교육 프로그램개발론(2판). 파주: 양성원.

## 3) 형태에 따른 분류

청소년활동의 특성상 프로그램의 형태가 고정된 틀 속에서 운영되는 것이 아니라 운영하는 장소와 시기, 방법, 내용, 목적에 따라 여러 형태로 운영될 수 있다. 특히 일정한 장소에서 한 가지 주제를 장기간 수행하는 형태의 '일일 정기형 프로그램'과 집을 벗어나 일정한 기간 동안 숙박을 하면서 이루어지는 '숙박형 프로그램', 한 장소에 머물러 있지 않고 계속 이동하는 '이동형 프로그램', '학교단체 숙박형 프로그램'이 있다. 이와 같은 운영형태의 분류는 청소년수련활동 인증제도에서 활동 프로그램의 운영형태에 따라 인정 기준을 설정하기 위해 도입되어 운영 중이다(여성가족부, 2024).

### (1) 일일 정기형 프로그램

청소년들의 일상생활이 이루어지는 생활근거지를 중심으로 숙박하지 않고 일정 기간 정기적인 활동이 이루어지는 형태의 활동 프로그램이다. 취미 개발, 문화활동, 스포츠 활동 등의 각종 기능습득을 중심으로 한 청소년수련관, 청소년문화의 집 등에서 주로 이루어진다.

### (2) 숙박형 프로그램

청소년들이 집을 떠나 일정한 숙박시설을 갖춘 활동장소에서 1일 이상 숙박을 하면서 이루어지는 활동 프로그램이다. 주로 자연체험활동, 모험활동 등 야외에서 이루어지는 활동으로 청소년수련원, 청소년야영장 등에서 이루어지는 각종 활동을 말한다.

### (3) 이동형 프로그램

프로그램의 목적과 내용에 따라 사전에 선정된 활동장소로 이동하면서 숙박과 더불어 활동이 이루어지는 형태로서, 주로 탐험활동 프로그램, 역사탐험 프로그램, 국토순례 등이 여기에 속한다.

### (4) 학교단체 숙박형

학교의 장이 참가를 승인한 활동으로 숙박에 적합한 장소에서 일정 기간 숙박하며 이루어지는 활동을 의미한다.

## 4) 구조화 정도에 따른 분류

청소년프로그램은 단순한 시간표나 행사 진행순서와 같이 비구조화된 프로그램들과는 구별된다. 청소년프로그램은 그 목적과 목표에 따라 시간, 장소, 대상, 내용 평가기준 등 세밀하게 구조화된 상태에서 운영되는 것이 특징이다.

### (1) 구조화된 프로그램

구조화된 프로그램은 목적과 목표가 분명하며 그것을 달성하기 위해 내용을 계획하는 것이며, 장소, 대상, 일시, 과정, 진행방법, 예산과 평가 등의 정보가 자세히 기록되어야 한다. 구조화된 청소년프로그램은 누구나 계획을 보고 진행할 수 있도록 구체적으로 만들어진 것으로 청소년전문가에 의해 만들어지며, 국가, 기관, 단체, 그리고 청소년지도자가 프로그램을 진행할 수 있도록 세밀하게 구조화되어 있다. 최근 다수의 청소년프로그램은 구조화된 프로그램을 지향한다.

#### (2) 비구조화된 프로그램

비구조화된 프로그램은 행사의 시간표, 일정표와 같은 것을 말한다. 이러한 프로그램은 대부분 프로그램이 갖추어야 할 기본적인 요소가 부분적으로 또는 전체적으로 생략되어 있고, 기관 또는 실행자의 주관적인 경험에 크게 의존하게 된다. 이러한 비구조화된 프로그램은 활동참여 학생들의 효과가 떨어지는 것은 물론이고 청소년지도자의 발전에도 부정적인 영향을 미칠 수 있다.

상황에 따라서는 의도적으로 비구조화된 활동도 존재한다. 프로그램 역시 청소년들이 체험할 때는 비구조화된 프로그램처럼 보이지만 청소년지도자 입장에서는 의도성을 갖고 이끌어 나가는 프로그램 형태다. 그러나 전반적으로 볼 때 비구조화된 프로그램은 청소년활동에 적당하지 않다.

### 5) 활동내용에 따른 분류

청소년기의 특성상 체험과 경험해야 할 것들은 수없이 많을 수 있다. 이러한 관점에서 청소년의 활동은 청소년의 생활 전반에 걸친 영역을 포함하는 것이므로 하나의 원리를 통해 청소년활동 전체를 설명하기에는 무리가 따른다.

「청소년활동진흥법」에 의거 활동의 내용에 따른 분류는 크게 수련활동, 문화활동, 교류활동으로 영역을 구분하고 있다. 이를 세분하면 수련활동에는 청소년들이 자발적인 참여를 바탕으로 기량과 품성을 함양하는 것으로 광범위한 내용을 포괄하고 있다. 청소년 문화활동은 예술활동, 스포츠활동, 동아리활동, 봉사활동 등으로 분류할 수 있다. 청소년교류활동은 지역 간 교류, 남북 간 교류, 국가 간 교류활동으로 분류할 수 있다.

「청소년활동진흥법」 제35조에서 사회적 요구와 기대에 부응할 수 있는 양질의 청소년활동 프로그램 운영과 관련하여 서비스 및 참여기회를 확대하고, 청소년활동 프로그램의 수준과 효과성 및 활용도를 제고할 제도적 장치로서 청소년수련활동 인증제를 실시하고 있다. 청소년수련활동 인증영역에 해당하는 체험활동 프로그램의 유형은 건강·보건활동, 과학정보활동, 교류활동, 모험개척활동, 문화예술활동, 봉사활동, 직업체험활동, 환경보존활동, 자기계발활동 등으로 구분되어 있다.

| 표 1-9 | 인증수련활동 영역별 분류

| 영역 | 영역별 활동 예시 |
|---|---|
| 건강·보건활동 | 신체단련활동, 약물예방활동, 흡연·음주·약물·비만 예방활동, 안전·응급처치활동, 성교육활동 |
| 과학정보활동 | 모형 및 로봇활동, 인터넷활동, 우주천체활동, 정보캠프활동, 영상매체활동 등 |
| 교류활동 | 청소년국제교류활동, 남북 청소년교류활동, 도농 간 청소년교류활동, 국제이해활동, 다문화이해활동, 세계문화비교활동, 한민족청소년캠프 등 |
| 모험개척활동 | 탐사·등반활동, 야영활동, 오지탐사활동, 극기훈련활동, 호연지기활동, 수상훈련활동, 한국의 산수탐사활동, 안전지킴이활동 등 |
| 문화예술활동 | 지역문화, 세계문화, 대중문화, 역사연극활동, 어울마당, 전통예술활동 등 |
| 봉사활동 | 일손돕기활동, 위문활동, 지도활동, 캠페인활동, 자선·구호활동, 지역사회 개발 및 참여 활동 등 |
| 직업체험활동 | 청소년모의창업, 경제캠프, 사회생활기술, 진로탐색활동, 직업현장체험 등 |
| 환경보존활동 | 생태활동, 환경탐사활동, 자연지도 만들기, 숲체험, 환경음식 만들기, 환경 살리기 활동, 환경·시설 보존활동 등 |
| 자기(인성)계발활동 | 표현능력 개발 수련활동, 자기탐구활동, 자기존중 향상 프로그램, 자기표현 활동, 심성수련활동 등 |

출처: 여성가족부. (2014). 2014 청소년백서. 서울: 여성가족부.

Chapter

02

# 청소년프로그램 개발 원리와 기본요건

# 1. 청소년프로그램 개발의 원리

청소년활동은 공간이라는 현장에서 행동하는 실천적인 교육활동이다. 그러므로 청소년활동에서 청소년프로그램은 실천적인 영역에서 중요하다. 청소년들에게 가장 적합한 프로그램을 계획하고 실행하며 평가하는 일이 매우 중요할 수밖에 없으며, 청소년지도의 목적을 달성하기 위해서는 전문적이고 체계적인 프로그램 개발이 요구된다. 하지만 학교교육과 달리 청소년프로그램은 표준화된 내용이나 방법 등이 없기 때문에 청소년지도자의 전문성에 의존할 수밖에 없다. 따라서 청소년들에게 건전하고 성장할 수 있는 적합한 프로그램을 개발하고 실행・평가하기 위해서는 청소년프로그램 개발의 기본적인 원리가 무엇인지, 그리고 접근방법이나 절차는 어떤 것이 있는지 선행되어야 한다. 청소년프로그램 개발의 기본요소는 창의성, 현실성, 논리성이라는 원리가 충족되어야 한다(유진이 외, 2024).

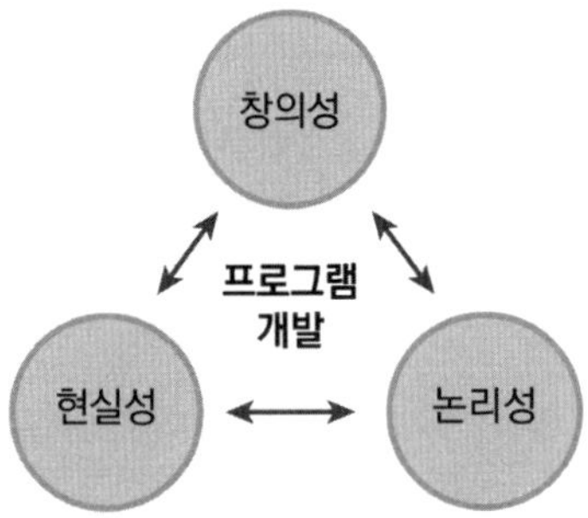


| 그림 2-1 | **청소년프로그램 개발의 기본요소**

출처: 유진이 외. (2024). 청소년프로그램 개발과 평가(2판). 파주: 양서원. 재구성.

## 1) 창의성

창의성(Creative Personality)이란 독창적이고 유용한 아이디어를 생산해 낼 수 있는 능력을 말한다. 창의적인 프로그램은 독창성(originality)과 유용성(utility)이다. 프로그램을 통해 창출된 내용의 혁신성과 차별성을 의미하며 기존의 것보다 새로운 것이어야 하고 다른 기관이 가지고 있는 구별되는 독특성이 있어야 한다.

창의성(創意性)은 문자적으로 독립된 단어가 결합하여 복합된 새로운 의미를 지니고 있다. 따라서 '창', '의', '성'의 개념을 살펴보면, 창(創)은 '비로소', '시작함'의 뜻이 있고, 창(倉)과 도(刀)가 결합하여 이루어진 글자다. 즉, 倉은 곳간(곡식을 저장하는 창고)인데 이를 새로 지으려면 재목을 칼로 다듬어야 하므로 이 두 가지 의미가 합해져서 '처음으로 시작하다'의 의미를 갖게 되었다. 따라서 '倉' 자가 의미하는 것은 새롭게 무엇인가를 시작하는 의미와 변화와 발전의 의미를 수반한다고 할 수 있다. 의(意)는 음(音)과 심(心)이 합해져서 이루어진 글자로, '말(音)로 표현하고자 하는 마음(心)의 생각'이라는 의미를 지니고 있다. 성(性)은 심(心)과 생(生)이 결합하여 이루어진 글자인데 '사람이 날 때(生)부터 가지고 있는 마음(心)'이라는 의미를 지닌다(전경원, 2000). 따라서 창의성(創意性)은 이와 같은 독립적인 세 글자가 합쳐져 '새로운 생각을 해낼 수 있는 본래적인 성질'이라는 의미의 단어임을 알 수 있다(강충열 외, 2017).

1950년 창의성에 대한 관심이 많았던 시기에 길포드(Guilford, 1950)는 '발산적 사고(divergent thinking)'라는 용어를 미국심리학회 연설에서 사용하였다. 발산적 사고란 "인간의 지적 능력 중에서 창의성의 지침이 될 수 있는 사고의 유형"이라고 했으며, 이것을 측정함으로써 창의성을 측정할 수 있다고 했다. 즉, 그는 발산적 사고가 곧 창의성이라고 하지는 않았으나, 발산적 사고가 '창의'의 지침이 된다고 하여 발산적 사고가 창의의 한 부분을 차지한다고 생각하였다(Guilford, 1950). 갤러거(Gallagher, 1975)는 창의적 사고(creative thinking)란 "문제가 있거나 아이디어가 있어야 하는 곳에서 다양한 생각을 구상해 내는 능력이며, 다양한 아이디어를 창출해 내거나 독창적인 아이디어를 생각해 낼 수 있고, 그 아이디어를 발달시키거나 정교하게 할 수 있는 것"이라고 정의했다(양윤옥, 2003). 또한 토랜스(Torrance)도 "문제를 인식하고 정보의 틈을 찾아내고 빠진 것이나 잘못된 것을 찾아낸 후, 이러한 결함에 대해 추측하고 가설을 세우고, 이를 평가하고 검증하며 이것을 재수정하고 재검증하여 마지막으로 그 결과를 전달하는 과정"이라고 정의하였다.

창의에 관한 연구가 활발하게 진행되면서 학자마다 발산적 사고, 창의적 사고 등의 다양한 용어로 지칭하여 설명하였으나, 결국은 모두 창의의 하위 개념 같은 것으로 취급할 수 있다.

전경원(2000)은 창의란 "자신과 타인의 행복을 위하여 사회와 문화에서 가치를 부여할 수 있는 물건이나 아이디어를 만들어 내는 것뿐 아니라, 문제를 해결하기 위해 새로운 의견을 생각해 내는 능력 또는 그것을 기초화하는 인격적 특성으로 창의력과 창의성을 포함한다"고 하였다. 이러한 정의에서 창의력과 창의성은 다음과 같은 성격을 의미한다(전경원, 2000).

창의력(Creative Ability)은 발산적 사고능력, 창의적 사고능력, 생산적 사고능력과 같은 창의적인 능력으로 민감성, 상상력, 유창성, 융통성, 정교성과 독창성 같은 하위 요인을 의미하고 일체의 창의적 과정과 산출물에 관한 것을 일컬으며, 주로 '인지적 접근'을 하고 있다. 창의성(Creative Personality)은 개방성과 같은 창의적인 성격을 의미하며, 창의적인 과정과 산출물로 유도하는 창의자의 성격과 환경에 관한 것을 일컫는다. 주로 '사회 · 심리적 접근'을 다루고 있다.

### 2) 현실성

현실성이란 프로그램 내용의 실현 가능성을 의미한다. 무슨 계획이든지 그 결과가 주어진 자원과 여건을 고려할 때 실현 가능한 것이어야 한다. 즉, 내용이 아무리 좋아도 프로그램을 수행하는 청소년기관이나 청소년지도자, 그리고 물리적 · 환경적 여건이나 자원이 받쳐주지 않아 현실적으로 실행할 수 없는 프로그램은 무의미하고 무가치한 개발이 된다.

### 3) 논리성

논리성은 프로그램 개발행위의 체계성과 합리성 차원을 말한다. 창조성과 현실성이 프로그램 개발에 있어서 기본요소로서 독립적 성격이라면 논리성은 프로그램 개발에 있어 토대와 같은 기능을 한다. 그 결과 논리성은 프로그램 전체를 검토하는 역할을 하게 된다. 프로그램 개발에 논리성은 많은 사람이 이해하고 설득할 수 있는 요인이 된다. 청소년프로그램 개발이 비합리적·비체계적으로 이루어지게 되면 좋은 결과를 기대할 수 없을 뿐만 아니라 더는 전문적인 활동으로 인정받을 수 없다.

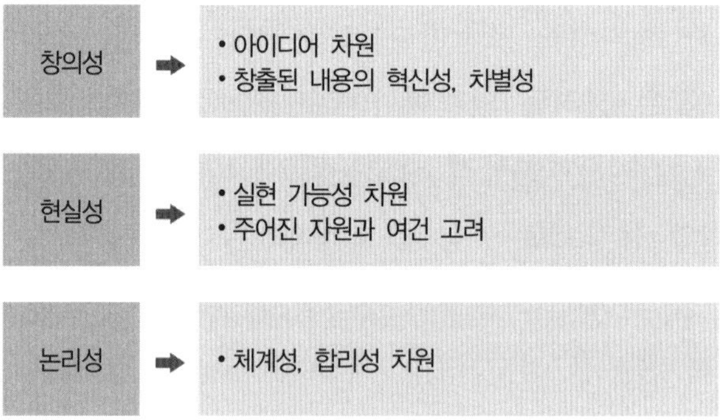


| 그림 2-2 | **청소년프로그램 개발 원리**

출처: 유진이 외. (2024). 청소년프로그램 개발과 평가(2판). 파주: 양서원.

청소년프로그램을 개발하는 원리는 청소년들로 하여금 세계를 새롭게 보는 법을 배우고, 새로운 사고방식을 개발하며 새로운 사고방법을 얻도록 해야 한다. 이제 오래된 사고방식과 관점이 들어맞지 않는다는 현실을 근거로 프로그램의 개발에서도 청소년들에게 "세계를 새롭게 보기"를 배우도록 해야 한다(유진이 외, 2024).

## 2. 청소년프로그램 개발의 기본요건

청소년들이 프로그램에 참여하는 과정에서 경험하게 될 내용과 경험하는 방식을 결정하는 것이며, 청소년들의 경험활동을 교육적 관점에서 체계적이고 단계적으로 조직화한 것이다. 그래서 청소년프로그램 개발이 성공적으로 되기 위해서는 기본적으로 갖추어야 할 요건으로 프로그램 활동의 주체인 청소년, 촉진자로서의 청소년지도자, 그리고 활동이 이루어지는 공간적 활동환경 등의 요건이 고려되어야 한다.

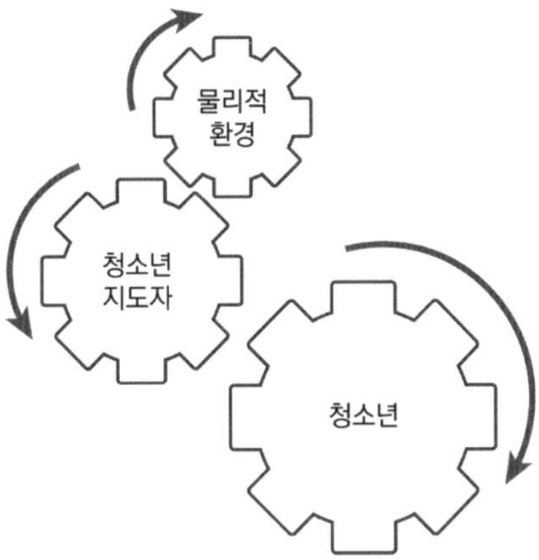


| 그림 2-3 | **청소년프로그램 개발의 기본요건**

### 1) 활동주체인 청소년

청소년프로그램의 일차적인 요건은 바로 청소년활동의 주체인 청소년의 적극적 참여이다. 청소년프로그램이 청소년의 성장에 도움이 된다고 할지라도, 참여하는 청소년이 없다면 청소년프로그램은 무용지물이다.

대부분의 청소년은 입시 위주의 학교교육으로 인해 학교 밖에서 활동에 참여할 시간적 · 정신적 여유가 없었던 것이 사실이다. 그 결과 일부 청소년들만이 청소년프로그램에 참여하고 적극적이고 자발적이기보다는 다소 의무적 · 소극적으로 참여한 것이 일반적인 현실이었다. 이러한 문제를 해결하기 위해서는 청소년들이 청소년프로그램에 주체적으로 참여할 수 있는 제도적 기반이 구축되어야 한다. 즉, 공교육 중심의 교육패러다임에 대한 근본적인 변화가 이루어져야 한다. 그리고 '학교 안의 경험'은 교육적 경험이며, '학교 밖의 경험'은 비교육적 경험이라는 이분법의 오해 역시 극복되어야 한다. 왜냐하면 교육의 본질은 그 핵심요소로서 경험성장의 지원과정이 존재하는가에 있는 것이기 때문이다(유진이 외, 2024).

청소년프로그램의 진행과정에서도 청소년의 자기주도성을 회복시켜 주는 노력이 필요하다. 청소년프로그램은 청소년지도자가 의도하는 활동이 아니라, 청소년의 자기주도적인 경험성장을 기본전제로 하는 활동이다. 따라서 청소년프로그램의 참모습을 실현하기 위해서는 청소년들의 활동에 대한 자기주도성이 발현되도록 하는 데 초점을 맞춰야 할 것이다. 그리고 청소년프로그램을 통하여 이러한 자기주도적 활동을 가능하도록 지원하는 체계로 인식되어야 할 것이다(유진이 외, 2024).

### 2) 경험 촉진자로서 지도자

청소년프로그램에서 이루어지는 활동은 청소년의 선택과 필요에 의해 수행되는 활동이다. 청소년지도자가 어떠한 자세와 능력을 지녔는가는 청소년프로그램의 효과를 결정한다는 점에서 중요한 의미가 있다.

청소년프로그램은 청소년들이 실존적인 문제에 대해 통찰하고 사유와 경험, 실천의 과정을 통하여 자아 정체감을 확립하고 자기실현의 과정이 되어야 한다. 경험 중심 프로그램은 기존의 청소년 중심 프로그램이 갖는 장점을 수용하되, 청소년지도자의 역할을 소극적으로 규정하지 않는다. 청소년과 청소년지도자의 협력에 의해 지식의 탐구를 넘어서 새로운 지식을 창조해 나가는 과정을 강조한다. 그래서 경험 중심 프로그램은 지식과 기능의 학습에 그치지 않고 비판적 사고력을 갖춘 창의적인 인재를 기르기 위한 경험 활동인 것이다. 경험 중심의 프로그램을 구현하기 위해 다음과 같은 점에서 유의해야 한다(강충열 외, 2017).

첫째, 경험 중심 프로그램의 출발은 '지식'은 고정불변의 것이 아니라 끊임없이 창조되고 형성되어 인간의 인식 영역이 확대되는 것에 기반해야 한다. 프로그램 내용을 재구성하거나 주제 중심으로 스스로 탐구하여 비판적이고 성찰적인 사고를 통해 형성하고 창조하는 것으로 인식해야 한다.

둘째, 청소년들이 어떤 내용을 배우는가 하는 것이 아니라 어떻게 지식을 탐구해 나가는가를 경험하고 배우는 것이 중심이 되어야 한다. 미래 사회에서 지식은 고정되거나 완성된 것이 아니라 지속해서 확장되고 발전되어 가는 과정이므로 프로그램 내에서 청소년과 청소년 간에 일어나는 소통과 협력을 통한 지식의 상승 작용뿐 아니라 청소년지도자와 청소년 간의 지식의 창조와 형성의 과정이 일어나도록 경험학습 방법을 재구성해야 한다.

셋째, 청소년지도자는 프로그램을 계획하고 준비하는 과정에서 자신의 계획대로 진행되는 일련의 흐름으로 이해할 것이 아니라 변화와 발전이 일어나는 창조의 과정으로 이해해야 한다. 이 경우 목표의 설정은 구체성보다는 추상성이 강조될 필요가 있다. 청소년프로그램은 청소년지도자와 청소년 모두의 기여를 통해 지식이 형성, 확장되어 가는 과정이기 때문이다.

넷째, 프로그램이 자칫 혼란으로 빠져 버리거나 소외를 양산하거나 배움의 질을 저하하지 않도록 청소년과 청소년, 청소년과 청소년지도자 간의 깊이 있는 관심과 신뢰 관계 형성이 중요하다. 청소년지도자는 신뢰, 경청, 격려, 개발, 도전 장려, 존중, 참여, 지원의 관계형성으로 자기 생각을 만드는 배움과 서로 다른 자기 생각을 나누는 나눔을 협력적으로 구현해야 한다.

다섯째, 프로그램 과정에서 청소년과 청소년, 청소년과 청소년지도자 간의 활발한 소통과 토론이 이루어지는 브레인스토밍을 통해 지식을 형성해 가는 창조의 과정을 경험하도록 프로그램을 구성해야 한다.

여섯째, 청소년프로그램 과정은 문제의 제기를 우선하도록 조직하고 비판적 사고와 경험을 통해 지식을 내면화하는 과정이 체계적으로 진행될 수 있도록 준비해야 한다.

일곱째, 경험 중심 프로그램은 청소년의 창의성을 길러 가는 과정, 서로의 갈등을 조정하고 협력하는 방법을 배워 민주시민으로서 성장하는 과정이다.

청소년지도자는 일반적으로 청소년을 위한 격려자·상담자·매개자로서의 역할을 해야 한다. 또한 청소년지도자는 각종 청소년활동을 위한 프로그램을 개발하고 구성하여 실천에 옮길 수 있어야 한다. 즉, 청소년들의 요구를 규명하고 이에 필요한 정보를 제공하며 프로그램 목표에 맞게 구성원 간의 융화와 단결에 힘쓰고 사기를 높이는 역할을 하는 것이다.

청소년지도자가 갖추어야 할 능력은 크게 일반지도자로서 능력과 경험학습 촉진자로서 능력으로 구분된다(송병국, 1999). 일반지도자로서 요구되는 능력에는 전문적 기술(technical skill), 인간관계 기술(human relation skill), 개념적 기술(conceptual skill), 의사소통 기술(communication skill), 의사결정 기술(decision-making skill) 등이 포함된다.

전문적 기술이란 청소년활동에 대한 전문적인 기술과 기능을 의미하며, 인간관계 기술은 청소년활동의 전개과정에서 관계되는 사람들과 조화롭게 활동을 전개할 수 있는 능력을 의미한다. 개념적 기술은 청소년활동을 하나의 총체로 이해하는 능력을 말하며, 의사소통 기술은 청소년지도자와 청소년, 그리고 청소년기관 구성원 간에 원만한 의사전달이 가능하도록 하는 능력이고, 의사결정 기술은 주어진 문제나 과업에 관련된 정보를 수집, 분석하여 대안들 사이에서 최적의 방안을 선택하는 능력을 말한다.

청소년프로그램이 청소년들에게 의미 있는 경험학습이 되기 위해서 청소년지도자는 학습경험 촉진자로서의 능력을 갖추어야 한다. 청소년프로그램은 청소년들의 건강한 성장과 발달을 돕는 교육적 활동이라는 특성을 본질적으로 갖고 있기 때문에 청소년지도자는 정규학교 교사 못지않게 경험학습 촉진자로서의 능력과 자질을 갖추어야 한다. 즉, 청소년프로그램을 통해 청소년들의 경험학습을 통일성 있고 주체적으로 성장시켜 나감과 동시에 그것이 사회에 적합한 방식으로 발전해 나갈 수 있도록 조정할 수 있는 능력을 갖추어야 한다(유진이 외, 2024).

### 3) 활동공간의 물리적 환경

청소년프로그램은 일정한 공간영역을 가진 물리적 환경 안에서 이루어진다. 활동환경은 청소년프로그램이 원활하게 실행될 수 있게 하는 기초환경으로 프로그램의 운영에 필요한 공간과 시설, 그리고 장소 등을 의미한다. 이러한 활동환경은 청소년프로그램 진행 전에 청소년을 편안하고 안전하게 수용할 수 있는 장소의 선정은 필수적이며, 개발과정에서 중요하게 고려되어야 할 요소인 것이다.

프로그램이 진행될 공간으로서 활동환경은 청소년프로그램을 원천적으로 불가능하게 만드는 요인으로 작용할 수 있을 뿐만 아니라 프로그램에서 이루어지는 청소년활동의 유형과 상호작용의 질에 영향을 미친다. 활동환경은 프로그램의 실행에 있어서 프로그램의 효율적 실천에 영향을 미치기 때문에 필수적으로 고려되어야 할 요소이다. 또한 다양하게 전개되는 청소년활동의 안전성 제고의 필요성이 절실히 요구되고 있으며, 청소년들의 활동을 위한 안전하고 내실을 갖춘 청소년활동 환경의 확보는 전 사회적 차원에서 그 필요성이 제기되고 있다(유진이 외, 2024).

따라서 교육장소를 선정하기 전에 프로그램의 내용과 장소의 적합성을 이해하고 후보 시설을 먼저 선별하는데, 이때 프로그램 진행에 포함되는 활동, 청소년의 집단 규모 및 접근성 등을 먼저 고려하도록 한다. 합숙교육, 현장교육이 있을 때 역시 청소년의 집단 규모와 연령, 접근성, 장소대여 비용, 편의시설 등을 고려하여 선정하는 것이 중요하다. 후보 시설별 부대시설, 비용, 주변 시설 등의 정보를 비교해 보고 해당 청소년프로그램에 필요한 조건 사항들을 점검하여 후보 시설 중 최적이라고 판단되는 곳부터 사전 답사를 실시한 후 최적의 프로그램 장소를 선택한다. 프로그램 장소가 선정되면 강의실, 식당, 숙소 등의 위치와 동선을 확인하여 안내함으로써 활동 편의를 제공하고 문제점이 발생할 경우를 대비하여 현지 연락처를 사전에 정리해 두는 것도 필요하다. 프로그램 장소의 선정과 함께 기자재의 준비 및 배치도 중요하다. 청소년프로그램에 참여한 청소년을 위한 바람직한 교육환경 구성을 위해 반영할 사항들은 다음과 같다(김동일 외, 2024).

첫째, 청소년프로그램의 내용과 주제에 적합한 활동공간이어야 한다.

둘째, 청소년프로그램 활동공간은 학습목표와 계획된 학습활동이 최대한 실현될 수 있도록 설계된 시설이어야 한다.

셋째, 활동공간은 청소년활동 규모에 적합한 크기와 용도에 맞아야 하며, 청소년들이 불편함을 느끼지 않도록 적절한 공간이 확보될 수 있도록 한다.

넷째, 청소년들의 감각이나 트렌드에 맞게 시청각, 책상, 의자, 음향·조명, 교실 내 설비, 부대시설, 전기설비, 교육용 기자재 등 세부항목을 정리하여 학습환경 구성에 이를 반영한다. 청소년활동에 가장 중요한 역할을 하는 음향시설 등은 직접 동작시켜 정상인지 확인하고, 최상의 상태가 유지될 수 있도록 사전에 설정값을 미리 파악하여 정리하는 것도 필요하다.

다섯째, 교육장소의 책상 및 기자재는 청소년의 경험활동을 촉진할 수 있도록 적절히 배치하여 분위기를 수용할 수 있어야 한다. 청소년지도자가 더욱 효과적인 프로그램을 진행할 수 있도록 필요로 하는 기자재를 준비하고 청소년의 입장을 고려하여 청소년에게 편의를 제공할 수 있는 기자재 및 환경을 조성하도록 한다.

여섯째, 활동공간을 옮기고자 할 때는 프로그램 실시 예정일에 사용할 수 있는 시설이어야 하며, 대여비용 또한 저렴하거나 적정한 가격이어야 한다.

일곱째, 숙박이 필요한 집중 프로그램인 경우 식당, 잠자리, 샤워실, 휴게실, 외부 전화 등 부대시설이 잘 갖추어진 곳이어야 한다.

여덟째, 프로그램 활동공간이 정해지면 프로그램 진행을 위하여 강의실의 모든 시설이 완벽하게 갖추어졌는지를 점검하고, 문제가 있으면 사전에 반드시 조치해야 한다.

## 3. 청소년지도자의 이해

### 1) 역할의 개념

역할이란 주어진 사회적 지위나 위치에 따라서 개인에게 기대되는 행동을 뜻하는 사회학 용어로서, 사회 구성원으로서의 개인에게는 여러 가지 역할을 주며, 각각의 구성원들은 자신의 역할을 수행함으로써 사회과정을 원활하게 진행하고 질서를 유지·존속시킨다. 때로 역할 기대의 이탈은 사회과정을 문란하게 하고 질서를 동요시키므로 많든 적든 이에 따르는 사회적 제재가 가해진다. 그러나 때로 자신이 가진 두 가지 이상의 역할이 상반되는 경우도 발생한다. 때문에 자신의 욕구·이념에 맞추어 주체적으로 역할을 수행해야 한다.

따라서 청소년활동 시설을 하나의 사회체계로 볼 때 개인과 집단 간의 관계, 집단행동, 집단구성원들 간의 상호작용 관계 등을 가장 종합적으로 설명할 수 있는 개념은 역할(Role)이다. 학자들 간에도 역할이라는 개념에 대해 일치된 정의를 내리지 못하고 있는데 인류학자들은 각 성원이 차지하는 지위에 부여되는 문화적 의의, 즉 규범성을 갖는 문화기대를 중심으로, 사회학자들을 사회체제에서 개인이 차지하는 지위를 중심으로, 심리학자들은 자아개념의 형성발달을 중심으로 제각기 다르게 역할을 논의하면서, 역할의 특성을 다음과 같이 정의하고 있다(김창현, 2023).

첫째, 역할은 상호보완적이며 연쇄적이다.

둘째, 역할은 제도상으로 주어진 것이지 명령하기 위한 것이 아니다.

셋째, 역할은 해서는 안 되는 행동에서부터 필수적으로 해야 할 행동으로까지의 범위로 된 연속체로 이루어져 있어서 다소 유동적이다.

넷째, 역할의 범위는 특정한 것에서 산만한 것까지 다양하다.

다섯째, 역할 수행자의 효과성은 그의 역할에 대한 다른 사람들의 그의 실제 행동이 만족시켜 주는 정도에 의해 측정될 수 있다.

### 2) 청소년지도자의 역할

청소년은 이 시기에 정체성과 주체성 그리고 자아 형성에 커다란 어려움을 겪고 있다. 또한, 개인 이기주의, 물질 지향적인 가치, 사회정의와 규범의 약화, 관료제 사회의 발달은 청소년의 자아형성을 더욱 어렵게 해주고 있다. 그러므로 청소년지도자는 투철한 사명감으로 먼저 이러한 문제를 해결하는 데 충실하여야 한다(김창현 외, 2024).

청소년지도자는 청소년의 개인차와 특성을 존중하면서 지도하여야 한다. 청소년지도자의 역할은 청소년지도의 원리를 먼저 습득한 후 그 원리에 근거해서 역할을 수행하는 것이 좋다. 지도원리를 원만히 수행할 수 있도록 충실한 역할을 다해야 할 것이다. 따라서 김창현 등(2024)은 청소년지도자의 역할을 다음과 같이 제시하였다.

첫째, 다양한 방법으로 융통성과 탄력성 있는 조화가 이루어지도록 지도한다.

둘째, 청소년과 지도자는 함께 지도 목표와 공통된 가치관을 만드는 역할을 한다.

셋째, 청소년들의 생활을 도와주는 협력자로서, 활력을 주고 자신감과 희망을 주는 촉진자로서 역할을 다하여야 한다.

넷째, 격려자와 전문가로서 지도자 역할을 제시할 수 있다.

다섯째, 비판적 분석가와 교육자로서 역할이다.

여섯째, 예술가와 같은 창조적 능력을 갖추고 지도하여야 한다.

일곱째, 효율적인 청소년지도자로서 역할을 수행해야 한다.

여덟째, 매개자로서 역할을 수행해야 한다.

또한 청소년지도자가 청소년프로그램을 통하여 청소년들의 잠재된 능력을 개발하고 책임감 있는 성인으로 성장하고 발달할 수 있도록 조력하는 중요한 역할을 담당할 책임이 있다. 청소년프로그램은 단순히 학교교육의 보완 차원이나 청소년정책을 집행하는 규범적인 틀에서 벗어나 사회적 필요성에 의해 발현되고 실현되는 체계적인 실천적 행동양식이며 학교교육과 동등한 파트너십 체제를 갖고 운영되어야 한다(유진이 외, 2024). 따라서 청소년지도자는 책임감을 가지고 청소년프로그램을 설계할 수 있는 전문능력을 갖추고 청소년을 위한 격려자 · 상담자 · 매개자로서 각종 청소년활동을 위한 프로그램을 개발하고 구성하여 실천에 옮길 수 있어야 한다. 또한 청소년프로그램과 관련된 사람들의 요구 및 관심사를 협상할 수 있는 사회적 · 정치적 능력 등 기본적이고 실제적인 전문능력이 요구된다. 유진이 등(2024)은 청소년프로그램 개발에서 지도자의 역할은 ① 관련 인사와 기관담당자들을 설득하여 규합하는 지도자, ② 시민에게 청소년활동에 대하여 홍보하는 전도사, ③ 청소년-행정기관을 연결하는 가교 역할, ④ 각종 협의회의 진행과 업무 교류를 돕는 역할, ⑤ 청소년프로그램을 계획하고 사람과 자원을 동원, 실행시키는 발의자로서의 역할을 요구하였다.

### 3) 청소년지도자의 자질

청소년프로그램이 실행되기까지는 많은 사람의 아이디어와 정보가 합리적이고 논리적인 과정을 거쳐 선정되고 체계화된다. 때문에 실제로 청소년전문가라면 현실적으로 부딪치는 많은 문제를 체계적이고 합리적으로 해결할 수 있는 능력이 요청된다. 아울러 청소년지도자는 인간중심적인 자질과 불타는 사명감을 가져야 하며, 품성의 바탕이 순수하고 넉넉하여야 한다. 개인적으로 열정과 자신감 및 긍정적인 사고를 갖고 건강한 신체를 가져야 한다. 청소년지도자는 청소년의 특성을 이해하며 미래 차원에서 지도하는 사람으로 다음과 같이 특별한 자질을 지녀야 할 것이다(김창현 외, 2024).

첫째, 청소년을 사랑할 수 있는 인성을 지녀야 한다.

둘째, 민주적인 생활양식을 영위해 갈 수 있는 자세를 갖추어야 한다.

셋째, 성실성과 책임의식을 가져야 한다.

넷째, 신중성과 올바른 판단력을 지녀야 한다.

다섯째, 봉사성이 있고 추진력이 강한 자질을 지녀야 한다.

여섯째, 재치 있는 철학적 자질을 지녀야 한다.

일곱째, 청소년지도자는 순수성을 가져야 한다.

한편 유진이 등(2024)은 청소년지도자로서 청소년프로그램 개발자의 역할을 '내용전문가', '과정전문가', '설계전문가', '의사결정전문가', '협상전문가' 등으로 제시하였다. 내용은 다음과 같이 정리할 수 있다.

첫째, 청소년지도자는 내용전문가로서 청소년프로그램 속에 담길 프로그램의 구체적인 내용에 대해 상당한 정도의 식견과 지식을 소유해야 한다.

둘째, 청소년지도자는 과정전문가로서 프로그램 개발 과정에 적용해야 할 적절한 모형을 설정하고, 구체적인 절차와 단계에 따라 다양한 기법들을 적용해 나갈 수 있는 능력을 갖추어야 한다.

셋째, 청소년지도자는 설계전문가로서 정제되지 않은 다양한 정보와 아이디어를 다듬고 가공하여 하나의 예술작품을 만드는 것처럼, 프로그램의 내용을 학습자의 특성과 경험을 고려하여 학습하고 체험할 수 있도록 설계해야 하는 능력이 요구된다.

넷째, 청소년지도자는 의사결정전문가로서 프로그램 개발을 전개하는 과정에서 상당히 많은 의사결정 상황에 직면하게 되는데, 이때 합리적이고 효과적으로 의사결정을 내릴 수 있는 능력이 요구된다.

다섯째, 청소년지도자는 협상전문가로서 프로그램 개발과 관련된 다양한 이해집단이 가지고 있는 관심사를 적절히 조정하고 협상할 수 있는 능력을 갖추어야 한다.

21세기 지식기반사회에서 요구되는 청소년지도자는 무엇보다 전문성이 요구되고 사명과 역할은 어느 때보다도 중요하다. 기성세대가 만들어 놓은 규범과 제도를 비롯한 문화는 청소년의 욕구를 수행하여 청소년과 협의와 이해를 바탕으로 운용하고 변화시켜 가는 노력이 절실하다. 청소년지도는 역사를 창조해 가듯이 한 인간을 정성과 사랑으로 키워서 가장 아름다운 완성체로 창조하여 가는 과정임을 같이 인식하여야 한다(김창현 외, 2024). 청소년지도자는 청소년들과 함께하는 사업을 개발하는 사람으로 프로그램을 통해 청소년에게 감동을 불러일으킬 수 있어야 할 것이다(유진이 외, 2024).

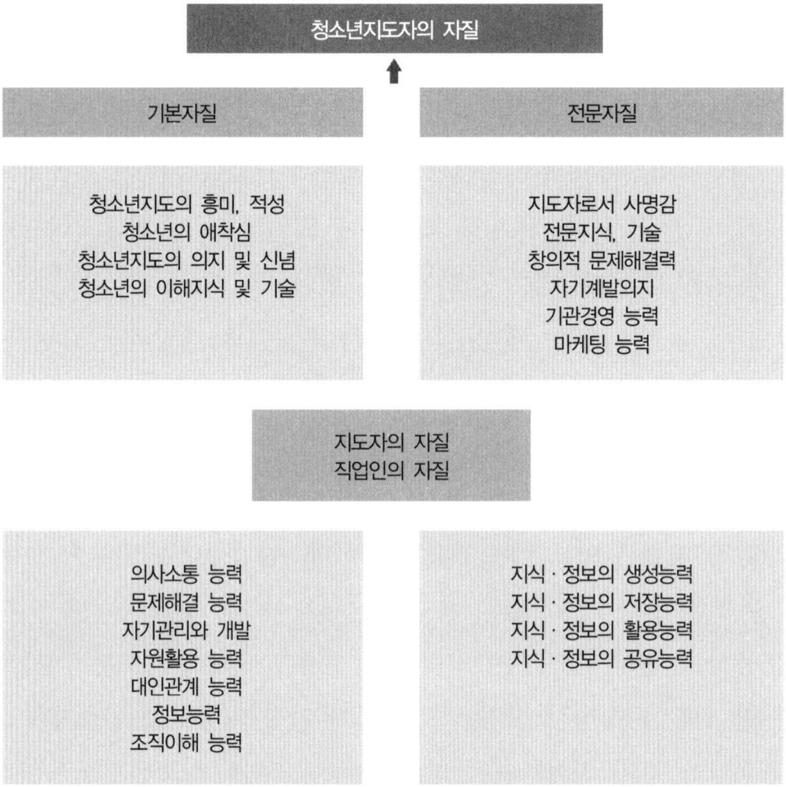


**| 그림 2-4 | 청소년지도자의 자질**

출처: 유진이 외. (2024). 청소년프로그램 개발과 평가(2판). 파주: 양서원.

## 4) 청소년지도자의 역량

역량(capability)이란 기업이나 경영에서 조직 환경 속에서 탁월하고 효과적으로 업무를 수행해 낼 수 있는 조직원의 행동특성이나 효과적 수행자와 비효과적인 수행자를 분별하는 일관된 행동 동기, 특질, 기능 등을 의미한다. 직무 수행에 필요한 지식, 전문성, 특정한 스킬을 포함하는 말이며, 기업에서는 기업 내 직업훈련 및 교육훈련을 통해 바람직한 수준까지 발전시키고자 한다.

청소년을 올바르게 지도하기 위해서는 그들의 특성을 이해하고 어떻게 지도할까 하는 목표를 세워야 한다. 먼저, 청소년의 특성을 알아보기 전에 존재인식을 분명히 하여야 할 것이다. 청소년은 신체적으로는 급성장이 이루어지고, 정신적으로는 사고 변형과 조절 능력이 생겨서 논리적 융통성을 실험하면서 사물을 이해하려 하며, 현실적으로 변화하여 객관적 사고와 현실 지향적인 개념을 갖는다. 심리적으로는 내향적이고 관념적인 특징이 있다. 사회적으로는 자신의 역할을 인지하여 책임감을 느끼며 사회적 존재의식과 사명감을 갖게 된다. 행동성향은 창조성과 근검성, 건전성과 변화성을 나타내고 있으며 준법성은 강하나 예의 의식은 희박한 것으로 나타나고 있다. 이러한 청소년의 특성을 이해하고 지도목표를 세워서 지도하는 것이 바람직하다. 여기에서 청소년 지도목표를 일곱 가지로 제시한다(김창현 외, 2024).

첫째, 미래사회의 충실한 창조자로 지도해야 한다. 21세기를 주도할 힘차고 유능한 청소년으로 미래사회를 창조할 수 있도록 지도하여야 한다.

둘째, 인간적인 가치와 자연적인 가치가 중심되는 인생관을 정립시킨다. 미래사회는 인간을 중시하고 자연환경을 사랑하는 가치가 삶의 기준이 될 것이다. 청소년들의 인격형성 과정에서 인간의 존엄성을 인식시키고 자연을 보호하며 감사하는 마음을 갖도록 지도하여야 한다.

셋째, 보람 있는 직업을 준비하고 결정할 수 있는 능력을 길러준다. 개성과 적성 및 취미에 맞는 직업을 선택하여 보람과 가치를 창조하는 직장생활이 이루어질 수 있도록 직업관과 능력을 길러준다.

넷째, 적응할 수 있는 훈련과 노력이 생활 속에 정착되도록 지도한다. 국제화 시대에 능동적으로 대처하고 민주적인 생활 속에 협조하고 창조하며 합리적인 일상생활을 영위해 가도록 지도하여야 할 것이다.

다섯째, 육체적으로 건강하고 정신적으로 건전한 청소년을 키운다. 더욱 건강하게 지도하고 창의성과 진취적인 기상을 갖고 진정으로 타인을 사랑할 줄 아는 건전한 정신 자세를 확립시켜야 할 것이다.

여섯째, 도덕적이고 윤리지수가 높은 청소년으로 육성한다. 도덕심이 강하고 자율적이며 능동적으로 협동하여 생활해 가도록 한다. 조그만 일에 감사할 줄 알고 보답하는 청소년으로 육성한다.

일곱째, 아름다운 문화 창조자로 키운다. 전통문화를 계승하고 과학기술문화를 발전시켜서 민족문화를 번창시킬 수 있는 창조자로 키워야 할 것이다.

## 5) 리더십의 핵심 유형

조직의 목표 달성을 위해서는 구성원들의 협동심을 최대한으로 발휘할 수 있게 하는 효과적인 리더십의 발휘가 필요하다. 특히 청소년활동 현장에서 청소년들에게 공동의 목표를 향하여 잠재적인 능력을 발휘할 수 있게 하는 분위기 조성과 조직구성원들의 도전정신과 협동심에 관심을 가져야 한다. 따라서 우리가 깊이 인식해야 할 것은 청소년수련활동의 교육적인 성과를 극대화하기 위해서는 청소년지도자의 보편적인 리더십만이 아니라 통합적인 리더십 측면에서 수련활동의 효과를 뒷받침하는 청소년지도자 지도역량이 선행되어야 수련활동의 목표를 달성할 수 있다. 이러한 맥락에서 청소년지도자 리더십의 중요성은 아무리 강조해도 지나침이 없을 것이다. 청소년지도자의 역동적인 리더십이 안전사고 예방과 수련활동의 교육적인 효과에 미치는 영향이 무엇보다 중요하다는 것을 인식하여야 한다(김창현, 2023).

청소년지도자의 리더십 유형을 거래적 리더십(transactional leadership), 변혁적 리더십(transformational leadership), 서번트 리더십(servant leadership) 등의 이론적 배경을 소개하고자 한다(김창현, 2023).

### (1) 거래적 리더십 이론

거래적 리더십 이론(transactional leadership theory)은 리더십에 관한 초기의 특성이론에서부터 상황적응 이론에 이르는 연구가 교육체제 외부에서 오는 영향에 대처하기에는 부적절한 것으로 비판하는 것에서 시작한다. 왜냐하면 지도자가 폐쇄 체제적 관점에서 기존의 조직구조 안에서 일상적인 문제에 관심을 두고 기능하는 것으로 보기 때문이다. 그리고 대부분 리더십을 지도자와 부하 간의 타협이나 거래적인 활동으로 본다. 일을 잘하면 긍정적 강화나 승진 또는 금전적 보상을 더 해주고 부하는 그것을 대가로 일을 하고 양자 간의 협의나 타협 과정을 통해 이를 조정하는 관계에 있다고 본다. 이처럼 거래적 리더십 이론은 대체로 지도자와 부하 간에 비용-효과의 거래 관계로 수행된다.

### (2) 변혁적 리더십 이론

변혁적 리더십 이론(transformational & leadership theory)은 처음으로 도입한 사람은 '리더십'이란 저서로 유명한 미국의 경영학자 번스(Burns, 1978)였으며, 그는 변화형(transforming) 리더를 "부하들과 단순히 성과를 담보로 한 거래적 관계에 있지 않고 달성하기 어려운 목표라 하더라도 이들의 자기실현 욕구를 충족시켜 사기를 진작시키고, 이를 통하여 달성 불가능한 목표라도 성취할 수 있게끔 하는 리더"라고 정의했다. 즉, 그는 리더십을 과거 결정론적 특성으로써 어떤 행위의 집합으로 보지 않고 부하들을 동기부여하면서 일어나는 반응과 저항을 통해 이들의 행위를 수정시키려는 리더와 부하의 지속적인 상호관계 과정으로 봤다.

### (3) 서번트 리더십 이론

서번트 리더십(servant leadership)의 경청, 비전의 제시, 구성원의 성장, 설득, 공동체 형성 등을 특성으로 하는 리더십으로, 다른 구성원들이 공동의 목표를 이루어 나가는 데 있어 정신적·육체적으로 지치지 않도록 환경을 조성해 주고 도와주는 리더십이다(Spears, 1995). 결국 인간존중을 바탕으로 다른 구성원들이 잠재력을 발휘할 수 있도록 도와주고 이끌어 주는 것이 서번트 리더십의 요체다. 진정한 리더는 다른 사람을 변화시키는 것이 아니라 그 변화를 돕는 것이 바로 서번트 리더십이라 할 수 있다. 21세기 기업들과 청소년활동시설은 위의 말처럼 서번트 리더십을 발휘할 수 있는 사람을 원하고 있다. 그리고 사회도 이런 리더십을 가진 자를 원하고 있고, 이들은 사회, 기업을 변화시키는 잠재력을 가지고 있기에 이런 리더십을 필요로 하는 것이다.

Chapter

03

# 청소년프로그램 개발 이론 및 접근방법

# 1. 청소년프로그램 개발 이론

## 1) 개요

최근 청소년지도에 관한 관심과 연구가 활발해지고는 있지만, 청소년지도의 전문성과 체계성에 대해서는 여전히 미흡한 점이 많으며, 국가적인 차원에서 전문영역으로 확실하게 자리매김하기 위해서는 청소년프로그램 개발에 대한 체계화 및 과학화 작업이 매우 절실하다. 아울러 청소년지도 현장은 프로그램을 통해서 효과성과 청소년들의 만족도를 인정받을 수 있기 때문에 매우 중요하다. 청소년프로그램은 청소년지도자에게 도구적인 역할을 한다. 모든 도구는 사용하는 사람의 가치나 철학을 통해 구현되기 때문에 도구의 진정한 이해를 위해서는 철학적인 접근이 필요하다. 청소년프로그램 역시 청소년지도자의 가치관과 철학을 반영하여 프로그램이 구성될 수밖에 없다. 따라서 프로그램 개발 이론의 본질적인 개념 파악이 요구된다.

이론은 어떤 현상 또는 대상의 존재 방식에 대한 변화 원리를 함축적으로 설명해 주는 논리체계이다. 즉, 일시적인 관찰을 넘어서 사실을 기술하고 설명하며 전체적인 통일성을 보여주기 때문에 사실에 대한 예측지표가 된다. 프로그램 개발에 영향력을 가장 크게 미치는 것은 그에 관한 체계화된 과학적 지식, 즉 관련된 이론이다. 청소년프로그램 개발 이론은 청소년프로그램 개발에 있어 기존 지식의 요약 및 체계화와 제시의 기능을 수행한다. 일관된 방법으로 여러 분리된 틀을 요약하고 기술하며, 별도의 경험적인 결과에 대해 의미를 부여하는 것이다. 또한 관찰된 사건이나 관련성에 대해 설명력을 제공하며, 관련된 변인이 무엇이고, 그것들이 어떻게 관련되어 있는가를 보여준다. 따라서 프로그램 개발 이론은 기획, 실행, 평가 등의 개념 간의 관계를 설명해 줄 수 있다.

청소년프로그램 개발 이론은 현상에 관한 기술뿐만 아니라 프로그램 개발자가 취해야 하는 절차들을 제시하고 규정하는 데 한정되어 프로그램 개발에 참여하는 사람에게 규범적 훈령과 절차로 구성된 선험적인 이론들이 주류를 이룬다. 앱스(Apps)는 프로그램 개발 이론은 전통적 합리주의 이론, 상황이론, 비판적 실천이론 등으로 유형화시켜 프로그램 개발의 패러다임을 제시하였다(Apps, 1979).

## 2) 전통적 합리주의 이론

전통적 합리주의 이론(classical rational theory)은 기술공학적인 합리성에 기초를 두며, 청소년지도의 효능성과 효율성을 증진하기 위해 프로그램 개발의 실천적 절차에 초점을 두는 이론이다. 가장 오래되고 지배적인 프로그램 개발의 이론 중 하나이다. 따라서 교육목표, 교육경험, 교수방법, 평가 등으로 이어지는 선형적인 통제과정을 따르며 이를 타일리언 모델(Tylerian model)이라고도 한다.

전통적 합리주의 이론은 청소년지도자와 청소년 사이의 수단적인 메커니즘을 효과적으로 만들어 가기 위해 프로그램 개발의 절차를 강조한다. 또한 청소년이 바라는 목표와 도달하기 위한 수단(학습경험), 그리고 이 수단이 목표를 성취했는지를 결정하는 과정(평가)을 기술하고 있어 처방적인 성격을 가진다고 해서 수단-결과모델(Means-Ends model)이라고도 한다(Tyler, 1949).

타일러(Tyler)는 교육과정 분야의 가장 중요한 질문이라 할 수 있는 '교육기관은 어떤 교육목표를 성취하고자 노력해야 하는가?'라고 질문한다. 그가 학교에서 가르쳐야 할 '내용'보다는 '목표'에 더 관심을 두고 있다는 사실은 그의 이론에서 교육목표를 가장 중요한 요소로 간주한다는 점에서 발견될 수 있다(조기숙, 2020). 그의 이론에 의하면 교육목표는 교육과정을 계획하는 데 있어서 가장 먼저 결정되어야 할 뿐만 아니라 그 이후의 절차를 밟는 데도 기준이 되는 것으로 고려되고 있다(소경희 1996).

타일러는 교육과정을 개발할 때 먼저 일반적인 교육목표들을 세 가지 자원(원천)에 근거하여 도출하도록 권하였다. ① 학습자 자신의 표준적인 학습수준, 지역사회의 요구와 비교하여 볼 때 생기는 학습격차, 개인의 흥미와 요구가 충족되고 있는지, ② 현대사회에서의 생활, ③ 교재전문가 등을 지적하였다. 즉, 학습자에 관한 체계적인 연구, 학교 밖의 사회생활에 관한 연구, 전문가의 프로그램 분석을 통하여 잠정적인 교육목표들을 도출하여야 한다고 주장하였다(오만록, 2021). 또한 교육조직의 가치나 이념은 교육목표의 자료원들에서 제시되는 교육요구를 정선하기 위한 여과장치로서 기능하며, 학습심리학에 관한 지식은 특정 시간과 조직의 현재 환경 내에서 무엇을 배울 수 있고 배울 수 없는 것인가를 규정하는 데에 도움을 준다. 타일러의 모형을 구성하는 네 가지 요소는 '학습목표 설정', '학습경험 선정', '학습경험 조직', '학습경험 평가'의 구성이 특징이다.

학습목표를 진술하는 것은 학습목적을 규정하고 난 다음 단계에서 실시된다. 학습목표에 대한 진술은 학습자에게 기대되는 행동의 변화에 초점을 두며, 그러한 목표의 내용은 기대된 행동의 영역을 보다 구체화한다.

타일러는 이와 같은 과제가 수행되고 난 뒤 다음 단계로서 "교수목표를 달성하는 데 유용한 학습경험을 어떻게 선정할 수 있는가?"라는 의문에 관해서 기술하였다. 타일러는 학습경험을 학습자의 행동과 학습환경 사이에 일어나는 상호작용으로 규정하고 이들 학습경험을 선정하는 데 필요한 다섯 가지 원칙을 제시하였다(Boone et al., 2002).

첫째, 기대된 행동(desired behavior)을 실천할 기회가 제공되는가?

둘째, 생산된 행동에서 만족감을 얻을 수 있는가?

셋째, 기대된 반응을 얻을 수 있는가?

넷째, 많은 학습경험이 어떠한 목표를 충족시킬 수 있는가?

다섯째, 하나의 학습경험이 다수의 결과를 가져올 수 있는가?

다음으로 타일러는 효과적인 교수와 조직을 위하여 학습경험을 조직하는 데 적용할 수 있는 개념을 규정함으로써 세 번째 질문에 답하고 있다. 그는 학습경험을 조직하는 데 필요한 준거로 ① 일관성(continuity), ② 계열성(sequence), ③ 통합성(integration)을 지적한다. 이러한 준거들에는 가치관, 기술 그리고 개념과 같은 학습요소들이 내포되어 있다. 더 나아가 타일러는 이미 구축해 놓은 틀 안에서 학습경험의 조직을 위한 원천으로 연대기(chronology)적 방법론의 응용 및 활동 범주와 내용의 분석 등을 제시하였다. 그리고 평가에 대한 타일러의 첫 번째 관심사는 기대된 결과의 선호에 있으며, 두 번째 관심사는 교육과정의 장단점에 있다(이현규, 2009). 그는 행동의 변화를 바라면서 표준적인 것과 관련하여 타당한 증거를 기대하고 계열성 있는 평가를 강조한다.

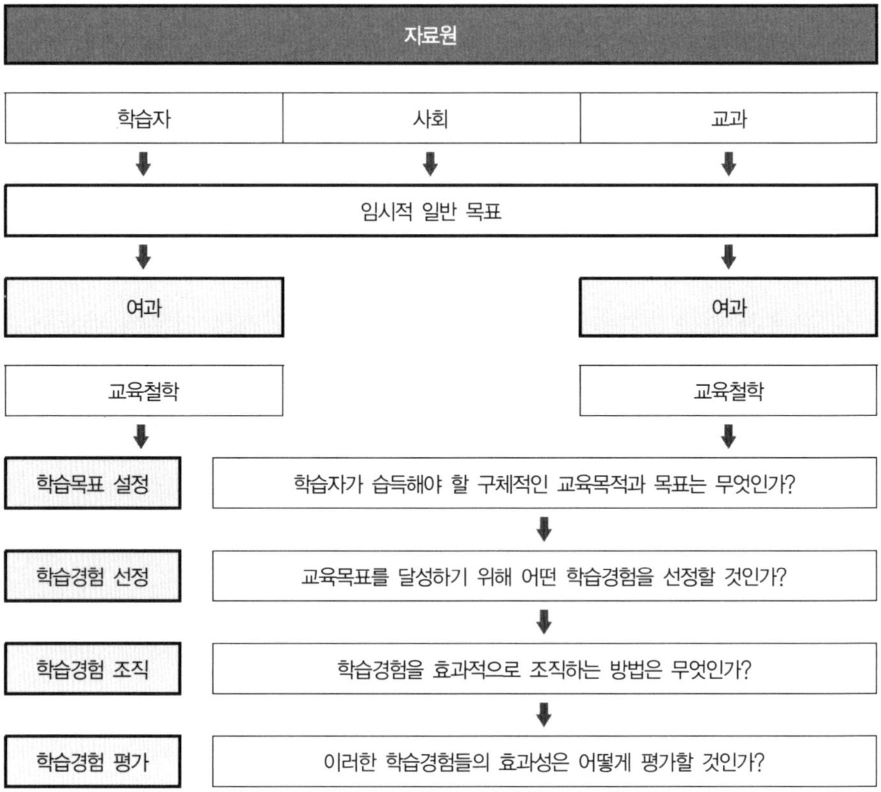


| 그림 3-1 | **타일러의 프로그램 개발 모형**

타일러의 모형은 그 개념과 내용이 매우 합리적으로 제시되어 있어 대부분의 학교 및 교육기관은 물론 다양한 맥락의 프로그램 개발에서 가장 대표적인 모

형으로 지금까지 활용되고 있다(Apps, 1979). 반세기 동안 교육과정의 바이블(성서)이라고 불릴 만큼 지배적인 영향을 미치면서 모든 프로그램 개발에 있어서 모범적인 전형이 되었으며, 전통주의자들 상호 간에도 다소 의견의 차이가 있으나 모두가 타일러의 견해에 기초하고 있다(이성호, 2010). 타일러 모형의 합리성은 명료한 학습목표 설정의 중요성을 부각하고 이에 따른 학습내용과 학습활동을 일관성과 계열성을 갖추어 바람직한 학습경험을 구성하도록 하는 데서 찾을 수 있다. 또한 학습결과는 학습목표를 토대로 하여 평가되어야 한다는 기본적인 과정과 절차를 제시하였다는 점과 프로그램 개발의 가장 표준적인 과정을 제시하였다는 데 학문적으로 큰 의의가 있다(신용주, 2022).

타일러 모형은 대부분 교육 현장에서 프로그램 개발에 보편적으로 적용될 수 있으며, 특히 워크숍이나 심포지엄과 같은 소규모의 프로그램 개발에 유용한 것으로 인식된다. 모형의 분명하고 직접적인 특성으로 인해 신참 개발자들이 활용하기에 비교적 용이한 것으로 알려져 있다. 다만 교육 프로그램이 수행되는 환경 맥락에 대한 고려가 부족한 점, 그리고 프로그램 개발자의 경험이나 가치관, 윤리와 관련된 요인들이 고려되지 않았다는 점에서 비판도 존재한다(Brookfield, 1986; Sork et al., 1989). 하지만 그들은 교육과정 모형과 전략을 창출시켰고 그것을 실천가들에게 제공함으로써 교육과정의 개혁적 변화를 불러오는 견인차 구실을 했다(이성호, 2010).

청소년프로그램의 목적을 행동변화로 지나치게 강조함으로써 청소년지도자와 청소년과의 관계를 통제자와 수용자로 설정했다. 또한 청소년과 청소년지도자와의 관계는 가르치고 배우는 교수행위로 형성되어 있다고 가정한다. 이러한 관계설정의 배경에는 프로그램에 참여하는 청소년을 수동적이고 피동적인 존재로 간주한다. 프로그램에 참여하는 청소년은 선행 지식과 경험이 없는 '백지' 상태라고 간주한다. 청소년지도자는 이러한 백지에 무언가를 그려 넣을 수 있는 사람으로 정의한다. 이러한 관점에서 당연히 사전에 설정된 목표와 직접 관련된 내용과 활동만을 지나치게 강조하고, 외형적인 행동변화에 초점을 맞추는 행동주의 학습원리를 따른다. 이러한 패러다임이 가장 많이 사용되는 곳은 군대에서 병사들의 교육이다. 반복을 통해 정해진 지식을 전달하는 방식의 교육제도가 바로 전통적 합리주의 표본이다.

결국 청소년을 수동적인 존재로 인식한다. 따라서 청소년기관이나 청소년지도자가 세운 목표를 달성하기 위한 수단으로서 프로그램을 인식한다. 따라서 이 패러다임은 전문가의 지도에 의존하는 경향이 있다. 왜냐하면 양질의 자극이 좋은 결과를 불러오기 때문이다.

### 3) 상황이론

상황이론은 구성주의 패러다임 혹은 실제적-해석적 패러다임에 지적 토대를 두고 있는 것으로, 프로그램 개발자의 행위와 프로그램 개발이 이루어지는 맥락을 중요시하며(Caffarella, 1994), 이것을 자연주의적 접근(naturalistic approach)이라고 부르기도 한다(Cervero et al., 1994). 상황이론은 유연성 확보문제를 중요하게 생각하며, 처리 절차 상호 간에 서로 순환적이고 융통성 있어 표준화된 단계나 절차에 따라 진행하는 것이 아니라 역동적 상호작용을 강조한다. 모든 참여자의 신중한 숙의(deliberation)와 실제적인 합리성(practical rationality)의 역동적 과정에 의한 경험의 공유를 통해 합의된 결정에 도달하는 순환적-합의 모델로서 특징지어진다. 그리고 프로그램 목표보다는 프로그램 내용을 프로그램 개발의 선행적 요소로 간주한다. 따라서 청소년지도 목표를 프로그램 개발을 위한 유일한 원리로서 받아들이지 않으며, 청소년지도 목표는 프로그램 개발의 출발점이 아니며, 단지 더 나은 프로그램을 만들어 가는 방법 중의 일부이다.

카파렐라(Caffarella)는 프로그램 개발 시 구성요소와 임무들을 동시에 고려해야 하며, 특정 상황에서 어떠한 결정을 하는가에 달려 있다는 것을 강조한다. 즉, 상황에 따른 유연한 대처 능력을 강조했다. 따라서 프로그램 개발과 과정에서 청소년지도자, 청소년, 조직 간의 합의가 필수적이며, 프로그램은 한 사람에 의해 만들어지기보다는 서로 영향을 미치는 구체적인 조직 상황에서의 다양한 이해관계를 가진 많은 사람을 통해 만들어진다는 것을 유념해야 할 필요가 있다. 카파렐라가 제시한 상호작용이론에 입각한 프로그램 모형은 다음과 같은 여섯 가지의 가정에 근거를 두고 있다(Caffarella, 1994).

첫째, 청소년프로그램은 참가자들이 무엇을 배우며, 그 행동은 무엇인지 명확하게 알아야 한다. 따라서 학습한 내용이 참가자와 조직, 그리고 사회적 이슈와 규범들을 어떻게 프로그램화하는가에 초점을 맞추어야 한다. 청소년지도자는 그들이 왜 행동하고 무엇을 행동하는지 명확히 알고 있어야 하며 학습결과와 변화에 대해 명확히 알고 있어야 한다. 이러한 변화의 양상에는 대체로 작업능률이나 그 밖의 실제적인 이슈, 성인 생활에의 문제, 조직에의 적응 또는 사회적 기준이나 관습에 관련된 문제 등이 있다.

둘째, 청소년프로그램 개발은 체계적으로 사전에 계획된 과업은 물론, 때에 따라서는 순간적으로 내려야 하는 결정을 포함한다. 계획변수와 임무들이 명백히 규정된 상황에서도 때때로 예측하지 못한 변수가 발생할 수 있다.

셋째, 청소년프로그램의 개발은 조직의 우선순위, 과업, 그리고 사람과 이벤트의 복합적인 상호작용이다. 그렇다고 해서 청소년프로그램 개발이 언제나 논리적인 절차를 따르지 않는다는 것은 아니다. 계획 절차상에 더 많은 조직이나 개인이 추가될수록 프로그램 개발 절차는 점점 비논리적으로 되는 경향이 있다. 프로그램 개발자로서 성공하기 위한 가장 중요한 점은 프로그램 개발 과정상에 유연성을 부여하는 일이다.

넷째, 청소년프로그램 개발은 조작적 노력이라기보다 협동적 노력이다. 성공적인 프로그램 개발과 완성에는 청소년지도자와 청소년 간의 협동이 필요하다.

다섯째, 청소년프로그램 설계는 실제적인 예술이다. 성공을 확신하는 프로그램이란 존재하지 않는다. 오히려 프로그램 계획자는 오케스트라 지휘자와 비슷하다. 그들은 다양한 연주자들을 한곳에 모아 조화와 균형을 이루도록 해야 하며, 이러한 임무는 쉽지 않을 수 있다. 어떤 부분은 예상했던 것보다 더 어려울 수도 있고, 어떤 연주자들은 그들이 속한 분야의 숙달된 연주자가 아닐 수도 있다는 것이다.

여섯째, 유능한 청소년프로그램 개발자는 실습을 통해 프로그램 개발방법을 배울 수 있다. 실력 있는 프로그램 개발자란 타고나는 것이 아니라 오랜 기간의 시련과 시행착오를 통해 숙련되고 다양한 요소를 조합하는 방법을 깨닫게 된다. 다양한 실습만이 우수한 프로그램을 개발할 수 있는 전문가를 양성한다. 청소년프로그램 개발상에 어떤 점이 효과적이었고 개선할 점은 무엇이었는지 되짚어 보는 일이 필요하다.

또한 카파렐라는 자신의 상호작용 모형이 기초하고 있는 다음의 네 가지 전제에 대하여 설명하였다.

첫째, 청소년프로그램 개발은 첫 단계와 마지막 단계를 정해 놓고 시작하지 않는다. 따라서 순차적으로 진행되는 것은 아니며 상황에 적절하도록 여러 가지의 활동을 실시하게 된다.

둘째, 상호작용 모형에서는 여러 가지의 활동이 수행될 때 개입되는 가치, 기대, 권력을 고려하지 않을 수 없다. 따라서 이러한 요소들을 효과적으로 조정·협상하는 자질이 요구된다.

셋째, 청소년프로그램 개발에는 상황 맥락 및 문화적 가치가 영향을 미치며 이는 프로그램 개발에 대한 타당성의 확보와도 연계된다.

넷째, 청소년프로그램 개발자에게는 특정 프로그램 개발모형을 고수하기보다 상황을 정확히 파악하고 이에 유연하게 대처하여 상황에 적합한 프로그램을 개발하는 역량이 요구된다.

카파렐라의 네 가지의 전제는 다음과 같은 열두 개의 주요활동을 거친다(Caffarella, 1994). 그러나 청소년프로그램 개발이 이 순서대로 실시되지는 않으며, 프로그램 개발자가 원하는 단계부터 시작할 수 있다.

① 상황 분석(Discern the context)

② 확고한 지원 체제 구축(Building a solid base of support)

③ 프로그램 아이디어 확인(Identifying program ideas)

④ 프로그램 아이디어의 분류 및 우선순위 설정(Sorting and prioritizing program ideas)

⑤ 프로그램 목표 수립(Developing program objectives)

⑥ 교수 계획 설계(Designing instruction plans)

⑦ 학습 전이 계획 수립(Devising transfer-of-learning plans)

⑧ 평가 계획 수립(Formulating evaluation plans)

⑨ 제언 및 프로그램 결과에 대한 의견 교환(Making recommendations and communicating results)

⑩ 형식, 스케줄, 스태프 욕구 파악(Selecting formats, schedules and staff needs)

⑪ 예산 및 마케팅 계획 수립(Preparing budgets and marketing plans)

⑫ 시설 준비 및 현장 점검(Coordinating facilities and on-site events)

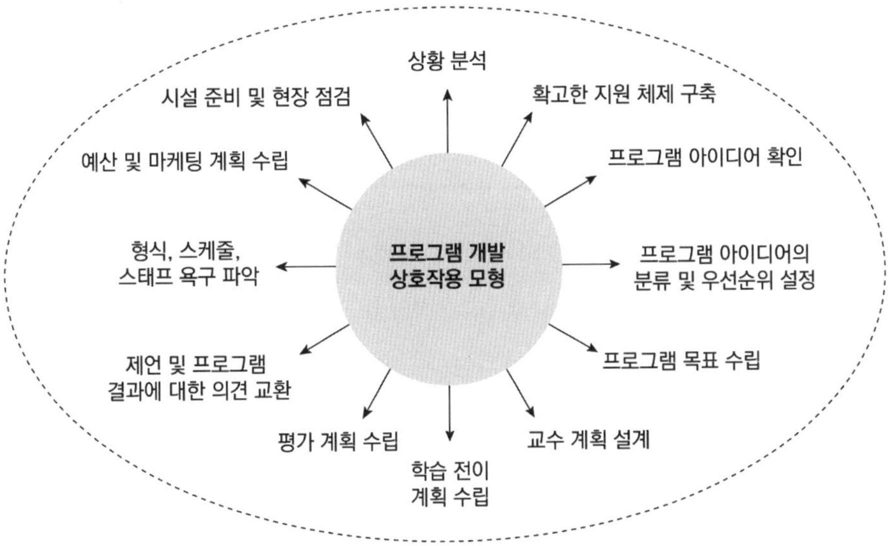


| 그림 3-2 | 카파렐라의 프로그램 개발 상호작용 모형의 12가지 구성요소

출처: Caffarella, R. S. (2002). Planning programs for adult learners. S.F.: Jossey-Bass.

상황이론은 인간을 그저 수동적인 존재로 보는 것이 아니라 주도적·실존적 존재로서 규정한다. 따라서 청소년을 지도한다는 것은 청소년지도자가 청소년 각자의 다양성을 인정하고, 청소년과 상호작용을 통해 성장을 이루어 가는 것을 말한다. 자연주의적 관점에서 청소년프로그램 개발은 다음과 같이 설명될 수 있다.

첫째, 청소년지도자와 청소년 간의 상호작용을 위해 의미를 창출하는 교육적 실체라고 할 수 있다.

둘째, 청소년은 프로그램 속에서 체험하는 다양한 교육적 경험을 통해 지속적이고 반성적인 숙고과정을 거친다.

셋째, 청소년지도자와 청소년은 서로 의미를 창출하고 공유하는 상호작용의 주체이며, 프로그램의 실질적 주인공이다.

넷째, 청소년프로그램 개발은 청소년지도자와 청소년의 상호작용을 안내하기 위해 수행되는 의도적인 행위로 간주한다.

다섯째, 프로그램 개발은 특정 분야의 내용전문가에게 전적으로 위임하지 않고, 청소년지도자와 청소년 중심의 프로그램 개발을 강조한다.

여섯째, 프로그램을 직접 운영하는 청소년지도자에게 더 많은 권한과 책임을 부여한다.

일곱째, 청소년프로그램 개발과정에 참여하는 사람들 상호 간의 '합의'와 '의사소통'을 강조하는 집단적 의사결정 과정으로 간주한다.

여덟째, 하나의 프로그램이 구성되는 과정에 관련 있는 많은 사람의 이해와 관심사가 협상과 통합의 과정을 거쳐 이루어지는 순환적 합의제 모형이다.

결론적으로 자연주의적 패러다임에서 청소년프로그램 개발이란 프로그램의 주체를 청소년으로 인식하고 청소년지도자와 청소년의 상호작용을 통해 집단적 의사결정을 하는 과정으로 인식한다. 이 이론에서 청소년지도자의 역할은 청소년들의 자기주도적인 의사결정을 촉진하는 것이다(김창현 외, 2024).

### 4) 비판적 실천이론

비판적 실천이론을 이해하기 위해서는 청소년을 생활인으로 이해할 필요가 있는데, 기존의 교육에서는 폐쇄된 공간이나 혹은 제한적인 장소에서만 청소년을 지도하고 교육하는 것으로 한정하였으나 청소년을 지도하면서 그들이 생활하고 있는 지역사회 속에서 청소년지도과정을 적용하여 나갈 수도 있으며, 비판적 실천(praxis)이론의 필요성이 등장하였다(김창현 외, 2024). 그리고 비판적 실천이론은 비판적 · 해방적 패러다임에 그 뿌리를 두고 있다.

비판적 실천이론은 전통적 합리주의 이론이 프로그램 개발을 가치중립적 행위로 보고 프로그램 개발 구성의 절차적 요소를 강조한 점을 비판하였다. 또한 프로그램 개발을 총체적인(holistic) 과정으로 이해하여야 하며, 개발과정을 변증법적인 논리와 귀납적인 방법에서 접근하였다. 대표적 사례는 프레이리안(Freirian) 접근과 참여 연구법(participatory research)의 두 가지 방법이 있다.

비판적 실천이론의 특징을 보면, 프로그램을 통한 변화의 대상을 청소년 개인뿐 아니라 사회적 구조까지 포함한다. 프로그램은 제삼자에 의해 사전에 구성되는 것이 아니라, 학습의 주체자가 학습상황에서 행하는 '비판적 실천(praxis)'이 바로 프로그램 개발이라 할 수 있으며, 이는 지식을 선정하여 구성하는 정당화의 과정, 즉 대화과정에 초점을 맞추며, 프로그램의 평가행위는 이러한 정당화의 과정에 포함되고 교육실천가에 대한 외부 평가라는 통제에서 벗어나 청소년지도자와 청소년이 주체적인 평가 권한을 갖게 된다. 그리고 프로그램 개발에 있어서 민주적 원리를 강조하며, 프로그램 개발이 선형적인 단계가 아니라 비선형적이며 순환적인 과정으로 이해되고 있다. 한마디로 비판적 실천이론은 청소년프로그램을 통한 변화의 대상을 사회적 · 문화적 실체까지 확장하고, 사회 · 문화적 모순을 변화시키기 위해 학습주체자들이 능동적으로 참여하여 산출된 사회적 구성물을 프로그램 내용으로 규정하며, 사전에 프로그램 개발이 전개되는 것이 아니라 학습자의 비판적 실천행위 그 자체를 프로그램 개발로 규정하고 있다는 것이다.

| 주제연구 | ➡ | 청소년프로그램 |
|---|---|---|
| 1. 사회현실 이해과정<br>2. 주제 조사연구 단계<br>3. 주제연구 상호이해 단계 | | 4. 주제의 시각화 자료 제시<br>5. 문화 서클 활동<br>6. 토론 |

**| 그림 3-3 | 비판적 실천이론의 프로그램 개발 모형**

출처: 김창현 외. (2024). 현장체험 중심의 청소년프로그램 개발과 평가. 파주: 정민사.

## 2. 프로그램 개발모형

### 1) DACUM 모형

DACUM(Developing A Curriculum) 모형은 직무분석을 통해 프로그램을 개발하는 방법이다. 직무수행을 위한 과업(Task), 임무(Duty), 직무(Job)를 내용 전문가인 DACUM 패널 위원을 통해서 태도(Work behaviors), 지식과 능력(General knowledge & Skills), 도구(Tools, Equipment, Supplies & Materials) 그리고 미래 경향(Future trend & Concerns)을 도출하는 직무분석 방법이다.

직무분석을 통해 교육에 필요한 과제가 선정되고 그 과제를 수행하는 데 요구되는 지식·기능·태도를 도출해 낸다. 이때 기존 교육과정의 목표나 내용을 확인한다. 각 과정을 목록화하여 구성된 과제와 지식·기능·태도를 비교하여 교육과정을 구성하고 특정 직무에 대해 동료 수행자들의 검증작업을 거친다. 그리고 요구되는 스킬에 알맞은 교육과정을 선정한다. 이상과 같은 과정을 거쳐 선정된 일련의 교육과정들이 모여 특정 직무수행에 필요한 프로그램 개발

체계도(roadmap)를 완성하게 된다. DACUM의 프로그램 개발 체계도는 다음과 같다.

| 그림 3-4 | **DACUM의 프로그램 개발 체계도**

DACUM 모형의 장점은 먼저, 기존 프로그램이나 새로운 교육과정을 효과적이면서 신속하고 타당하게 평가하고 나아가 수정·보완·개발하는 데 활용된다. 둘째, 교육내용이나 과제분석에서 다양한 직무에 해당하는 능력을 다양한 각도로 파악하는 데 사용될 수 있다. 셋째, 보통 2~3일 이내에 작업을 완수할 수 있으면서 최소한의 물리적 지원으로 활동과정을 영위할 수 있어 비용도 저렴하여 효율성 측면에서 장점이 있다. 넷째, 교육내용들을 추출하는 초기 단계부터 우수 수행자와 주요 관계자를 적극적으로 참여시켜 다음에 제공될 프로그램의 현장 활용 가능성을 제고시켜 준다.

## 2) IMPACT 모형

IMPACT 모형의 'I'는 현재 상황을 파악하고, 미래의 비전을 가지며, 정보를 수집하여 분류하고, 결과를 공유한 다음 필요한 조치를 결정한다. 'M'은 훈련의 목표를 설정하고 훈련의 대상자를 고려하여 훈련하는 방식을 설계한다. 'P'는 학습감각을 이용하도록 고려해 주고, 프로그램자료(학습도구)를 선정하여, 교육내용을 결정하며, 개발과정에 초점을 둔다. 'A'는 성공적인 전달 기능을 이용하고, 보조자료를 효과적으로 사용하며, 학습자의 질문을 잘 처리한다. 'C'는 개발자가 프로그램의 반응을 평가하고, 직무수행 과정의 행동을 평가하고, 경영상의 결과를 분석하고, 나아가 조직에 미치는 영향을 추적한다. 끝으로 'T'는 교육훈련 효과의 유지를 위해 개인과 조직의 방법론을 강구하여 훈련효과를 지속한다.

| 단계 | | | 설명 |
|---|---|---|---|
| I | (Identify) | 교육요구 파악 | 업무수행의 개선을 위해 교육 필요성 파악 |
| M | (Map) | 교육접근방식 선정 | 업무목표 달성과 업무수행 개선을 위한 최적의 교육방식 선정 |
| P | (Product) | 학습도구 제작 | 훈련생 교육도구 제작 |
| A | (Apply) | 교수기법 적용 | 성공적 결과를 위해 설계된 대로 교육 실시 |
| C | (Calculate) | 교수결과 측정 | 교육의 실제 수행개선 여부 평가, 결과 공지 |
| T | (Track) | 교육효과 지속 | 교육효과가 소멸되지 않게 개인과 조직의 방법론을 강구 |

출처: 이복희 외. (2023). 평생교육 프로그램개발론(2판). 파주: 양성원.

### 3) ADDIE 모형

ADDIE 모형은 전형적인 수업설계 모형으로 기본적인 형태를 가지고 있으며, 가장 많이 교육 현장에서 사용되고 있는 모형이다. 현재 사용되고 있는 다른 교수설계 모형들도 대부분 ADDIE 모형을 기본으로 약간의 변형을 시도한 모형이다. 여기서 다른 모형은 ADDIE 모형을 세분화한 딕과 캐리의 교수설계 모형이 있다(Dick et al., 1996).

이 모형은 분석(Analysis), 설계(Design), 개발(Development), 실행(Implementation), 평가(Evaluation)의 다섯 단계로 구성되며, 각 단계를 나타내는 영어단어의 첫 글자를 따서 ADDIE라고 부르게 되었다. 다섯 단계는 순서대로 일렬로 진행되기도 하고 반복되거나 되풀이되면서 이루어지기도 한다. 기획하고 분석하는 단계부터 평가단계까지 한 번의 주기를 돌아 상호 일관성을 유지하며 나온 평가 결과를 기반으로 다음 주기의 분석에 넣어 개선하고 발전시켜 환류(feedback)되는 통합적 시스템이다. ADDIE 모형은 다음과 같다.

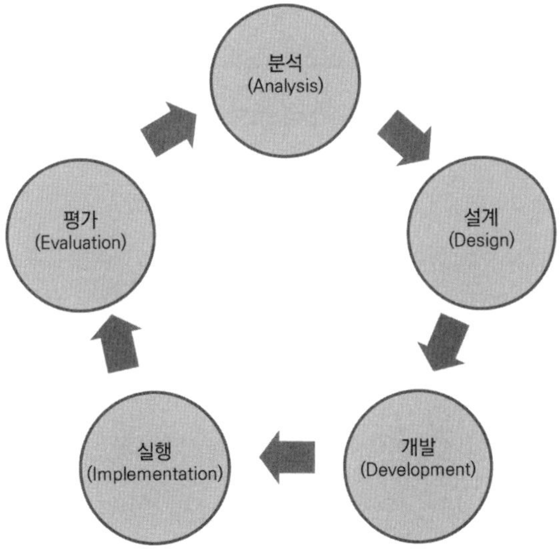


| 그림 3-5 | ADDIE 모형

### (1) 분석 단계

분석(Analysis)은 프로그램을 추진하기 위해 필요로 하는 다양한 요소들을 확인하고 도출하는 단계로 개발의 필요성 및 추진여부 결정, 개발팀 및 자문위원회 구성, 기관 내부 및 외부 환경분석, 잠재적 학습자 분석, 학습요구 및 직무분석, 학습요구의 우선순위 결정이 해당한다.

### (2) 설계 단계

설계(Design)는 분석과정에서 나온 결과를 토대로 교육 제반 사항에 대해 설계하는 것이다. 즉 학습목표를 설정하고 교수전략 및 매체를 선정하는 단계이다. 먼저 행동목표 진술은 학습자가 학습을 마친 이후에 자기 것으로 얻게 될 성과를 행동적 용어로 진술하여야 한다. 평가도구 개발은 행동적 용어로 진술된 목표 달성 여부를 평가하기 위한 도구를 개발하는 것으로 평가도구에는 사전검사, 사후검사, 학습증진도 검사 등이 있다. 교수전략 결정은 수업목표를 성취하기 위한 구체적인 교수-학습 운영방법을 결정한다. 교수전략으로는 수업 전 활동, 정보 제공 활동, 학습자 참여 활동, 각종 검사 활동, 교정 및 심화보충 활동이 있다. 교수매체는 학습내용을 학습자에게 제시하고 학습을 효과적으로 촉진하기 위한 도구로서 학습내용을 효과적으로 나타내 보일 수 있고 학생들의 사고를 촉진할 수 있도록 설계·개발·활용되어야 한다.

### (3) 개발 단계

설계안에 기초하여 수업에서 효과적으로 사용될 수 있는 교재와 강의지침서 같은 여러 가지 형식의 교수자료를 개발(Development)하는 단계이다. 개발과정에는 먼저 교수자료의 초안 또는 시제품을 개발하고 형성평가를 실시한다. 교수-학습과 관련된 자료를 선택, 수정, 제작하는 과정이다.

### (4) 실행 단계

프로그램 실행(Implementation)은 운영계획과 교육을 실시하는 단계로 자원확보 및 배분, 마케팅 및 홍보, 강사 섭외, 장소선정, 프로그램 실행 등이 해당한다. 설계되고 개발된 교육훈련 프로그램을 실제 교육의 현장에서 사용하고 이를 교육과정에 적용하며 계속 유지하고 관리하는 활동이 포함된다. 새롭게 개발된 프로그램을 적용하기 위해서 교사의 연수를 실시하고, 새로운 프로그램을 효과적으로 적용하기 위해서 지속적인 프로그램 관리를 해야 한다.

### (5) 평가 단계

평가(Evaluation)는 실행과정에서의 모든 결과를 통해 교육의 성과를 평가하고 피드백하는 단계이다. 즉, 교수학습과정의 적절성에 관한 가치판단을 하는 과정이다. 설계, 개발된 교수자료와 프로그램, 교수매체의 적합성과 효율성, 그 과정을 계속 이어나가도 될지에 대한 지속성 여부, 문제점이 발생했다면 어떻게 수정해서 재적용할 것인지에 대한 수정사항들을 평가한다. 평가의 다른 축인 형성평가 또는 파일럿 테스트는 이미 프로그램의 개발과정에서 실시된다.

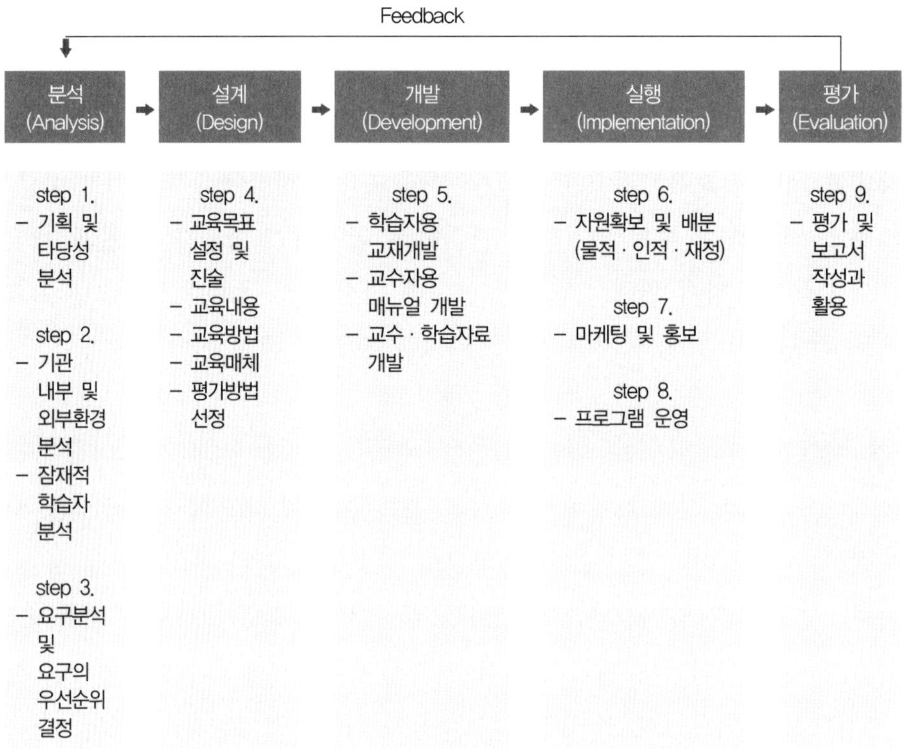


| 그림 3-6 | ADDIE 모형의 교수체계도

## 4) 딕과 캐리 모형

딕과 캐리(Dick & Carey) 모형은 교수과정을 하나의 체제로 보고 분석, 설계, 개발, 평가라는 ADDIE 교수설계의 기본 모형으로 후속되는 계획 및 실행 단계를 효과적으로 이끌 수 있으며, 목표에 따른 적합성이 있고, 초기 설계과정에서의 오류를 지속적으로 수정 · 보완이 가능하다. 그러나 수업을 진행하고 유지하는 절차가 포함되지 않았고 전반적인 직무수행을 다루고 있지 않으며 프로그램 실천가들은 몇 개의 단계를 무시하기도 하고 제시된 모든 단계를 순서대로 행하지 않는 등 한계가 있어 불안전한 모형이라고도 한다.

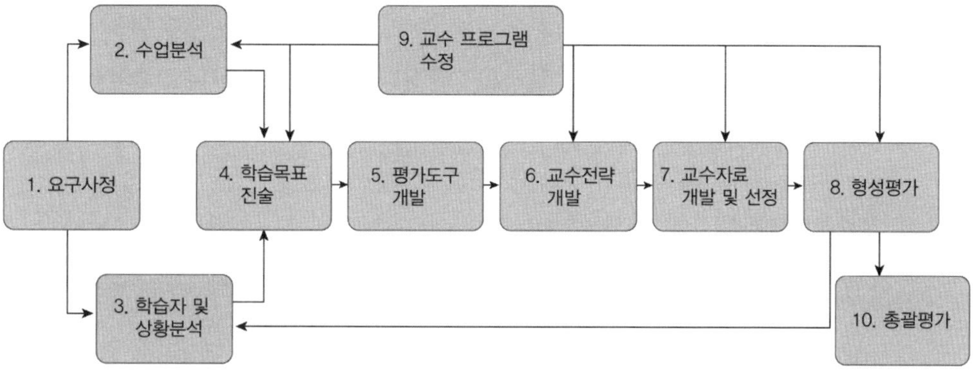


|그림 3-7| **딕과 캐리 모형**

딕과 캐리 모형의 요구사정, 수업분석, 학습자 및 환경분석은 ADDIE 모형의 분석 단계에 해당하며, 수행목표 진술, 평가도구 개발, 교수전략 개발은 설계 단계에 해당된다. 그리고 수업자료의 개발 및 선정, 형성평가, 수업 프로그램 수정은 개발 단계에 해당한다. 마지막 총괄평가는 평가 단계에 해당한다. 따라서 딕과 캐리 모형에는 ADDIE 모형의 실행 단계가 생략되었다(Dick et al., 1996).

## 5) ASSURE 모형

교수매체 활용은 어떻게 교수학습 활동을 할 것인가 하는 교수설계 단계에서부터 시작한다. 스말디노 등(Smaldino et al., 2005)은 학교 교실수업에서 효과적인 매체 활용을 위한 교수설계 모형, 즉 ASSURE 모형을 제시하였다. 어떻게 가르칠 것인가(How to do)에 초점을 두고 있으며, 체계적 교수설계 모형으로서 여섯 단계로 이루어져 있다.

ASSURE 모형의 A는 학습자 분석(Analyze Learners), S는 목표 진술(State Objectives), S는 교수방법, 매체, 교재 선택(Select Methods, Media and Materials), U는 매체와 교재 활용(Utilize Media and Materials), R은 학습자 참여 유도(Require Learners Participation), E는 평가와 수정(Evaluation and Revise)을 의미한다. ASSURE 모형은 교수자가 수업을 계획하고 수행하면서 매체를 활용할 수 있도록 개발된 실천적

모형으로, 학습자 개개인의 특성을 분석 및 이해하고 교수·학습활동 상황에 따라 사용 매체의 개발과 선정, 활용을 결정하는 데 유용하다(권진하 외, 2022). ASSURE 모형의 단계는 다음과 같다(Smaldino et al., 2005).

### (1) 학습자 분석

A(Analyze learners)는 학습자 분석 단계이다. 연령, 학년, 직업, 지위, 문화적, 혹은 사회경제적 요인과 같은 학습자의 일반적 특성, 학습자가 수업에 가지고 들어오는 출발점 능력(학습할 주제에 대한 사전지식, 기술 및 태도) 및 학습자의 학습양식-학습자의 지각적 선호화 감정, 정보처리 습관, 동기 요소, 심리적 요소 등을 분석하는 것이다. 결국 학습자 분석은 학습자의 수준과 흥미 그리고 배경 등을 파악하는 단계이다.

| 표 3-1 | 학습자 분석의 분류

| 구분 | 학습자 분석 |
|---|---|
| 일반적 특성 | 학습자의 연령, 학년, 학습동기, 건강상태, 사회적 지위, 사회·경제적 요인, 학습자의 경력, 학습자와의 면담 등 |
| 학습자 출발점 능력 | 새로운 학습 이전에 가지고 있는 학습지식, 사전지식, 수업에 임하는 태도, 선수과목 달성 여부 등 |
| 학습양식 | 심리적 특성의 일환으로 학습환경과 사물에 대한 이해도, 적성, 시각·청각적 선호도, 동기 등 학습자 개인의 반응 |

### (2) 목표 진술

S(State objectives)는 목표 진술 단계이다. 학습자가 수업 결과 무엇을 할 수 있게 될 것인가의 관점에서 구체적으로 진술한다. 학습양식을 분석하여 학습자가 수업에서 성취해야 할 목표를 진술하는 것으로 모든 목표는 학습자의 능력에 적절해야 한다. 또한 학습자가 목표한 행동에 조건과 목표가 달성되었다고 인정할 수 있는 기준이 제시되어야 한다.

### (3) 교수방법, 매체, 교재 선정

S(Select methods, media & materials)는 교수방법, 매체, 교재의 선정이다. 수업에 활용되는 방법, 매체 및 교재를 선정하는 것이다. 수업목적을 달성할 수 있도록 적절한 방법, 매체, 자료를 선정해야 한다. 학습자의 흥미를 유발하고 질적으로 우수하며 신뢰할 수 있는 매체를 선정한다.

### (4) 매체와 교재 활용

U(Utilize media & materials)는 수업에서 매체와 교재를 활용하는 단계이다. 교재를 사전에 점검하고 실행을 연습해 보며 교실 배치와 필요한 기자재나 시설을 준비해야 하고, 학습자를 미리 준비시키고 학습경험을 제공한다.

### (5) 학습자 참여 유도

R(Require learner participation)은 학습자 참여 유도 단계이다. 학습자의 적극적 참여를 요구하는 것이다. 피드백을 미리 설계하고 학습자가 스스로 목표를 구성하고 연습할 수 있도록 하는 것이 필요하다. 수업과정에서 학습이 향상될 수 있도록 학습자들이 학습과정에 능동적으로 참여해야 한다. 피드백 제공, 이론과 시험의 적절한 배분, 실제 상황과 유사한 학습환경 조성 등 교수자와 학습자 간의 유기적인 관계 속에 지식을 탐구하는 분위기로 유도한다.

### (6) 평가와 수정

E(Evaluate & revise)는 평가와 수정 단계이다. 학습자 성취와 프로그램을 평가하고 프로그램을 수정하는 것이다. 학습자가 성취한 정도를 평가할 뿐만 아니라 수업에 활용된 학습방법과 매체가 학습자가 가치 있었는지를 평가하고 평가결과에 따라 수정한다. 처음에 의도한 것과 실행된 것 사이의 불일치 원인을 발견하면, 교수자는 다음 수업을 위하여 교수계획을 수정하고 보완한다.

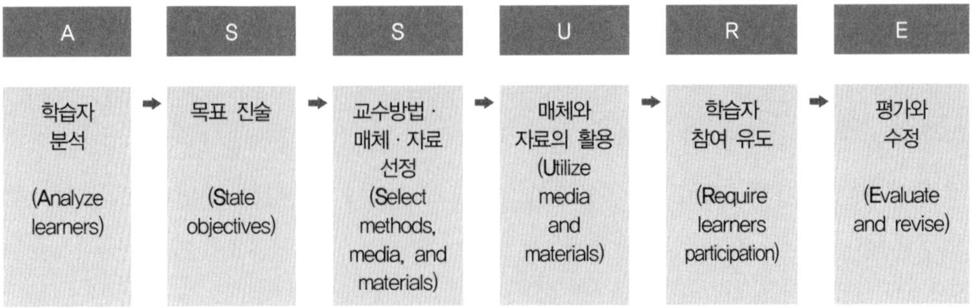


| 그림 3-8 | ASSURE 모형의 단계

## 3. 청소년프로그램 개발 접근방법

어떠한 이론을 응용하든 간에 프로그램을 개발하더라도, 모든 교육프로그램은 몇 개의 단계를 걸쳐 개발되고 운영되기 마련이다. 프로그램 개발자가 개발을 추진하는 과정에서 적용할 수 있는 접근방법은 다양하다.

프로그램 개발 접근법이란 프로그램 개발추진 과정에서 개발자가 일반적으로 따라야 할 지침이나 실제 적용할 수 있는 다양한 형식과 전략을 말한다(이해주 외, 2015). 물론 특정의 형식이나 전략이 모든 유형의 프로그램 개발 상황에 가장 적절하게 적용되거나 효과적일 수는 없지만 이러한 형식과 전략은 프로그램의 필수적인 구성요소를 빠짐없이 고려할 수 있게 한다는 점에서 중요한 의미가 있다. 프로그램 개발 이론이 다양한 차원으로 구분될 수 있는 것과 마찬가지로 프로그램 개발에 대한 접근법도 학자에 따라 다양하게 유형화되어 왔다.

카파렐라(Caffarella)는 첫째, 보유하고 있는 자원을 더욱 효율적으로 활용하기 위해, 둘째, 매일 매일의 작업을 더욱 쉽고 편리하게 하기 위해, 셋째, 팀워크 강화와 증진을 위해, 넷째, 관리를 위한 기초 자료를 수집·활용할 수 있도록, 다섯째, 더 나은 프로그램을 위해 개발되어야 한다고 주장한다(Caffarella, 2002).

그러나 가장 널리 알려진 방법은 코왈스키(Kowalski)가 제시한 다섯 가지 유형의 분류를 들 수 있다. 즉, 선형적 접근방법, 비선형적 접근방법, 통합적 접근방법, 비통합적 접근방법, 체제 분석적 접근방법 등 다섯 가지 유형이다(Kowalski, 1988). 각 유형에 해당하는 프로그램 개발에 대한 접근법을 살펴보기로 한다.

### 1) 선형적 접근방법

청소년프로그램을 개발하는 데 가장 보편적으로 사용되는 방법이 바로 선형적 접근방법(Linear approach)이다. 지금까지의 교육 현장에서 주로 사용되어 온 전통적인 방법이기도 하다. 이 접근법은 한 단계를 마무리한 후에 다음 단계에서 수행할 절차를 순차적이고 연속적으로 진행해 나가는 것으로, 각 단계의 세분화된 과업이 명확하고 단순하여 합리적이고 안정적이라는 평가를 받아 왔다.

선형적인 접근방법을 적용한 대표적인 프로그램 개발 모형은 보일(Boyle, 1981)과 놀즈(Knowles, 1970) 등의 학자에 의해 체계적으로 제시된 바 있다. 보일의 저서 『보다 좋은 프로그램의 계획(Planning better programs)』에서 이론, 분석, 실천 등을 종합적으로 고려한 프로그램 개발 모형을 제시하였다. 프로그램 개발 모형에서 개인은 물론이고 조직의 계속적인 요구를 충족시키는 기회구조로 파악하고 있다는 데 의의가 있다(권두승 외, 1997). 또한 프로그램을 통해 성취하고자 하는 목표를 프로그램 개발의 핵심적인 요소라고 보았다(Boyle, 1981). 놀즈와 보일의 주장에 기초한 프로그램 개발을 단순화하면 다음과 같은 기본적인 모형을 제시할 수 있다. 이 모형은 청소년의 요구분석을 기초로 프로그램 목표를 설정하고 구체적인 수업목표 및 수업방법을 선정하여 실행 후, 학습결과를 평가는 일련의 과정으로 나타낸 것이다.

선형적 접근방법은 프로그램 개발의 제1단계인 요구분석을 통하여 청소년, 청소년지도자, 그리고 청소년기관의 학습요구를 분석하고, 이 요구조사 결과의 분석내용을 토대로 프로그램 목표를 설정하는 기초작업을 거친다. 그다음 학습목표를 달성하기 위하여 프로그램의 내용과 방법 등을 선정하고 조직하는 전반적인 설계하는 과정을 거치게 된다. 그 후 프로그램을 실행하는 데 필요한 예산과 자원을 확보하며, 프로그램을 홍보하고 실행하는 일련의 과정으로 구성되어 있다. 이러한 일련의 프로그램 개발과정을 순차적 · 연속적 과정으로 이해하는 것이 선형적 접근방법의 특징이다.

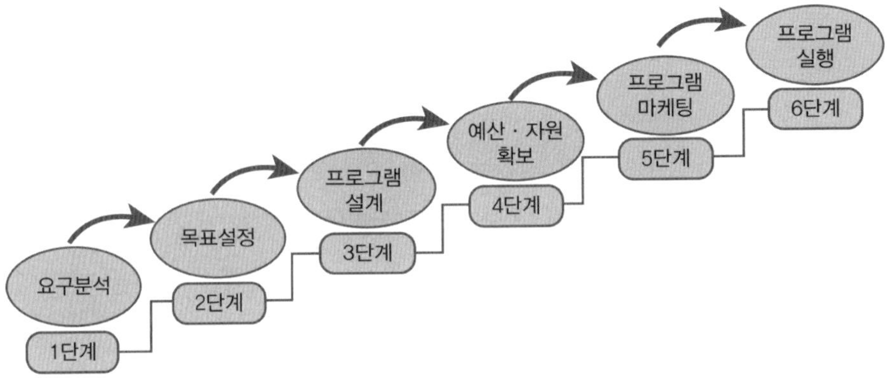


| 그림 3-9 | **선형적 접근모형**

출처: Kowalski, T. J. (1988). The Organization and Planning of Adult Education. State University of New York Press.

선형적 접근방법은 순차적 절차를 합리적으로 알기 쉽게 제시함으로써 청소년프로그램 개발 경험이 없는 청소년지도자도 단계별 절차를 따르게 되면 쉽게 개발할 수 있다는 장점이 있다(기영화, 2001). 그러나 선형적 접근방법은 청소년기관을 지나치게 정적인 것으로 가정하고 있는 점이 단점이다. 현실적으로 모든 조직은 역동적이어서 선형적 접근법이 가정하고 있는 바와 같이 논리적인 절차에 따라서 개발된 프로그램은 외부환경과 조직 내부의 변화에 능동적으로 대처할 수 있는 융통성과 유연성이 떨어진다는 한계가 있다.

## 2) 비선형적 접근방법

비선형적 접근방법(Nonlinear approach)은 각 단계에 하나의 절차만이 수행되는 것이 아니라 같은 시간에 몇 개의 절차가 동시에 수행될 수 있다. 따라서 시간상의 제약을 받지 않고 각 단계가 계속 순환된다는 것과 청소년과 청소년지도자 및 청소년기관의 상호 맥락과 협상의 중요성을 강조한다.

비선형적 접근방법은 선형적 접근방법과는 달리 프로그램 개발 과정이 절차적이고 단계적으로 진행되는 것이 아니라, 청소년지도자의 경험을 통해 여러 과정이 동시에 또는 순환적으로 진행된다. 따라서 시간과 자원할당에 따라 더 많은 융통성을 가질 수 있으며, 프로그램 평가가 중심핵이 되어 단계마다 적절한 평가가 되풀이될 수 있다. 이런 이유로 선형적 접근방법에 비해 활용이 어렵고, 더 많은 자원이 필요하기도 하며, 프로그램을 개발하는 데 상당한 능력과 전문성이 요구되어 숙련된 청소년지도자에게 더욱 적합한 방법이라고 할 수 있다.

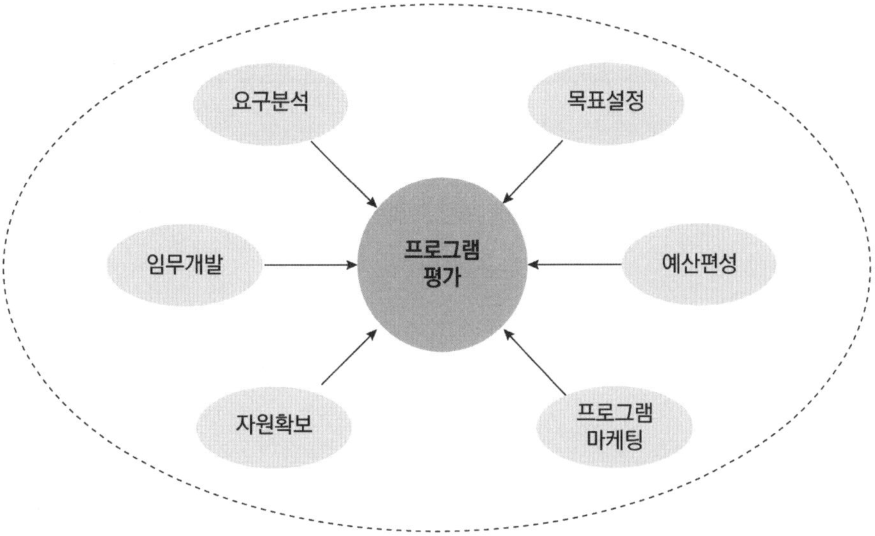


**| 그림 3-10 | 비선형 접근방법 모형**

출처: 김진화. (2011). 평생교육프로그램 개발론. 파주: 교육과학사.

### 3) 통합적 접근방법

통합적 접근방법(Integrated approach)은 프로그램 개발에 영향을 미치는 요인들을 종합적으로 파악하고 검토하여 분석하는 방법이다. 통합적 접근방법에서는 프로그램 개발에 있어서 청소년을 중심으로 청소년을 둘러싼 다양한 요소들이 빠짐없이 포함되고 검토되는 것을 강조한다. 따라서 미시적 요인으로 청소년의 요구 및 동기, 참여방법, 물리적 환경, 프로그램 과정을 비롯하여 청소년기관의 조직목표와 자원 등도 함께 반영한다. 더 나아가 거시적 요인으로 지역사회와 사회의 요구 및 국가와 압력단체, 제도 및 정책 등도 포괄적으로 고려하는 것이 특징이다.

이처럼 통합적 접근방법은 방식이 총체적(holistic)이고 분석적이며 프로그램 개발 과정이 복잡하기 때문에 청소년지도자는 구체적 분석력과 함께 융합적인 전문성을 갖출 것이 요구된다(신용주, 2006). 하지만 다른 방법에 비해 여러 요소를 함께 고려한 분석을 실시하므로 프로그램 개발에서 기획으로 인한 오류(planning error)를 최소화할 수 있다는 장점이 있지만, 청소년 주위의 체계와 사회적 맥락의 관계를 철저히 분석하기 때문에 프로그램 개발 과정이 광범위하고 전문성과 시간이 있어야 하는 단점도 있다. 그러나 포괄성으로 인해 가장 이상적인 개발방법이라 할 수 있다(Kowalski, 1988).

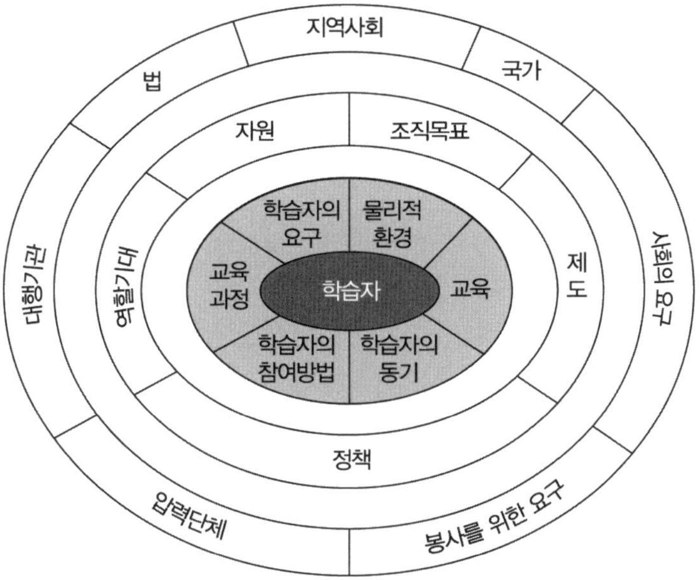


| 그림 3-11 | **통합적 접근방법 모형**

출처: 이해주 외. (2015). 평생교육프로그램 개발. 서울: 한국방송통신대학교출판문화원.

## 4) 비통합적 접근방법

비통합적 접근방법(Non-integrated approaches)은 프로그램을 새로 개발하기보다는 다른 청소년기관이 이미 개발하여 사용하거나 새로 개발한 프로그램을 그대로 원용하여 활용한다는 점에서 모방 중심적인 접근방법이라고 한다. 이 접근방법은 프로그램 개발 과정에 청소년들을 참여시키지 않을 뿐만 아니라 청소년들의 요구나 의견을 별도의 절차나 과정을 통하여 수집하지 않고 청소년기관에서 일방적으로 프로그램의 내용이나 방법을 선택하는 특징이 있다. 따라서 프로그램의 목표와 절차, 기타의 관련 구성요소가 서로 무관하게 결정될 수 있기 때문에 다른 접근방법에 비해 프로그램의 각 요소가 비교적 고립된 특징이 있다. 또한 청소년의 요구와 가치를 청소년기관의 요구와 가치에 의식적으로 결합하려 노력하지 않는다. 이 프로그램 개발방법은 단시간 내에 일방적으로 이루어지는 정책적인 행위와 비슷하며, 다소 인기가 없거나 잘못된 프로그램에 대해서는 쉽게 바꿀 수 있다는 장점을 갖고 있다. 그뿐만 아니라 프로그램 개발에 드는 비용과 시간을 절감할 수 있고, 지역사회와 청소년의 특성이 어느 정도 유사한 경우에는 프로그램의 결과를 예측할 수 있다는 장점도 있다. 반면, 청소년의 의견이나 요구가 반영되지 않고 청소년들이 의사결정과정에 참여할 수 없게 됨으로써 프로그램의 효율성 · 효과성 · 매력성을 보장할 수 없고, 결과적으로 프로그램의 지속 가능한 성장을 보장할 수 없다는 데 한계가 있다(기영화, 2001).

### 5) 체제 분석적 접근방법

체제 분석적 접근방법(System analysis approach)은 청소년기관을 하나의 사회체제로 간주하고 청소년, 청소년기관과 조직체, 환경 등의 상호작용을 통한 청소년프로그램 개발에 초점을 둔다. 특히 체제 분석적 접근방법은 프로그램 개발과정에서 환경, 조직, 그리고 개인적 가치와 욕구를 동시에 고려하고, 과정 상에 나타나는 제반 상황을 체계적으로 반영한다.

코왈스키(Kowalski, 1988)는 프로그램 개발을 위한 개발과정이 투입-과정-산출이라는 기본 구조로 이루어져 있으며, 또한 개발과정이 단순히 하나의 교육목표를 설정하고 내용이나 방법을 선정하고 조직하는 데에만 있는 것이 아니라 프로그램이 개발되는 청소년기관 전체의 전반적인 차원을 강조한다. 프로그램 개발에서 체제 분석적 접근방법은 전체를 부분으로 분류한 후 부분들 간에 발생하는 관계를 탐색한다. 이 방법을 적용할 때는 다음과 같은 사항을 실시할 필요가 있다(기영화, 2001).

첫째, 청소년기관의 철학, 가치, 목표를 확인한다.

둘째, 청소년기관의 구성요소를 파악한다.

셋째, 청소년기관의 외부 및 내부 환경적 제한 요소를 파악한다.

넷째, 청소년과 청소년기관의 외부 및 내부 환경의 요구와 가치를 확인한다.

다섯째, 프로그램 목표를 설정하고 기대하는 결과에 대한 정보를 확보한다.

이와 같은 체제 분석적 접근방법에 따라 청소년프로그램을 개발하고자 한 것으로는 하울(Houle)의 모형이 대표적이다.

하울은 『교육의 설계(The Design of Education)』에서 프로그램 계획단계에서 중시해야 할 교육설계에 관한 일곱 개의 가정을 제시하였다(Houle, 1996).

첫째, 프로그램은 특정 상황에서 일어나며 그 상황에 지대한 영향을 받는다.

둘째, 청소년활동에 대한 분석이나 계획은 청소년의 제반 경험수준에 근거를 두어야 하며 그들의 지속적인 변화를 염두에 두어야 한다.

셋째, 청소년활동이란 실제적인 기술이다.

넷째, 청소년활동은 상호 협력을 바탕으로 하는 하나의 기술이다.

다섯째, 프로그램 계획이나 분석을 위해서는 복잡한 활동현상을 일정 기간 특정한 방법을 통해 구체적으로 이해하는 것이 필요하다.

여섯째, 프로그램 계획이나 분석은 청소년, 청소년지도자, 기타 전문가의 공동 노력으로 행해질 수 있다.

일곱째, 프로그램 설계는 상호작용하는 요소들의 복합체로서 가장 잘 이해될 수 있다.

이와 같은 기본 가정에 근거를 두고 하울은 청소년프로그램 개발과정을 다음과 같이 제시하였다(Houle, 1996).

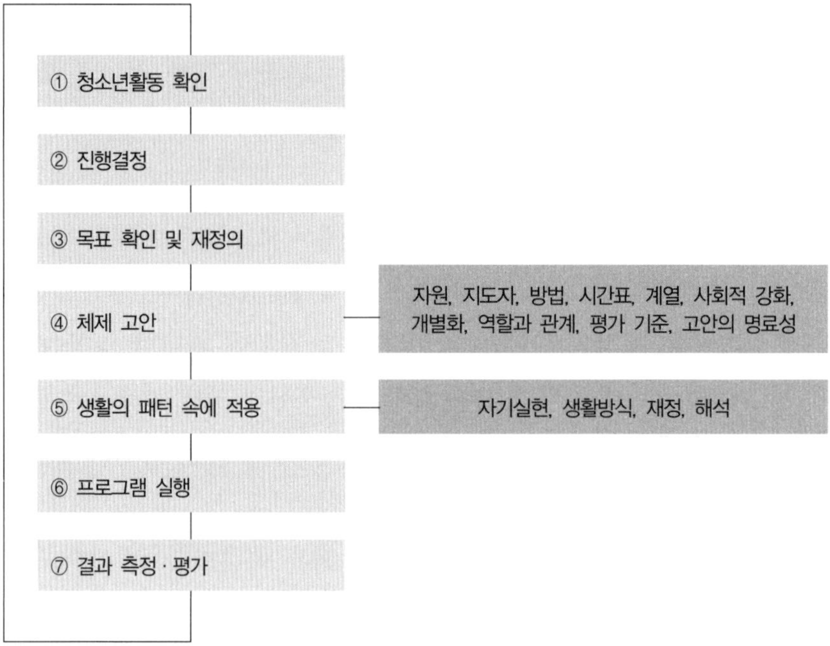


| 그림 3-12 | **하울의 체계 분석적 프로그램 개발모형**

출처: 이해주 외. (2015). 평생교육프로그램 개발. 서울: 한국방송통신대학교출판문화원.

그는 프로그램을 개인중심, 집단중심, 기관중심, 일반 대중중심의 네 가지로 구분하고, 이들 유형에 따라 다양한 유형의 학습이 이루어진다는 것을 강조하였다. 특히 하울은 청소년의 시각에 입각한 프로그램 개발 과정을 중시한다는 데 특색이 있다(이해주 외, 2015).

Chapter

04

# 청소년프로그램 기획

# 1. 청소년프로그램 기획의 개념과 특성

## 1) 청소년프로그램 기획의 개념

프로그램 기획(program planning)은 청소년프로그램 개발이 전개될 전체적인 방향과 틀을 설정하고 구체적인 사항을 결정하기 위한 핵심적인 기초작업이다(신용주, 2022). 즉 프로그램 개발자가 구상하는 청소년프로그램의 필요성과 프로그램 개발의 당위성을 확인하고, 기대하는 프로그램 결과를 창출하기 위한 모든 절차를 제시하는 과정으로 프로그램의 전반적인 틀을 마련하기 위해 밑그림을 그리는 작업에 해당한다(이해주 외, 2015). 다시 말해, 개발자가 프로그램을 개발하기 위한 사전적 준비과정이라고 할 수 있으며, 미래에 대한 예측과 대안 선택을 위한 조직화한 노력을 의미한다. 이를 위해서는 복합적인 의사결정과정과 전문적인 지식과 기능이 필요하다. 기획의 과정은 기관의 현재 위치와 가용자원 등을 고려하여 목적을 달성하기 위한 가능성 있는 대안들을 검토하고 이들 대안의 우선순위를 설정하는 것이다. 그리고 실행할 수 있는 대안을 선택하여 실제로 실행한 후에는 기획의 결과를 평가하여 개선하고 보완하는 단계를 거치게 된다(김익균 외, 2003).

많은 프로그램 개발자는 기획이란 단어를 명사 및 동사로 사용하고 있다. 기획은 활동이자 과정이며, 그 결과로 '계획(plan)'이라는 문서를 생산하게 된다(Midgley et al., 1984). 따라서 프로그램 기획을 이해하기 위해서는 계획도 같이 이해하는 것이 필요하다. 계획이란 기획의 과정을 통해서 얻은 산출물로서, 앞으로 할 일의 절차, 방법, 규모 따위를 미리 헤아려 작정한 내용을 의미한다(국립국어원, 2025).

기획이라는 단어는 국립국어원 표준국어대사전을 보면, '일을 꾀하여 계획함', '기발한 계획'의 뜻을 지닌다(국립국어원, 2025). 이는 프로그램 목표를 달성하기 위한 전반적인 준비 활동으로 프로그램 개발의 기본 방향을 설정하는 체계화된 계획과정이다(이하은, 2018). 프로그램 기획은 평생교육 목표 수립에 필요한 근거를 제공해 주고, 발생할 수 있는 갈등의 소지를 줄여주며, 교육기관 경영에서 필요한 판단의 기준이 된다. 이를 통해 문제를 해결하고, 앞으로 발생할 문제에 대비하기 위한 의도적인 시도로서 청소년프로그램의 수행과정을 결정하고, 왜 청소년프로그램을 개발하는지, 무엇을 하며, 무엇을 만들어야 하는지 등을 결정하는 것으로 프로그램 개발을 통해 산출되어 예상된 결과가 제시되어야 한다(Gilbert et al., 1977).

프로그램 기획은 '창의성, 현실성, 논리성을 갖춘 상태에서 새롭고 혁신적인 사상을 현실적인 조건을 고려하여 체계적으로 구체화하는 행위'를 의미한다(김진화, 2011). 프로그램 기획은 미래의 교육활동, 즉 프로그램의 목표를 달성하기 위한 전반적인 준비활동으로서 프로그램 개발의 기본 방향을 설정하는 체계화된 계획과정으로 기획 없이는 원활한 프로그램 진행이 어렵고, 급변하는 환경변화에 대응하기 위해서도 중요하다. 김용현 등(2010)은 프로그램 기획의 개념을 다음과 같이 제시하였다. 프로그램 기획에서는 프로그램의 필요성과 목표를 명확하게 제시해야 한다. 또한 프로그램의 효과성과 책임성 등으로 표현되는 사회적 요구에 대응하기 위해 합리적이고 효과적인 프로그램을 설계하는 것이 중요하다. 프로그램 기획은 이러한 '목표와 결과물을 구체적으로 설정하고, 이를 효과적으로 달성하기 위한 체계적인 계획을 수립하는 과정'이다. 따라서 프로그램 기획은 프로그램의 성공과 효과를 위해 필수적인 단계로서, 창의성과 현실성을 결합하여 미래의 목표를 달성하기 위한 체계적인 계획을 수립하는 과정으로 이해할 수 있다.

기획은 '어떤 기관에서 구체적인 프로그램을 설계하기에 앞서 어떤 목적하에 언제, 어디서, 어떠한 방법으로, 어떻게 문제를 해결할 것인가에 대하여 장기 또는 연차별 활동을 개략적으로 수립하는 것'을 의미한다(정무성, 2005). 다시 말하면, ① 특정 기간에, ② 프로그램 담당자들이, ③ 특정한 방법과 자원을 사용하여, ④ 특정한 사람들을, ⑤ 바람직한 상태로 이끌기 위해 사전에 마련된 구체적인 시도다.

스키드모어(Skidmore)는 '목적과 표적물(targets)을 기대하는 과정이며, 목적과 기대에 도달하기 위해 하나의 계획을 준비하는 과정'이라고 정의하였다(Skidmore, 1995). 길버트 등(Gilbert et al., 1977)은 '계획을 수립하는 과정으로서, 대안적인 조치를 선택하는 데 있어서 통찰력, 체계적인 사고, 조사, 선호하는 가치의 연습 등을 통해서 사회문제를 해결하고 미래에 일어날 사건의 과정을 통제하기 위한 의식적인 노력'이라고 정의하고 있다. 드로어(Dror, 1967)는 '최적의 수단을 가지고 목적을 성취하기 위해 지시된 미래의 행동을 위한 일련의 결정을 준비하는 과정'이라고 정의하였다.

이상 학자들의 정의를 종합해 보면, '문제해결을 위한 계획을 수립하는 과정으로서 합리적인 의사결정을 통해 미래를 예측하고 최적의 대안을 설계하는 체계적인 노력'이라고 말할 수 있다.

| 표 4-1 | **학자별 기획의 개념**

| 학자 | 개념 |
|---|---|
| 김진화 (2011) | 창의성, 현실성, 논리성을 갖춘 상태에서 새롭고 혁신적인 사상을 현실적인 조건을 고려하여 체계적으로 구체화하는 행위 |
| 천정웅 외 (2015) | 기관과 조직체의 상황분석, 프로그램 개발모델 설정, 프로그램 개발 기본 방향 설정, 참가자의 요구와 필요 분석 등을 포함하는 준비과정, 프로그램을 문서화하기 이전에 이루어지는 과정 |
| 김용현 외 (2010) | 목표와 결과물을 구체적으로 설정하고, 이를 효과적으로 달성하기 위한 체계적인 계획을 수립하는 과정 |
| 정무성 (2005) | 기관에서 구체적인 프로그램을 설계하기에 앞서 어떤 목적하에 언제, 어디서, 어떠한 방법으로, 어떻게 문제를 해결할 것인가에 대하여 장기 또는 연차별 활동을 개략적으로 수립하는 것 |
| Skidmore (1995) | 목적과 표적물(targets)을 기대하는 과정이며, 목적과 기대에 도달하기 위해 하나의 계획을 준비하는 과정 |

| 학자 | 개념 |
|---|---|
| Gilbert & Specht (1977) | 계획을 수립하는 과정으로서, 대안적인 조치를 선택하는 데 있어서 통찰력, 체계적인 사고, 조사, 선호하는 가치의 연습 등을 통해서 사회문제를 해결하고 미래에 일어날 사건의 과정을 통제하기 위한 의식적인 노력 |
| Dror (1967) | 최적의 수단을 가지고 목적을 성취하기 위해 지시된 미래의 행동을 위한 일련의 결정을 준비하는 과정 |

프로그램 기획단계에서는 프로그램을 문서화하기 이전 단계에서 필요한 청소년활동, 사회복지, 평생교육 등과 같은 기관과 조직체의 상황분석, 프로그램 개발의 기본 방향 설정, 프로그램 개발모델 설정, 잠재적 학습자(참가자)에 대한 파악, 학습자(참가자)의 요구와 필요 분석, 확인된 요구와 필요의 교육목표로의 전환 등과 같은 작업을 행하게 된다(천정웅 외, 2015). 코왈스키(Kowalski, 1988)는 기획이 마스터 플랜으로서 미래지향적 평생교육의 목표나 목적 수립에 필요한 근거를 제공해 줄 수 있으며, 다른 조직의 기능과 발생할 수 있는 갈등의 소지를 줄여 줄 수 있고, 교육기관 경영 시 필요한 판단의 잣대와 지표 역할을 해줄 수 있다고 지적하였다(이해주 외, 2015). 따라서 프로그램 기획을 얼마나 관심을 기울여야 하였는가에 따라 프로그램 개발의 질이 결정된다.

## 2) 청소년프로그램 기획의 필요성

청소년프로그램은 청소년과 청소년지도자를 연결해 주고, 청소년지도자와 청소년 상호 간에 활발한 활동을 가능케 하는 중요한 매개체로서 지도자가 청소년들에게 지도해야 할 내용이며, 청소년들이 청소년지도자의 지도 아래 갖게 되는 모든 경험과 활동이 된다. 따라서 청소년프로그램의 기획은 청소년들의 전인적인 성장발달 등을 목적으로 청소년단체 및 기관, 지역사회, 국가가 최적의 수단에 의해서 청소년들에게 다양한 경험과 활동을 지속해서 체계적으로 제공하기 위한 일련의 의사결정 과정이라고 볼 수 있다(유진이 외, 2024). 이러한 청소년프로그램의 특성상 프로그램 기획은 청소년과 청소년지도자의 역할 그리고 기관의 요구 등에서 그 필요성을 찾을 수 있다.

청소년은 잘 기획된 프로그램을 통해 프로그램 참여동기를 얻게 된다. 정확하고 명료한 목표를 알 수 있기 때문에 정확한 목표의식을 갖고 프로그램에 참여할 수 있다. 이렇게 일련의 잘 정돈된 프로그램은 청소년들에게 목표를 위해 효율적으로 시간을 사용할 수 있도록 한다.

청소년지도자들 역시 잘 기획된 프로그램을 통해 청소년을 지도할 때 많은 유익이 있다. 목표지향적인 행동을 하며, 자신의 활동을 누구에게나 잘 설명할 수 있게 된다. 뿐만 아니라 같은 시간을 투자해도 높은 성과를 얻을 수 있는 효율적인 지도가 된다. 청소년기관 역시 청소년프로그램 기획을 통해 결과와 과정이 예측 가능하며, 기관의 여타 프로그램과의 조정 및 조화가 가능하다(마상욱, 2024).

청소년프로그램 개발의 기획이 필요한 이유를 살펴보면 다음과 같다(신원식 외, 2016; Skidmore, 1995).

첫째, 기획은 기관의 생존과 발전을 위해 중요한 역할을 한다. 이러한 기획을 통해 불확실성을 줄이고 미래에 대비하여 대응책을 마련하는 것이 가능해진다. 기획은 미래에 대한 예측과 대비를 통해 불확실성을 최소화하는 데 도움을 준다. 불확실한 상황에서도 기획을 바탕으로 결정을 내릴 수 있으며, 대응방안을 마련하여 불확실성에 대비할 수 있다.

둘째, 기획은 합리성을 증진하는 데 중요한 역할을 한다. 기획을 통해 프로그램 목적을 객관적인 자료에 근거하여 합리적으로 수립할 수 있다. 이를 통해 일관성 없는 정책이나 방침 변경을 방지하고, 명확한 목표를 바탕으로 프로그램을 진행할 수 있다. 기획은 프로그램의 진행 기준을 마련하는 데 도움을 주기 때문에 기획단계에서 정해진 목표와 방향성을 바탕으로 프로그램을 운영하고 관리하는 데 필요한 기준과 절차를 설정할 수 있는 것이다. 이를 통해 프로그램의 정책 수행과 운영에 안정성을 기할 수 있다. 또한 기획은 프로그램 운영과 관리를 위한 정보의 수집, 분석, 요구확인, 사정 등을 거쳐 프로그램의 질을 관리하는 데 도움을 준다. 프로그램의 수행과정과 결과를 평가하기 위한 적절한 지표와 평가방법을 마련하여 프로그램의 질을 지속해서 향상할 수 있다.

셋째, 기획은 확정된 목표를 가장 효율적으로 달성할 수 있는 대안을 선택함으로써 효율성을 증진한다. 기획단계에서 다양한 대안을 고려하고 비교·분석함으로써 최적의 방안을 선택할 수 있으며, 이를 통해 자원을 보다 효과적으로 활용하고 기관의 운영 및 관리에 효율성을 높일 수 있다. 효율성은 목표를 경제적으로 달성하는 것을 의미한다. 자원과 시간이 제한적인 조직에서는 최소한의 비용과 노력으로 목표를 달성하는 것이 중요하다. 기획을 통해 다양한 대안을 비교·분석하여 최적의 방안을 찾을 수 있으며, 이를 통해 자원의 낭비를 최소화하고 목표를 효율적으로 이룰 수 있다. 효율성을 고려한 기획은 조직이 더 많은 성과를 달성하고 발전할 수 있도록 도와주며, 자원의 효율적 활용은 조직의 경쟁력을 강화하고 지속 가능한 성장을 이루는 데 기여한다. 따라서 기획은 효율성을 증진하고 최소한의 비용으로 목표를 달성하는 데 필수적인 단계로서 중요하게 다뤄져야 한다.

넷째, 기획은 효과성을 증진하는 데 중요한 역할을 한다. 기획을 통해 보유하고 있는 자원을 적재적소에 배치하여 효율적으로 활용할 수 있다. 이를 통해 제공하는 서비스는 이용자의 문제나 욕구를 해결하는 데 효과가 있어야 한다. 효과성은 프로그램이나 서비스가 목표를 달성하는 데 얼마나 효과적으로 기여하는지를 의미한다. 기획을 사전에 수립함으로써 목표를 명확히 설정하고, 자원을 효율적으로 배치하여 목표 달성에 집중할 수 있다. 이는 프로그램이나 서비스의 효과를 최대화하고 이용자들에게 실질적인 가치를 제공하는 데 도움을 준다.

다섯째, 기획은 책임성을 향상하는 데 중요한 역할을 한다. 일련의 의사결정에 있어서 관련자들의 참여 가능성을 확대함으로써 궁극적인 목적 달성을 위한 체계적인 활동을 통해 책무성이 향상된다. 기획을 통해 다양한 관련자들의 의견을 수렴하고, 합의를 이끌어내는 과정에서 책임을 공유하고 책무성을 강조할 수 있다. 기획 과정에서 목표와 방향성을 명확히 설정하고, 자원을 효율적으로 활용하도록 계획함으로써 책임을 잘 수행하는 데 도움을 준다. 또한, 기획은 서비스 제공에 대한 체계적인 방안을 마련하는 데 도움을 준다. 서비스에 대한 기획은 무엇을 제공하고 어떻게 제공할 것인지를 명확히 정의하는 데 도움이 되며, 이를 통해 책임성 있는 서비스 제공이 가능해진다. 기획이 없는 상태에서는 목표가 불명확하고, 의사결정이 흩어져 책임을 지기 어려울 수 있다. 만약 서비스 제공에 대한 체계적인 방안이 없으면 책임을 지키기 어려울 수 있다. 따라서 기획은 책임성을 강화하고 책무성을 향상하는 데 필수적인 단계로서 고려되어야 한다.

여섯째, 기획은 프로그램 관련자들의 이해와 욕구충족을 돕는 데 중요한 역할을 한다. 프로그램의 관련 전문가, 지역사회 관계 인사 등의 이용자들이 기획 단계에 참여하게 되면, 프로그램에 대한 적극적인 관심을 두게 되고, 이용자의 요구에 맞게 프로그램이 개발되고 적용될 수 있다. 다양한 관련자들과의 상호작용을 통해 프로그램에 대한 이해와 인식을 공유할 수 있게 되며, 이용자들의 의견과 욕구를 수렴하여 프로그램의 목표와 방향을 더욱 명확히 정의할 수 있다. 그뿐만 아니라 이용자들의 참여를 유도하고 프로그램을 이용하는 데 있어서 적극적인 관심과 참여를 유도할 수 있다. 이용자들의 요구에 맞게 프로그램을 개발하고 적용할 수 있으며 이를 통해 프로그램이 더욱 유용하고 효과적으로 이용되고 이용자들의 만족도를 높일 수 있다. 이용자들의 참여와 이해를 고려한 기획은 프로그램의 성공과 지속 가능성에 큰 영향을 미친다.

일곱째, 기획은 실무자의 사기를 진작시키는 데 큰 영향을 미친다. 프로그램 기획에는 많은 조직구성원이 참여할 수 있으며, 참여를 통해 자신의 생각이 받아들여지고 조직에 기여하는 것으로 인식될 수 있다. 또한, 자신들의 참여로 어떤 계획이 이루어졌다는 데에 타인으로부터 인정받고 성취감을 얻을 수 있다.

프로그램 기획 과정에서 조직구성원이 협동적으로 작업하고 팀워크를 강화하면 참여와 의견 수렴이 원활하게 이루어질 가능성이 커진다. 이를 통해 조직

구성원은 자신의 의견이 존중되고 자신이 프로그램의 성공에 기여하는 것으로 느끼게 되며, 조직구성원 간의 유대감과 동기부여가 증진될 수 있다. 이는 직무에 대한 성취감이나 만족감을 증진하는 데 도움을 주게 된다. 또한, 프로그램 기획은 조직구성원이 프로그램의 목표를 공유하고 함께 협력하여 목표를 달성하도록 유도하게 된다.

### 3) 프로그램 기획의 특성과 원리

#### (1) 프로그램 기획의 특성

기획은 조직의 성공을 위해 필수적인 단계로서 다양한 측면에서 가치를 지니고 있다. 미래지향적인 활동으로 적극적이고 능동적인 행위와 효율성을 증대시킬 수 있어야 하며 연속적이고 단계적 과정으로 협동적 노력을 포함하는 것이어야 한다(Boone, 1985). 기획이 가지고 있는 기본적인 특성은 다음과 같다(김진화, 2011).

첫째, 프로그램 기획은 미래지향적인 활동이다. 기획을 통해 그 기관의 목적과 이념을 실천해 나가기 위한 청소년프로그램을 사전에 준비하고, 현재 계획하여 추진하는 프로그램 개발이 바로 미래를 위해 준비하는 과정임을 의미한다. 청소년기관이 실행하고 운영하는 모든 조치는 기획을 통해 가능하며, 사전에 준비하는 과정을 통해 미래의 불확실성을 줄일 수 있게 된다.

둘째, 프로그램 기획은 적극적이고 능동적인 행위로서의 특성을 보인다. 청소년기관이 변화하는 사회에 대해 수동적으로 대처해 나가기보다는 기관의 생존과 발전을 위해 적극적으로 취하는 조치의 성격을 지닌다.

셋째, 프로그램 기획은 청소년기관의 효율성 증대 기제로서의 특성을 보인다. 기획과정을 통해 청소년기관이 미래에 수행할 프로그램에 대해 철저한 준비과정을 거치고, 자원의 배분과 운영의 합리화를 통해 청소년기관의 운영과 관리 효율성을 증대시킬 수 있다. 사전에 철저한 준비과정을 거쳐서 개발된 프로그램과 즉흥적으로 구성된 프로그램의 경우, 운영의 효율성에 상당한 차이가 있다.

넷째, 프로그램 기획은 관련 정보를 수집·분석하고, 요구를 확인·사정·분석하는 연속적이며 단계적 과정으로서의 특성을 보인다. 이는 프로그램 기획이 단순히 몇몇 사람이 개발하는 것이 아니라, 많은 관련 정보와 학습자의 요구가 단계적으로 반영되는 과정을 거쳐 고안되는 것임을 의미한다.

다섯째, 프로그램 기획은 협동적(collaborative) 성격을 지닌다. 이는 프로그램 기획에는 영향을 미치는 관련 요소들이 많으며, 프로그램 개발과정에 많은 사람의 공조적·협동적 참여가 이루어지게 됨을 의미한다.

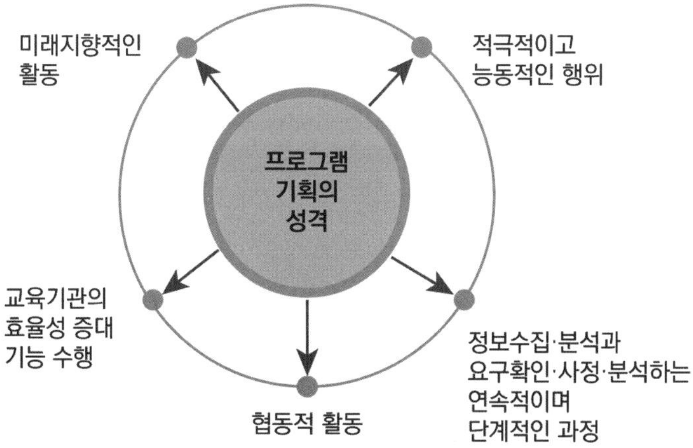


| 그림 4-1 | **프로그램 기획의 성격**

## (2) 프로그램 기획의 원리

분(Boone, 1985)은 프로그램 기획을 수행할 때는 네 가지 원리가 고려되어야 한다고 주장하였다. 네 가지 원리는 계획된 변화(planned change), 연계(linkage), 민주성(democracy), 해석(translation)으로 각각에 대한 설명은 다음과 같다.

첫째, 계획된 변화의 원리이다. 프로그램 기획을 통해 청소년활동에 참여하는 청소년에게 의도적인 변화를 일으키려는 목표가 내재하여 있다. 프로그램 기획에는 사전에 청소년의 변화에 대한 목표설정이 반드시 포함된다. 목표설정에는 청소년기관과 프로그램 개발자 및 기획 태스크포스팀, 청소년지도자 및 청소년이 함께 참여하는 것이 중요하다.

둘째, 연계의 원리이다. 청소년기관과 청소년 간의 연계가 긴밀하게 이루어져야 함을 말한다. 즉, 프로그램 개발의 모든 과정에 청소년의 적극적 참여를 유도함으로써 청소년기관과 청소년 집단 간의 활발한 상호작용을 촉진하는 것이다.

셋째, 민주성의 원리이다. 프로그램 개발의 모든 과정에서 요구되는 크고 작은 의사결정이 민주적으로 이루어져야 함을 의미한다. 청소년기관에서는 물론이고 청소년의 자발적인 참여를 통해 민주성이 실현되어야 함을 강조한다.

넷째, 해석의 원리이다. 프로그램 개발자, 청소년기관 및 청소년 각각의 사회문화적 환경과 가치관 및 방법론에 대한 이해와 해석이 가능해야 한다는 원칙이다. 즉, 프로그램 제공 기관, 프로그램 개발자 및 청소년집단 간에 서로의 배경과 특성에 관한 정보를 파악하고 이해하기 위한 협력이 필요함을 말한다.

또한, 영(Young, 1977)이 제시한 프로그램 기획 원리는 다음과 같다.

첫째, 기획의 목표 달성을 위해서 인간 행동에 대한 구체적인 이해가 필요하다.

둘째, 기획할 때 단순한 선형적 접근방법보다는 다양한 체계를 고려한 접근방법을 사용하는 것이 좋다.

셋째, 기획 과정에는 가능한 많은 사람이 참여하는 것이 좋다.

넷째, 기획은 개인에 의해 이루어지기보다는 여러 사람의 집단적 노력과 협동으로 이루어지는 것이 좋다.

다섯째, 기획에 발생할 수 있는 불확실성과 모호함을 배제하기 위하여 방해요소를 제거하고 명확성을 확보한다.

여섯째, 기획은 미래를 전망하는 예측 기능을 수행해야 한다.

일곱째, 기획에는 기계적인 접근이 아닌 인본주의적(humanistic)인 접근이 바람직하다.

이처럼 기획은 통찰력과 계획적인 사고, 조사를 통해 프로그램 개발의 핵심적인 부분을 결정하고, 프로그램의 목표를 달성하기 위한 방향을 명확히 설정하는 데 도움이 된다. 이는 프로그램의 성공과 효과적인 결과물 달성을 이룰 수 있게 한다. 그리고 발생할 수 있는 문제에 대비하여 준비하게 한다. 또한 프로그램 기획은 기발한 아이디어와 창의성이 필요하며, 실현 가능성과 현실성을 고려하여 체계적으로 수립되어야 한다. 이를 통해 프로그램의 성공 가능성을 높이고 목표 달성에 도움이 되는 방향으로 나아갈 수 있을 것이다.

## 4) 프로그램 기획의 모델

프로그램 기획과정은 사회적으로 승인된 목적(goals)을 성취하기 위하여 최적의 자원에 기초한 프로그램의 선정과정을 수반한다. 즉, 기획은 여러 가지 대안들 사이의 선택을 의미하는 의사결정의 과정을 통해서 이루어진다. 이러한 의사결정은 무엇에 기초하느냐에 따라서 점증주의 모델, 제한된 합리주의 모델, 완전 합리주의 모델로 구분된다.

### (1) 점증주의 모델

의사결정이 정치적 필요나 편의 등 기존 프로그램의 점증적인 조정수단에 의해서 이루어진다. 의사결정의 목적은 궁극적인 합리성을 추구하는 것이 아니라 참여자들 사이의 합의를 이루는 것이다.

### (2) 제한된 합리주의 모델

완전 합리주의 모델과 점증주의 모델의 문제점을 인식하고 사전에 가정을 통하여 먼저 분야를 좁힌 후에 대안에 대한 합리적인 비교를 한다. 문제영역을 체계적으로 조사한 후에 특별한 대안에 초점을 둔다. 이 모델에서는 모든 대안이 조사되지 않고 일부 대안만이 조사된다는 점에서 완전 합리주의 모델과 다르다.

현재 대부분의 프로그램 기획은 점증주의 모델에 의해서 수행된다. 프로그램 기획상황에서 광범위한 제한요인의 확인은 여러 기관이 점증주의 방식을 채택하게 하고 있으며, 완전 합리주의 모델의 사용을 억제하고 있다.

### (3) 완전 합리주의 모델

프로그램의 의사결정이 합리성에 기초해서 이루어진다. 합리성이란 목적을 달성하기 위한 최선의 수단으로, 경험적으로 입증될 수 있는 정도를 의미하며, 이 모델에서는 우선순위에 의한 목적의 세분화와 목적을 달성하기 위한 모든 가능한 대안과 각 대안과 관련된 비용의 확인 등을 필요로 한다. 의사결정은 어떠한 대안이 목표를 성취하는 데 가장 효율성을 가지느냐에 의해서 이루어진다.

결과적으로 완전 합리주의 모델은 모든 대안에 대한 완전한 정보를 이용할 수 있고, 이에 필요한 수단에 대해서 참여자들 사이의 상당한 동의가 있음을 가정한다.

| 표 4-2 | 프로그램 기획의 세 가지 모델

| 구분 | 점증주의 (incrementalism) | 제한적 합리주의 (limited rationality) | 완전 합리주의 (comprehensive rationality) |
|---|---|---|---|
| 문제 확인 | 사실의 발견에 의한 문제의 확인 | 제한요인의 확인을 통하여 범위를 좁힌 후 문제와 요구의 체계적 확인 | 제한요인에 대한 고려 없이 문제와 요구의 체계적 확인 |
| 목적 설정 | 문제가 되는 사실에 대한 입증이 없는 한 기존 목적과 목표가 적절할 것이라고 가정함 | 목적과 목표가 개념적으로 활동과 결과의 연계를 통해서 위계적으로 설정됨. 최소한 1개 수준의 목표에 대한 경험적 측정을 해야 함 | 모든 목표에 경험적인 측정이 필요하다는 점만 제외하고는 제한적 합리주의와 동일함 |
| 프로그램 과정 | 편의에 의해서 기존 프로그램이 점증적으로 조정됨 | 제한요인이 먼저 확인되고 프로그램 개발의 기초가 수립됨. 수용할 수 없는 대안은 제거되고 나머지 대안이 효율성, 효과성 및 기타 기준에 의해서 체계적으로 분석됨 | 모든 대안이 체계적으로 확인되고 제한요인 없이 비교됨. 효율성, 효과성 등의 기준이 프로그램 선택에 사용됨 |
| 평가 | 새로 입증된 사실이 없는 한 기존 프로그램이 효과적일 것으로 가정됨 | 선정된 프로그램의 효율성과 효과성이 경험적으로 측정됨 | 모든 프로그램의 효율성과 효과성이 경험적으로 측정됨 |

출처: 마상욱. (2024). 청소년프로그램 개발 및 평가(2판). 고양: 공동체.

### 5) 프로그램 기획 과정

기획은 기본적인 철학을 실현하기 위해 계획을 수립하는 과정을 의미한다. 이를 위해서는 요구분석을 통해 기획의 대상이 되는 상황을 파악하고, 목적과 목표를 명확히 설정하는 일련의 지적인 활동이 필요하다. 기획은 과거와 현재를 분석하여 현재의 상태를 이해하고, 미래를 예측하며, 이를 바탕으로 대안을 제시하는 것이다. 기획자는 비판적 사고 능력을 발휘하여 자신이 가진 정보와 데이터를 분석하고, 목표 달성을 위한 방법을 합리적으로 검토하고 선택하여 제시한다. 비판적 사고는 효과적인 문제해결과 결정을 돕는 중요한 능력으로 작용한다. 또한 기획은 순환적 사고 능력을 활용하여 여러 가지 변수를 고려하고, 상황에 따라 계획을 조정하며, 지속해서 개선하고 발전시키는 것을 의미한다. 즉, 기획은 정신적인 활동으로, 상상력과 창의성이 요구되는 과정이며, 현실적인 대안을 제시하면서도 창의적인 아이디어와 해결책을 고려하여 기획을 수행한다. 따라서 기획은 조직이나 프로젝트를 성공적으로 이끄는 핵심적인 접근방법으로서 적절한 목표를 설정하고 비판적이고 순환적인 사고를 활용하여 미래의 성공을 위한 계획을 세우는 과정을 의미한다(마상욱, 2024).

일반적으로 프로그램 기획 유형에는 프로그램 기획자가 프로그램의 중심을 어디에 두느냐에 따라서 요구중심 기획, 문제해결중심 기획, 자원활용중심 기획, 참여 기획 등 네 가지로 나누어진다(이하은, 2018).

첫째, 요구중심 기획은 프로그램에 참여할 대상의 요구를 사전에 측정하고 조사하여 프로그램 기획에 반영하는 것을 의미하며, 이를 통해 프로그램이 대상의 실제 요구와 필요에 부합하도록 구성한다.

둘째, 문제해결중심 기획은 대상집단이 가지고 있는 어려운 문제들을 나열하고 이러한 문제가 발생하는 원인을 근본적으로 해결하기 위하여 프로그램을 기획하는 방법이다. 문제해결중심 기획은 문제에 초점을 맞추어 우선순위를 설정하고 가장 심각한 문제부터 차근차근 해결하려는 접근 방식이다.

셋째, 자원활용중심 기획은 관련 지역이나 기관이 보유하고 있는 인적, 물적 자원을 최대한 활용하여 프로그램을 계획하는 것을 의미한다. 자원조사를 통해 어떤 자원이 활용할 수 있고 어떻게 활용할 수 있는지 파악하여 프로그램을 구성한다.

넷째, 참여 기획은 프로그램에 관련된 모든 이해관계자가 함께 기획에 참여하는 방법이다. 이 방법은 민주적 의사결정을 통해 프로그램에 관한 결정을 내리고 책임과 의무를 함께 나누며, 다양한 이해관계자들의 요구와 문제를 모두 고려하여 합리적인 프로그램을 제안할 수 있다.

이러한 다양한 기획 방법은 독립적으로 존재하는 것이 아니라 하나의 프로그램 기획 과정에서 필요에 따라 적절히 조합하여 사용될 수 있다. 이를 통해 프로그램의 품질과 효과성을 높일 수 있으며, 다양한 이해관계자들의 참여와 요구를 고려하여 프로그램이 더욱 유용하고 효과적으로 이용될 수 있다(유진이 외, 2024).

프로그램 기획 과정은 학자들에 따라 다양하게 제시되어 왔으며 각각의 접근 방식은 프로그램의 목적과 성격에 따라 다소 차이가 있을 수 있다. 스키드모어(Skidmore, 1995)는 문제의 정의 및 욕구 확인단계, 정보 확보단계, 해결 대안의 개발 및 평가단계, 최선의 대안 선택단계, 대안 실행단계, 환류단계 등 여섯 가지 단계로 기획 과정을 구체적으로 제시하였다(이하은, 2018).

첫째, 문제의 정의 및 욕구확인 단계는 프로그램의 목표를 설정하고, 대상의 욕구와 문제를 파악하고 이를 통해 프로그램의 필요성과 목표를 명확히 한다.

둘째, 정보 확보단계는 프로그램 수행에 필요한 정보와 자료를 수집하고 분석하여 기획에 필요한 기반 정보를 확보한다.

셋째, 해결 대안의 개발 및 평가단계는 다양한 해결 방안과 대안을 도출하고, 이를 평가하여 가장 적절한 방안을 선택한다.

넷째, 최선의 대안 선택단계는 이전 단계에서 평가한 여러 대안 중에서 가장 우수하다고 판단되는 대안을 선택한다.

다섯째, 대안 실행단계는 선택된 대안을 실행하기 위한 구체적인 계획을 수립하고 이행한다.

여섯째, 환류단계는 프로그램 실행 결과를 평가하고 피드백을 받아들여 개선할 수 있는 조치를 하며, 이를 통해 프로그램의 효과성과 지속 가능성을 확보한다.

로퍼(Lauffer, 1997)는 문제정의와 개념화, 인간관계의 구조와 네트워크의 수립, 정책의 형성과 대안 전략의 서술, 계획안 및 프로그램 설계에 대한 감독으로서의 집행, 환류 및 평가 단계로 구분하여 프로그램 기획을 다섯 단계로 제시하였다(이하은, 2018).

첫째, 문제정의와 개념화단계는 프로그램의 목적과 대상 대상의 욕구를 파악하고, 문제를 명확히 정의하여 기획의 출발점을 설정한다.

둘째, 인간관계의 구조와 네트워크 수립 단계는 프로그램에 참여하는 이해관계자들과의 관계를 구축하고 네트워크를 형성한다.

셋째, 정책의 형성과 대안 전략 서술 단계는 프로그램을 위한 정책과 대안적 전략을 구체적으로 기술하여 프로그램의 방향성을 제시한다.

넷째, 계획안 및 프로그램 설계에 대한 감독으로서의 집행 단계는 프로그램의 실행 계획과 설계를 감독하고 이행한다.

다섯째, 환류 및 평가단계는 프로그램 실행 결과를 평가하고 피드백을 받아들여 개선하여 환류하는 조치를 한다.

이봉주 등(2008)은 프로그램 기획 과정을 준비단계, 계획단계, 실행단계, 평가단계 등 네 단계로 구분하였다. 준비단계는 문제확인 및 파악의 단계로, 예비조사와 문제확인을 통해 프로그램 기획 및 실행의 정당성 확보가 이루어져야 한다. 계획단계에서는 목적 및 목표를 설정하고 개입전략, 구체적인 프로그램 내용, 예산, 평가계획을 정하여야 한다. 실행단계에서는 프로그램을 실행하는 단계로, 계획대로 행동을 구체적으로 하고 프로그램의 결과가 나타나는 단계이다. 마지막으로 평가단계는 과정평가와 총괄평가가 실시되는 단계로 계획대로 프로그램이 수행되었는지, 프로그램 목표를 어느 정도 달성하였는지를 평가하는 단계이다(이하은, 2018). 유진이 등(2024)은 프로그램 기획 과정을 대상자의 현재 위치, 가용자원 등을 고려하여 목적 달성을 위한 가능성 있는 대안들을 검토하고 이들 대안의 우선순위를 설정하는 과정이라고 하였다. 이 과정에서 기획자는 실행 가능한 대안을 선택하여, 실행한 후 최종적으로 기획의 결과를 평가하여 환류시키는 단계를 거치게 된다. 프로그램 기획은 보편적으로 문제·욕구 확인, 프로그램 설계·계획, 프로그램 실행, 프로그램 평가단계 등 네 단계를 거친다고 하였다(이하은, 2018).

이와 같이 프로그램 기획은 여러 단계로 구성되며, 각 단계는 프로그램의 목표와 특성에 따라 달라질 수 있다. 따라서 기획자는 프로그램의 필요성을 파악하고, 관련 정보를 수집하며, 목표를 설정하고 대안을 검토하여 가장 효과적인 방법을 결정하는 과정을 거치게 된다. 이를 정리하면 다음과 같다.

| 표 4-3 | 학자들의 기획과정에 대한 견해

| 학자 | 단계 |
|---|---|
| Skidmore (1995) | ① 문제정의 및 욕구 확인단계, ② 정보 확보단계, ③ 해결대안의 개발 및 평가단계, ④ 최선의 대안 선택단계, ⑤ 대안의 실행단계, ⑥ 환류단계 |
| Lauffer (1997) | ① 문제개념화, ② 인간관계의 구조와 네트워크 수립, ③ 정책 형성과 대안 전략 서술, ④ 계획안 및 프로그램 설계에 대한 감독으로서 집행, ⑤ 환류 및 평가단계 |
| 이봉주 외 (2008) | ① 준비단계, ② 계획단계, ③ 실행단계, ④ 평가단계 |
| 유진이 외 (2024) | ① 문제 · 욕구 확인, ② 프로그램 설계 · 계획, ③ 프로그램 실행, ④ 프로그램 평가 |

출처: 이하은. (2018). 청소년방과후아카데미 중등 실무자의 프로그램 기획 경험 연구. 동아대학교 대학원 석사학위논문.

## 2. 프로그램 개발의 필요성 및 추진 여부

### 1) 프로그램 개발의 필요성

프로그램 개발자는 프로그램을 개발하기 전에 왜 프로그램 개발이 필요한지에 대한 확신을 가져야 한다. 먼저 프로그램을 개발하고자 하는 목적이 명확해야 한다. 그러므로 프로그램 개발의 필요성에 대한 확인과정이 꼭 필요하다. 또한, 다른 기관이나 조직에서 이미 유사한 프로그램을 운영하고 있는지를 분석하여 어떤 내용과 형태로 프로그램이 운영되고 있는지를 파악할 수 있다. 그리고 현재 기관에서 운영하는 프로그램과 기관의 자원, 환경, 인력 등의 현 상황

등을 고려하여 유사한 프로그램과 차별성을 확인하고 분석함으로써 프로그램 개발의 필요성에 대한 타당성을 확인할 수 있다. 프로그램 개발의 필요성에 대한 사항들을 철저히 검토하고 파악하는 것은 프로그램 개발의 효과성과 효율성을 높이는데 매우 중요하다. 프로그램 개발의 필요성에 대한 사항은 다음과 같다.

첫째, 프로그램을 왜 개발해야 하는지 명확하게 알아야 한다. 프로그램의 개발목적을 알아야 해당 프로그램이 어떤 사회적 요구나 기관(조직), 개발자의 요구를 충족시킬 수 있는지를 판단할 수 있다.

둘째, 프로그램의 주제는 시대적 상황에 적절한 주제이어야 한다. 프로그램 주제가 현시대의 상황과 요구에 맞는지를 평가하여 프로그램의 유효성을 높인다.

셋째, 유사 프로그램의 존재 여부와 차이점을 확인하고 수정・보완한다. 프로그램을 개발할 때 개발하고자 하는 프로그램의 내용과 방법이 기존의 것과 비교해 볼 때 독창적이어야 한다. 즉, 기존에 존재하는 유사 프로그램과의 차별성을 확인하고 개선하여 독창적이고 효과적인 프로그램을 개발하여 확실한 차별성이 있어야 한다.

넷째, 프로그램을 요구하는 학습자들의 특성을 분석해야 한다. 프로그램이 필요한 청소년들의 특성을 파악하여 프로그램을 최적화하고 더욱 적합하게 구성할 수 있다.

다섯째, 프로그램을 통해 얻고자 하는 궁극적인 목적이 무엇인지 파악해야 한다. 프로그램을 개발하는 목적이 프로그램 개발 자체에 있지 않고 프로그램에 참여하는 청소년이 목적하는 바를 달성하는 것이 더욱 중요하다. 즉, 프로그램의 핵심 목표는 프로그램 참여자들이 원하는 목표에 부합해야 한다.

여섯째, 프로그램 개발과정에서 투입할 수 있는 자원의 유형과 범위는 무엇인지 파악되어야 한다. 즉 프로그램을 운영하는 데 있어서 투입되는 인적자원, 물적자원, 재원은 무엇이며, 사용할 수 있는 정도는 어떠한지 상황 점검이 필요하다.

일곱째, 프로그램 예상 효과와 실행 가능성을 확인해야 한다. 개발하려는 프로그램이 실현 가능성 있어야 하고 실제로 기관에서 적용하여 운영할 가치가 있는지를 검토하여 더욱 현실적인 프로그램이어야 개발의 가치가 있다.

여덟째, 프로그램 개발자를 포함하여 기관(조직)의 구성원이 가지고 있는 기대와 신념이 동일해야 한다. 프로그램 기관(조직)의 이해관계자들이 가지고 있는 철학이나 비전이 무엇이며 그들의 가지고 있는 기대는 무엇인지 이해가 요구된다. 기관 구성원들의 기대와 신념이 프로그램의 목적과 일치할 경우, 프로그램의 지지와 성공 가능성이 커진다.

아홉째, 프로그램의 효과와 장애요인을 파악하여 향후 개선과 보완을 위한 기반을 마련한다. 프로그램의 실제적인 효과와 프로그램 개발 시 장애가 되는 요인들을 검토해야 한다.

이러한 사항들을 고려하여 프로그램 개발을 수행하면 보다 효과적이고 효율적인 프로그램을 구축할 수 있으며, 이에 따라 참여자들과 관련 이해관계자들의 만족도와 지지를 얻을 수 있다.

## 2) 추진 여부

프로그램 개발의 필요성을 충분히 검토한 후에 결과를 기반으로 최종 실행 여부를 결정한다. 추진방법은 기존 유사 프로그램의 수정·보완 및 기존 프로그램의 전면개편 또는 새 프로그램을 위탁하여 개발할 것인지 아니면 직접 개발할 것인지 결정해야 한다.

이 단계에서는 유사프로그램의 유무를 확인한 후 차이점을 분석하는 것, 개발하는 과정에 있어 장애요인은 무엇이며, 프로그램이 개발된 후에 나타나는 기대효과는 무엇인지에 대해 분석한다.

| 표 4-4 | **프로그램 개발 필요성 검토를 위한 활동지**

| 구분 | 내용 | |
|---|---|---|
| 프로그램 주제 | | |
| 프로그램 필요성 | 사회적 요구 | |
| | 기관(조직)의 요구 | |
| | 개발자의 요구 | |
| 프로그램의 목적 | | |
| 유사프로그램 존재 여부 | 유사프로그램 차이점 | |
| | 차별화 방안 | |
| 장애요인 | | |
| 기대효과 | | |

출처: 이복희 외. (2023). 평생교육 프로그램개발론(2판). 파주: 양성원.

## 3. 프로그램 개발팀과 자문위원회 구성

### 1) 프로그램 개발팀 구성

프로그램 개발팀(Program Development Team)을 구성할 때 고려해야 할 중요한 요소들이 있다. 이러한 주의사항들을 준수하면 프로그램 개발팀이 원활하게 협력하고 효과적으로 작업할 수 있다. 각 주의사항에 대한 의의를 살펴보면 다음과 같다(윤옥한, 2017).

첫째, 프로그램의 필요성으로 추진 여부가 결정되면 가장 먼저 프로그램 개발팀을 구성한다. 다양한 분야의 전문가를 프로그램 개발팀에 포함으로써 프로그램을 다각도로 접근하고 풍부한 아이디어와 전문적 지식을 활용할 수 있다. 또한 외부 전문가의 참여는 새로운 시각과 경험을 가져올 수 있어 프로그램의 질을 향상할 수 있다.

둘째, 프로그램의 성격과 기간에 맞는 적절한 인원으로 개발팀을 구성함으로써 효율적인 협업과 업무 진행이 가능하다. 적절한 인원수를 유지하면 업무의 분담과 의사소통이 원활해지며, 중복되는 역할을 최소화할 수 있다. 프로그램 개발 시 전문가의 인원은 전체 프로그램의 성격과 기간에 따라 다소 차이가 있을 수 있지만 되도록 4~5명 또는 5~7명이 적당하다.

셋째, 개발팀이 구성되면 책임자 임명, 각 팀원의 역할분담을 명확히 해야 한다. 그리고 업무분장은 구체적으로 명시화하는 것이 좋다. 개발팀의 책임자를 명확히 지정하고 각 팀원의 역할과 책임을 분명하게 정의함으로써 협력과 조율이 원활하게 진행되며, 명확한 업무분장은 팀원들의 이해관계와 업무수행에 도움을 준다.

넷째, 전문가 선정 후 협조성과 관계성이 떨어지면 많은 경우에 회의 과정에서 소통의 문제가 발생할 여지가 있다. 그 때문에 프로그램 개발팀이 잘 협력하고 원활하게 의사소통하기 위해 워크숍(workshop)이나 세미나(seminar), 브레인스토밍(brainstorming) 등의 다양한 회의를 통해 팀원들 사이의 관계성을 강화하고 의견을 공유하는 것이 중요하다. 이를 통해 프로그램의 진행과 품질 향상에 기여할 수 있다.

다섯째, 프로그램 개발은 공동활동이기 때문에 주요활동(진행상황)에 대한 일정관리가 필요하다. 주요활동에 대한 추진일정표는 다음과 같다.

| 표 4-5 | 추진일정표

| 주요활동 | 기간 | | | | | | | | | | | |
|---|---|---|---|---|---|---|---|---|---|---|---|---|
| 월 / 활동 | 1 | 2 | 3 | 4 | 5 | 6 | 7 | 8 | 9 | 10 | 11 | 12 |
| 팀 구성 및 역할분담 | | | | | | | | | | | | |
| 상황분석 | | | | | | | | | | | | |
| 요구분석 | | | | | | | | | | | | |
| 설계 | | | | | | | | | | | | |
| 자원배분 | | | | | | | | | | | | |
| 마케팅, 홍보 | | | | | | | | | | | | |
| 프로그램 실행 | | | | | | | | | | | | |
| 평가 | | | | | | | | | | | | |
| 보고서 제출 | | | | | | | | | | | | |

이러한 주의사항을 지키면 프로그램 개발팀은 더욱 효과적으로 협력하여 프로그램을 개발하고, 팀원들의 다양한 전문성과 아이디어를 결합하여 풍부하고 효과적인 프로그램을 구축할 수 있다.

## 2) 자문위원회 구성

프로그램 개발은 개발팀이 경험하지 못한 다양한 분야의 영역이 존재하기 때문에 다양한 영역의 전문가들과 실제 개발과정에 도움을 줄 수 있는 위원회를 구성하여 자문을 얻는 것이 필요하다. 프로그램 개발팀이 과정전문가, 현장전문가, 내용전문가, 의사결정전문가, 교수·학습설계전문가로 구성되지 않았다면 자문위원회에서 구성한다.

자문위원회의 구성은 지역의 자치단체장, 지역의 유치원 원장 및 초·중·고등학교의 교장, 지역사회의 대표성이 있고 영향력을 행사할 수 있는 유지나 프로그램에 관한 관심과 봉사정신이 있는 구성원으로 하는 것이 바람직하다. 또한 자문위원회에 할당하는 시간, 거주지, 다른 위원들과 함께 일할 수 있는 가능성 등을 고려하는 것도 좋다. 특히 개발하고 있는 프로그램의 잠재적인 학습자를 자문위원으로 참여시킬 필요가 있다. 부모를 위한 프로그램이라면 부모를, 청소년을 위한 프로그램이라면 청소년을, 교사를 위한 프로그램이라면 교사를 참여시켜 소통하며 프로그램을 개발하는 것이 필요하다. 그리고 정례적인 모임을 하는 것이 바람직하다. 이러한 자문위원회를 구성함으로써 다음과 같은 장점이 있다(김용현 외, 2010).

첫째, 자문위원회는 지역사회의 다양한 이해관계자들로 구성되기 때문에 다양한 의견을 반영할 수 있고 이를 통해 프로그램 개발에 있어서 지역사회의 요구와 문제를 정확히 파악하고, 갈등을 예측하여 해결할 수 있다.

둘째, 주민들은 자문위원회를 통해 지역사회의 대표로서 참여하게 되므로 프로그램에 대한 신뢰성을 높여주게 되며, 자신들의 의견이 반영된다는 느낌을 받게 되어 프로그램에 대한 참여도와 만족도가 높아질 수 있다.

셋째, 자문위원회는 지역사회의 다양한 자원을 알고 있으며, 이를 프로그램에 활용할 수 있도록 정보를 제공한다. 따라서 프로그램 운영에 필요한 편의시설과 인적자원을 쉽게 확보할 수 있다.

넷째, 자문위원회는 다양한 배경과 경험을 갖는 구성원들로 구성되어 있으므로, 프로그램에 창의적이고 혁신적인 아이디어를 제공할 수 있다. 이를 통해 프로그램의 품질과 내용이 향상될 수 있다.

다섯째, 자문위원회는 프로그램의 종합적인 평가를 수행하고, 지역사회에서 프로그램을 홍보하는 데 도움을 주기 때문에 프로그램의 효과성과 가치를 보다 효과적으로 전달할 수 있다.

자문위원회를 통해 지역사회의 관점과 참여를 적극적으로 수용하며, 프로그램의 품질과 성과를 높일 수 있다. 따라서 프로그램 개발과 운영에 있어서 자문위원회의 역할은 매우 중요하며, 이러한 위원회의 구성과 운영에 신중한 고려가 필요하다.

| 표 4-6 | 자문위원회 준거와 구성의 예

| 준거 | 준거 의미 |
|---|---|
| 프로그램에 대한 개인적 흥미 | 프로그램에 대한 개인적인 흥미와 적극성을 가지고 있는가? |
| 지식 보유 및 특성 정도 | 프로그램 개발을 위해 어떤 종류의 지식을 어느 정도 가지고 있는가? |
| 영향력 | 프로그램 개발에 미치는 긍정적 영향력은 어느 정도인가? |
| 참여 가능성 | 프로그램 개발을 위한 참여 가능성은 어느 정도인가? |

| 자문위원 후보명단 | 프로그램에 대한 개인적 흥미 | 지식 보유 및 특성 정도 | 영향력 | 참여 가능성 | 합계 |
|---|---|---|---|---|---|
| 김○○ | 4 | 4 | 3 | 3 | 8 |
| 이○○ | 2 | 3 | 1 | 4 | 5 |
| 최○○ | 2 | 1 | 3 | 2 | 3 |
| 박○○ | 2 | 2 | 4 | 1 | 4 |

## 4. 청소년프로그램 기획의 실제

청소년프로그램 기획을 위해서는 다섯 가지의 기획력이 필요하다. 다음과 같이 5C로 표현하는데, 새로운 것을 제안할 수 있는 이념력(Conceptualize), 정보를 활용할 수 있는 정보수집력(Communicate), 창의적인 아이디어를 발견해 내는 창의력(Creative), 구체적인 해결책을 제안할 수 있는 구상력(Construct), 해결책을 실행할 수 있는 실현력(Carry Out) 등이 있다. 이를 기반으로 1단계 발상단계, 2단계 분석단계, 3단계 구상단계, 4단계 실행단계로 구분하여 진행한다(유진이 외, 2024).

| 표 4-7 | **청소년프로그램 기획단계**

| 단계 | 내용 |
|---|---|
| 제1단계: 발상단계 | ① 과제를 뽑아낸다. ② 기획 테마를 파악한다.<br>③ 현상을 파악한다. ④ 정보를 수집 · 분석한다.<br>⑤ 발상법(브레인스토밍, 랜덤메모리법, 체크리스트법 등)을 활용한다.<br>• Attention: 청소년들에게 주목을 받는 아이템인가?<br>• Interest: 청소년들의 흥미를 끄는 요소가 있는가? Timing이 맞는가?<br>• Desire: 하고자 하는 욕망을 불러일으키는가?<br>• Memory: 청소년들의 기억에 남을 만한가?<br>• Action: 구체적인 행동이 따르는가?<br>• Conviction: 신뢰할 수 있는가? |
| 제2단계: 분석단계 | ① 콘셉트를 정한다. ② 기획을 착안한다. ③ 아이디어를 낸다.<br>④ 현상을 분석한다.<br>• 수집정보와 조사정보 • 내부환경과 외부환경 접목<br>• 정리 • 수집 · 조사 · 정보정리<br>• 분석 • 현상 파악 |
| 제3단계: 구상단계 | ① 계획을 세운다. ② 아이디어를 정리한다. ③ 기획서를 작성한다.<br>④ 구상한다.<br>• 아이디어(아이디어 전부를 내놓는다)<br>• 서열화(유용한 아이디어 순으로)<br>• 구조화(유기적인 관계로 조립) |
| 제4단계: 실행단계 | ① 프레젠테이션 준비 ② 기획안 실행 ③ PR ④ 프레젠테이션 실시<br>⑤ 실행<br>• 실행계획<br>• 스케줄(진행 실행 예정)<br>• 스태프(인원체제)<br>• 예산(비용수익) |

이러한 기획단계를 거치게 되면, 기획서를 작성한다. 기획서 작성 시 고려할 사항은 목차 작성, 현상분석, 테마설정, 콘셉트 수립, 목적 · 목표설정, 기획의 구조 · 내용 작성 및 기획전개, 마지막으로 실행계획을 세운다.

기획안의 기본구성도는 ① 기획 도입부(표지, 머리말, 차례), ② 기획의 개요(콘셉트 지도), ③ 기획의 의도(기획배경, 기획목적, 기획목표), ④ 콘셉트, ⑤ 기획의 구상(구체적인 전체 방향, 각각의 구체적 방안, 대체 방안 리스트), ⑥ 실행계획(스케줄, 예산, 스태프), ⑦ 참고자료로 기본구성을 한다.

문서 작성 시 유의사항은 다음과 같다(유진이 외, 2024).

① 작성 목적과 과제를 정확히 파악하고, 작성 기한을 확인한다.
② 조사는 폭넓게 하고 정보의 출처는 반드시 밝힌다.
③ 정해진 양식이 있으면 그것을 사용하되 기존의 보고서를 벤치마킹한다.
④ 비용을 고려한다.
⑤ 보고서 작성일, 작성자명을 수록하고 표제는 구체적이고 알기 쉽게 만든다.
⑥ 사실과 의견을 구분하여 기술하고 감정을 접목하지 않는다.
⑦ 자기의견 또는 향후계획을 첨부한다.
⑧ 대외비 사항은 반드시 표시한다.
⑨ 불필요한 도형이나 자료는 과감히 생략한다.
⑩ 분량이 많을 때는 페이지를 넣는다.
⑪ 보고서는 설득 커뮤니케이션임을 잊지 않고 읽는 사람의 입장에서 작성한다.
⑫ 문체는 통일하고 읽기 쉽고, 보기 쉬운 서체를 활용한다.
⑬ 숫자는 아무리 확인해도 부족함이 없다.
⑭ 형용사 등 수식어는 쓰지 않는다.
⑮ 항목별로 기술한다.
⑯ 줄맞춤, 띄어쓰기는 기본이다.
⑰ 결론부터 써간다.
⑱ 중요한 사실부터 시작한다.
⑲ 수십 쪽의 글보다 하나의 그래프나 도표가 낫다.
⑳ 전문용어나 외래어는 가급적 피한다.
㉑ 전례가 있는 안건은 참고로 첨부한다.

Chapter

05

# 청소년프로그램 요구분석

# 1. 요구분석의 이해와 필요성

## 1) 요구의 개념

청소년의 요구분석(Needs Analysis)은 가장 기본적이며, 프로그램 개발의 기초로 시작된다. 요구는 욕구 또는 니즈(needs)라고도 불리는데 학문적으로 다양하게 정의되며 주로 교육학과 심리학 및 경영학 분야에서 중심으로 한 사회과학 분야에서 많이 연구되어 왔다.

요구란 개인이 느끼고 있는 무엇인가에 대한 결핍상태(deficiency)를 충족시키기 위해 필요로 하거나 원하는 상태 또는 상황을 의미한다(송영희, 2002). 즉 결핍, 불균형 또는 조절(adjustment)의 부족, 현재 상황과 더욱 바람직하다고 인식되는 사회적 규범과의 격차, 현재 있는 것과 앞으로 되어야 할 것 간의 격차라 할 수 있다(Boone et al., 2002). 프로그램 개발 과정에서 현재 상태와 바람직한 상태 간의 격차를 파악하여 필요한 교육 및 개발 요구를 식별하는 활동이다. 즉, 현재 수준(what is)과 기대수준(what ought to be)의 격차(gap) 내지 조건(conditions)을 결정하고 그 본질과 원인을 점검하여 미래의 행동을 위한 우선순위를 찾는 행위이다(Boyle, 1981).

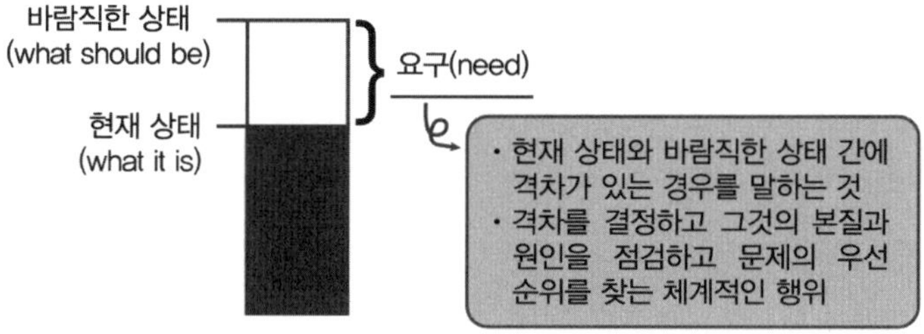


| 그림 5-1 | **요구의 이해**

출처: 권진하 외. (2022). 뉴노멀, 초연결, 플랫폼시대의 평생교육프로그램 개발. 서울: 동문사.

어떤 의미에서는 문제(Problems)와 동일한 의미로 해석되며, 청소년프로그램을 개발하기 전에 문제를 확인하는 방법으로 문제의 본질을 규명하고 그 문제를 해결할 수 있는 가장 적절한 방안을 모색하고자 하는 활동으로 요구사정, 차이분석, 전단(前端, front-end)분석, 격차분석 등 다양한 이름으로 사용된다. 요구분석을 통해 청소년들이나 조직의 문제와 필요를 파악하고, 이를 해결할 가장 적절한 방법과 방안을 모색한다. 따라서 청소년의 필요한 교육을 확인하고 불필요한 자원 낭비를 줄이며, 교육의 목표를 명확히 설정할 수 있다.

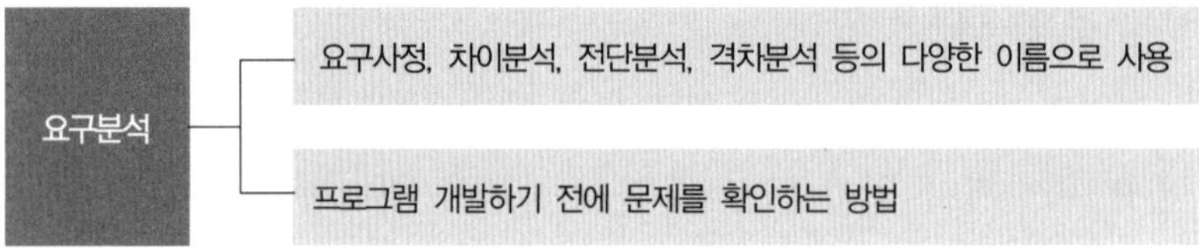


| 그림 5-2 | **교육적 요구분석의 이해**

놀즈(Knowles)는 교육 요구를 교육받음으로써 부족함을 충족시키려는 요구라 하였다. 즉, 교육 요구는 능력·지식·기술·학력 등 학습자가 처해 있는 현재의 교육 수준과 도달하기를 희망하는 바람직한 교육 수준 사이에 존재하는 차이 또는 격차라 할 수 있다. 또한 교육 요구는 청소년이 지각한 현재의 능력 수준이나 교육적 수준의 미흡함을 교육적 행위를 통해 향상하려 할 때 유발된다고 하였다(Knowles, 1970).

프로그램 개발의 성공적인 진행을 위해서는 요구분석 단계를 철저히 수행하는 것이 중요하다. 요구조사는 청소년지도자의 전문성에 기초하여 이루어지는 전문영역의 활동이다. 따라서 청소년활동 요구분석과 관련된 전문적 역할과 역량을 청소년지도자가 갖추어야 하고, 이를 토대로 요구분석에서의 전문적 활동을 전개해야 한다.

### 2) 요구분석의 목적과 필요성

요구분석의 기본적인 목적은 어떠한 프로그램을 제공하여야 하며, 어떠한 내용이 포함되어야 하는지를 결정하기 위한 것이다(Queeney, 1995). 따라서 이러한 요구분석은 ① 계획을 위한 출발점이 되고, ② 미래의 방향을 제시하며, ③ 프로그램 개선 또는 폐지를 정당화시키고, ④ 프로그램을 수정·보완하며, ⑤ 기관의 목표와 사명을 평가하는 잣대의 기능을 한다(서미숙, 2003). 또한 교육에 필요한 데이터를 제공할 뿐만 아니라 교육내용, 교육전달방식, 학습자의 참여계획 등을 포함한 교육 시장분석의 지침이 되기도 한다(김용현 외, 2010). 요구분석은 다음과 같은 여러 가지 목적을 달성하기 위해 수행된다(신용주, 2022).

첫째, 요구분석은 프로그램 개발을 기획하는 첫 번째 단계로 프로그램의 전반적인 방향을 설정하기 위한 것이다.

둘째, 요구분석은 잠재적 학습자들이 가장 필요로 하는 청소년프로그램을 식별하여 우선순위를 정하기 위한 것이다.

셋째, 요구분석은 이미 실시되고 있는 프로그램을 수정·보완하여 개선할 것인가 또는 폐지할 것인가를 결정하기 위한 근거를 얻기 위한 것이다.

넷째, 요구분석은 이미 실시되고 있는 프로그램의 평가에 필요한 보조자료를 얻기 위한 것이다.

다섯째, 요구분석은 청소년기관의 목표와 비전을 확인하는 기준이 되며, 아울러 잠재적 학습자들이 희망하는 교육 주제나 내용, 교육 방법론 등을 파악함으로써 교육 시장의 추세에 부응하기 위한 것이다.

청소년지도자가 청소년프로그램 활동을 청소년이나 사회의 요구에 부응하는 최선의 프로그램으로 만들고자 할 때 활용된다. 청소년프로그램 설계에서 요구분석은 청소년들이 자발적으로 청소년활동에 참여하도록 하기 위해 학습활동이 청소년의 요구와 흥미에 기초하여 개발되어야 한다는 점에서 특히 중요하다. 청소년프로그램의 경우 이미 정해진 교과를 학습하는 학교교육과는 달리 다양한 요구를 가진 청소년들을 대상으로 하기 때문에 이들의 활동요구를 무시한 채 프로그램을 개발하고 운영할 경우 비효과적인 교육이 되기 쉽다(서미숙, 2003). 그래서 요구분석이 가장 기본이 되는 핵심적 절차이며 그 내용을 살펴보면 다음과 같다(마혜영, 2014).

첫째, 자원을 낭비하지 않고 절감할 수 있다. 요구분석을 통해 교육이나 프로그램이 필요한 부분을 정확히 파악함으로써 불필요한 자원의 낭비를 줄일 수 있다.

둘째, 교육적 필요를 파악하기에 유용하다. 교육이 필요한 부분이 명확히 밝혀지면, 이를 바탕으로 청소년프로그램을 개발하고 교육의 효과를 평가하는 기준을 마련할 수 있다.

셋째, 명확하게 밝혀진 수행요구들은 규명된 수행상의 차이를 줄일 수 있는 교육 해결점들을 정확하게 규명하는 데 도움을 줄 수 있다.

넷째, 요구분석을 통해 밝혀진 결과들은 설계나 개발 단계에서 드는 시간을 줄일 수 있다.

다섯째, 청소년대상자를 명확히 함으로써 대상자가 실제로 필요로 하는 교육을 제공할 수 있다.

여섯째, 조직의 목표를 달성하는 데 도움이 된다. 요구분석에 근거하여 개발된 청소년프로그램은 청소년이 실제로 필요로 하는 교육을 제공할 뿐 아니라 조직의 목표 달성에도 기여한다.

일곱째, 조직구성원과 청소년들과의 소통과 협력을 강화한다. 요구분석 과정은 조직구성원 개인과 조직이 일체감을 가질 수 있게 하고 청소년들의 필요와 문제에 대해 공유하여 협력하는 기회를 제공한다.

청소년프로그램 개발에서 요구는 프로그램 전체의 방향과 내용을 결정짓는 데 있어서 가장 중요한 기초를 제공한다. 확인된 청소년들의 요구에 기반하여 청소년프로그램이 계획될 뿐 아니라 모든 후속 절차가 진행되기 때문이다. 대부분의 청소년은 자기주도적으로 프로그램에 참여하는 특성을 갖는다. 그러므로 청소년의 요구를 파악하여 이에 맞는 프로그램을 개발하는 것은 이들의 교육적 흥미와 동기부여를 지속해서 유지하는 데 큰 영향을 미친다. 요구분석을 통해 잠재적 청소년의 요구를 정확히 파악함으로써 더 많은 청소년의 참여를 유도할 수 있으며 청소년프로그램의 질적 향상을 가져올 수 있다.

## 2. 요구분석 유형

프로그램에서 요구를 분석하는 일이 복잡한 과정으로 표현되고 있는 것은 요구라는 개념이 다양성에서 원인을 두고 있다. '요구'를 어떻게 정의하느냐에 따라 요구분석의 모형과 범위, 방법 등이 달라질 수 있다. 요구분석의 유형으로는 현존하는 자료분석, 요구분석, 직무분석, 수행 차이 및 교육 필요도 조사, 과제분석 등을 들 수 있다.

### 1) 매슬로우의 요구

모든 인간은 생존을 위해 꼭 필요로 하는 요구로서 누구나 배고픔, 목마름, 성적인 요구 등의 충족을 추구하는 가장 기본적 요구가 있다. 이는 생리학적 요구에 해당하며 인간의 생존에 반드시 필요한 것으로 삶을 유지하기 위해 꼭 있어야 하는 것이다. 이러한 기본적인 인간의 요구는 결핍된 부분을 채우려는 충동적인 부분이며 선천적으로 타고나는 것이다.

인본주의 심리학자인 매슬로우(Maslow)는 인간의 행동을 활성화하는 인간의 기본요구를 다섯 단계로 구분하였다. 피라미드 형태의 계급구조로 이루어진 다섯 단계의 위계는 생리적 요구, 안전에 대한 요구, 소속감과 사랑 요구, 존중 요구, 자아실현 요구를 말한다. 다섯 단계의 요구 중 생존에 가장 긴요한 생리적 요구와 안전에 대한 요구는 하단부에 있으며, 심미적 특성이나 창의적 개성을 추구하는 자아실현 요구는 가장 높은 곳에 있다. 자아실현 요구는 자기 자신의 충만, 즉 한 개인이 가지고 있는 잠재 가능성을 실현화하려는 경향의 요구이다(가영희 외, 2017). 자신의 위계 이론에서 생리적 요구가 채워진 이후에는 인간은 누구나 안전 및 보호를 추구하고, 소속감 및 사랑을 얻고자 하며, 주변에서 존경 및 인정받기를 원하고, 궁극적으로는 자아실현을 추구하는 것으로 이어지면서 심리학적 성장 요구를 표출하는 것으로 설명한다. 대개 학습동기가 유발되는 것은 이러한 심리학적 요구에 의한 것이라고 파악된다(권진하 외, 2022). 학습동기가 유발하는 학습의 요구는 개인이 지식을 습득하고 새로운 기술을 배우려는 요구를 의미한다. 이는 새로운 정보를 탐색하고 이해하려는 요구와 지식과 기술을 발전시키고 개선하려는 요구로 구성된다. 학습의 요구는 개인의 자아실현 요구와도 관련되어 있으며, 개인이 더 나은 자기를 위해 지속적인 성장과 발전을 원하는 요구로 이해할 수 있다. 따라서 챠일드(Child)는 매슬로우(Maslow)의 다섯 가지 단계의 요구에 '학습의 요구'라는 개념이 결합한 것으로, 학습을 통해 자아실현을 이루고 지식과 기술을 습득하려는 요구를 강조하는 용어이다. 이는 개인이 지식과 기술을 습득하고 더 나은 성장을 이루기 위해 교육과 학습에 관심과 열정을 가질 것을 의미한다.

| 그림 5-3 | **매슬로우의 요구단계**

## 2) 놀즈의 요구

놀즈(Knowles)는 교육학자로서 그가 제시한 교육요구와 요구분석에 관한 개념은 프로그램 개발에 큰 영향을 미친다(Knowles, 1970). 그는 프로그램 개발에 있어서 고려해야 할 학습자의 요구를 기본적 요구(basic human needs)와 교육적 요구(Educational Need)의 두 가지로 분류하였다. 인간의 기본적인 요구는 인간의 가장 보편적인 생물학적, 심리학적 요구로 구성되어 있다. 놀즈의 교육요구와 요구분석에 관한 주요 개념은 다음과 같다.

### (1) 기본적 요구

놀즈가 첫 번째로 제시한 기본적인 요구에는 신체적 요구, 성장요구, 안전에 대한 요구, 새로운 경험에 대한 요구, 애정에 대한 요구, 인정받고자 하는 요구 등 여섯 가지가 포함된다.

첫째, 신체적 요구는 가장 쉽게 관찰되고 경험되는 요구이다. 학습자 또는 참여자들은 기본적으로 보는 것, 듣는 것, 편안함, 휴식에 대해 요구하고 있다. 예를 들면, 교재의 글씨 크기, 교수자의 목소리, 딱딱한 의자, 휴식시간, 점심 직후 강의 등은 참여자들의 기초요구를 충족하게 하는 요소이다. 충족되지 못할 경우 학습에 집중하지 못하게 된다.

둘째, 성장과 발전하고자 하는 요구는 강한 학습 동기를 제공한다. 인간의 궁극적인 추진력은 자아실현에 대한 의지에서 나온다.

셋째, 안전의 요구는 신체적 안전뿐 아니라 자아존중에 대한 심리적인 안정의 요구까지 포함한다. 이런 요구로 인해 사람들은 정돈되고 편안한 작업 환경을 원한다.

넷째, 새로운 경험에 대한 요구는 인간은 안전을 추구하면서 모험, 위험과 같은 성향도 동시에 지니고 있다. 따라서 반복되는 일상과 안정적 삶에 대한 싫증을 느끼고 새로운 만남, 새로운 관심거리, 새로운 아이디어를 추구하는 동기를 가진다.

다섯째, 애정에 대한 요구는 사회적 성격을 띤 요구이다. 타인을 기쁘게 해주기 위해 행동하는 원인이 된다. 또한 자신의 기쁨, 슬픔, 즐거움 등을 함께 나누고 싶은 누군가를 찾도록 하는 원인이 된다.

여섯째, 인정받고자 하는 요구는 타인에 의해 존경받는 가치 있는 사람이라고 느끼고 싶어 하는 요구이자 사회적 지위를 얻고자 하는 동기이다.

### (2) 교육적 요구

놀즈가 두 번째로 제시한 교육적 요구는 매슬로우의 요구 위계론의 영향을 받은 것이다. 즉, 낮은 단계의 요구 위계에 속한 학습자는 더욱 높은 수준으로 상승하려는 요구를 갖게 되며, 교육을 통해 부족함을 충족하고자 하는 요구로 정의한다. 따라서 사람들은 누구나 자신뿐 아니라, 자신이 속한 집단이나 사회 전체의 이익을 위해서 학습하게 된다는 사실을 보여준다. 이는 개인이 자신의 현재 능력 수준과 조직 또는 사회가 요구하는 능력 수준과의 차이를 학습적인 측면에서 감지하고, 이를 해소하려는 요구를 의미한다. 청소년은 삶의 다양한 상황에서 계속해서 자신의 능력을 향상하려는 요구를 갖게 된다.

### (3) 교육 요구의 결정 조건

놀즈는 교육 요구가 결정될 때 학습자가 자기가 원하는 요구를 파악하고 이해하는 것, 직장, 사회 등에서 기대하는 능력 수준 파악, 학문적인 수준 파악, 학습자가 바라는 요구 등과 같은 요인들을 고려해야 한다고 하였다.

### (4) 요구의 여과 및 수렴 과정

요구의 여과 및 수렴 과정은 개인적 요구와 기관의 요구, 그리고 사회에서 필요로 하는 요구를 분석하고 대상별로 파악한 후 그 결과에 의한 종합된 요구가 학습기관의 설립 성격에 맞는지, 또는 다른 학습기관과 중복되지 않는지 검토하고, 이러한 요구를 실천하는 데 있어서 재원, 시설, 인력 등에 대한 가능성과 실용성에 대한 분석이다.

### (5) 요구분석 준비활동

교육 요구를 분석하기 위해 미리 준비해야 하는 활동으로, 문제의 원인에 대한 성격을 정립하고 문제가 교육으로 해결할 수 있는 것인지, 다른 요인에 의한 것인지 비교 및 검토해야 한다. 또한 요구분석의 목적이 문제해결인지 기회제공인지 분명히 밝혀야 하며, 경영상의 지원을 확보하여 요구분석에 필요한 자원과 비용을 제공받을 수 있도록 해야 한다.

### (6) 요구와 원하는 것 구별

요구(needs)와 원하는 것(wants)은 구별되어야 한다. 요구는 교육 필요적이지만 원하는 것은 교육생이 원하는 것이다. 이들은 같을 수도 있지만 다를 수도 있다. 요구를 분석한다는 것은 교육 요구를 찾아내어 청소년프로그램에 반영하는 것이지 원하는 것을 모두 청소년프로그램에 반영하는 것은 아니다.

### 3) 브래드쇼의 요구

브래드쇼(Bradshaw, 1972)는 네 가지 요구 유형을 제시하였다. 그가 제시한 규범적, 감촉적, 표현적, 비교적 요구는 다음과 같다(신용주, 2022).

첫째, 규범적 요구(normative needs)는 요구 충족의 최고 수준 또는 정해 놓은 바람직한 요구 충족의 수준과 실제로 충족된 상태와의 차이를 의미한다. 주로 전문가에 의해 규정된 일반적인 기준(norm)이나 표준(standard)에 의한 요구를 말한다. 규범적 요구는 객관적 차원에서 진단이 이루어지는 요구이지만, 규범의 의미는 사회변화 및 환경, 지식과 기술의 발달 수준에 의한 변화로 인해 달라지기도 한다. 또한 프로그램 개발 현장에서는 규범적 요구와 함께 개발자의 철학과 가치가 반영되는 경우가 많다. 청소년프로그램 개발자는 주로 규범적 요구를 토대로 전문가가 측정한 요구 및 여러 지표에 의해 나타난 객관적 요구를 진단하여 청소년의 교육 요구를 측정하게 된다.

둘째, 규범적 요구가 객관성을 갖는 데 반해 감촉적 요구(felt needs)는 개인 학습자 당사자의 느낌에 의해 인식되는 요구이다. 즉, 주관적 차원에서 바라거나 희망하는 것을 느끼는 요구이다. 잠재적 학습자가 가지고 있는 학습에 대한 필요(wants) 또는 욕망(desire)을 의미하며, 청소년 자신이 원하는 것을 인식하고 있지만 실제로 학습에 참여하지 않고 있는 요구를 말한다. 감촉적 요구는 청소년 프로그램 개발의 중요한 기초가 된다. 청소년이 원하고 필요로 하는 프로그램을 개발하는 것이야말로 청소년프로그램의 의의와 목표를 달성하는 것이다. 그러나 다양한 특성을 가진 청소년들의 감촉적 요구가 객관적 측정을 거쳐 실제적인 프로그램의 개발로 이루어지기는 쉽지 않다. 따라서 청소년프로그램 개발자는 청소년의 감촉적 요구를 기초로 프로그램 개발을 시작하되, 타당성과 실현 가능성을 충분히 검토하여 진행하는 것이 좋다.

셋째, 표현적 요구(expressed needs)는 청소년이 느낀 요구가 실제의 요구충족을 추구하는 행위로 나타난 것을 말한다. 즉, 학습자의 실제 언어, 행동, 태도 등으로 표출된 요구이며, 요구 수요(demand)로도 해석된다. 학습자의 표현적 요구는 매우 다양하게 나타나며, 예를 들면, 특정 프로그램의 등록을 위한 대기자 명단에 의하여도 파악될 수 있다. 많은 청소년이 지원하는 청소년기관의 인기 강좌의 경우 이 분야에 활동하고 싶어 하는 청소년의 표현된 요구가 나타난 것이라 할 수 있다. 그러나 이러한 표현적 요구에 기초하여 프로그램 개발을 실행하는 것은 청소년의 실제적 참여비율을 예측할 수 없으므로 신중하게 접근할 필요가 있다.

넷째, 비교적 요구(comparative needs)는 다른 개인이나 집단과의 비교에 의해 생성되는 요구이다. 예를 들어, 외국어 말하기에 능숙하지 않은 청소년집단이 외국어를 유창하게 구사하는 청소년집단의 활동 수준과 교육환경을 부러워하면서, 실용적인 외국어 학습에 대한 활동 요구가 생겨나는 것의 경우이다. 이처럼 상대적 요구는 타인이나 타 집단을 자신이나 자신의 집단과 비교함으로써 비롯되는 요구이므로, 바람직한 요구 측정의 방법으로 인식되지 않는다.

브래드쇼의 네 가지 요구는 상이한 인식 기준에 의한 정의이므로 모든 상황에서 반드시 적용되지 않을 수도 있다. 그러나 실제로 청소년프로그램의 기획과 실천에 있어서는 이 네 가지 요구 중에서 규범적 요구와 표현적 요구가 중요하게 고려되는 것으로 인식된다(신용주, 2022).

## 3. 요구분석 절차

요구분석을 실제로 수행하는 구체적 절차를 알아보면 보통 설정된 기준에 따른 요구조사 실시 후 수집된 자료를 분석하게 된다. 이때 특정한 기준에 기초해 수집된 요구의 우선순위를 설정하는 과정을 거치며, 다음으로 다시 더 세분화하여 프로그램의 목적이나 교육 목표로 구체화한다. 이때 기대되는 목표와 현재의 상태 간에는 어느 정도의 간격이나 차이가 존재하는지를 분석하게 된다. 프로그램 개발을 위해 요구분석이 중요한 이유는 요구분석의 결과가 바로 프로그램의 전체 방향과 내용의 구성으로 이어지기 때문이다. 따라서 요구분석은 프로그램의 전반적 성공과 가장 밀접한 관계가 있다고 할 수 있다(신용주, 2022). 카파렐라(Caffarella, 2002) 및 분과 동료들(Boone et al., 2002), 보일(Boyle, 1981), 멘덴홀(Mendenhall, 1979) 등이 주장한 요구분석 절차와 관련한 이론은 다음과 같다.

### 1) 카파렐라의 요구분석 절차

카파렐라(Caffarella, 2002)는 프로그램 개발의 요구분석 절차를 10가지 활동으로 제시하였다. 그녀는 이 절차들이 순서에 따라 단계적이나 선형적으로 진행되는 것은 아니며 프로그램의 목적과 상황, 분석 주체에 따라 적절하게 실행 가능하다고 설명하였다.

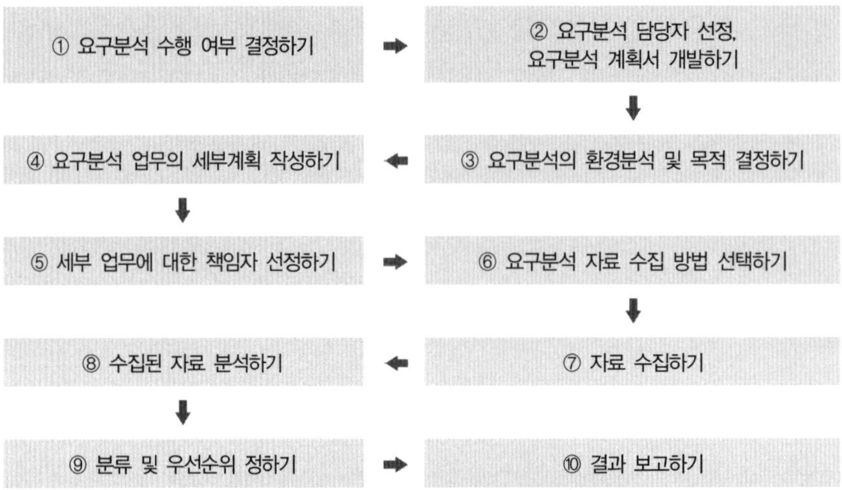


**| 그림 5-4 | 카파렐라의 요구분석 절차**

출처: 김한별 외. (2010). 평생학습을 위한 프로그램 개발 및 평가. 파주: 양서원.

## 2) 분과 동료들의 요구분석 절차

분과 동료들(Boone et al., 2002)은 미시적 수준과 거시적 수준을 고려하여 파악된 요구가 목표로 전환되고, 상황에 적절하게 전략 변경이 이루어져 결과를 얻게 되는 과정을 보여 준다. 여기서 요구 파악, 목표 설정, 전략 변경, 결과 도출 등 프로그램 개발 기획의 모든 위계는 각각 미시적 수준(액션 플랜)과 거시적 수준(프로그램 기획)으로 구성되어 있다. 따라서 요구 분석에서부터 프로그램 결과 도출까지의 각 단계는 미시적 액션플랜의 수립은 물론 거시적 프로그램 기획까지 병행해서 진행됨을 알 수 있다.

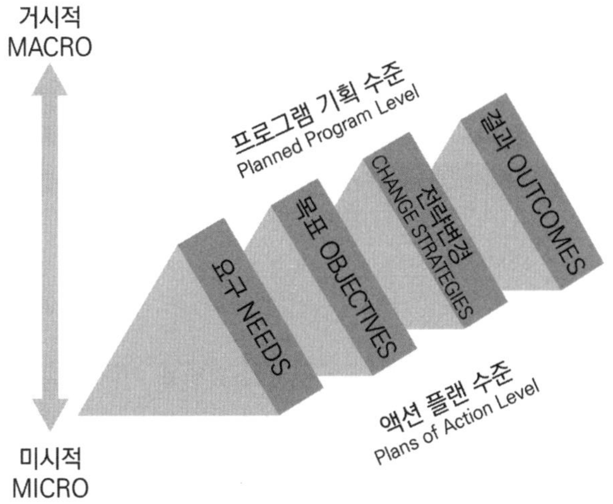


| 그림 5-5 | **요구, 목표, 전략, 결과의 평행적 위계**

출처: Boone, et al. (2002). Developing programs in adult education (2nd ed). Long Grove, IL: Waveland Press.

## 3) 보일의 요구분석 절차

보일(Boyle)은 교육요구와 필요분석에서 확인된 것을 처리하는 방식에 대해 다음과 같이 설명한다. 즉, 그는 우선순위 설정을 위한 범주로서 지역사회, 학습자 정치적 구조, 조직, 자원, 개인적인 가치와 지각 등의 여섯 가지를 제시하였다. 이들은 서로 관련성을 갖기도 하며 의사결정과정에서는 제약요소가 되기도 한다. 동시에 요구와 필요의 우선순위를 설정하는 과정에서 여과장치의 역할을 수행하기도 한다. 바로 이 같은 방식을 통해 학습자들의 요구를 교육목표로 전환하는 것이다(Boyle, 1981).

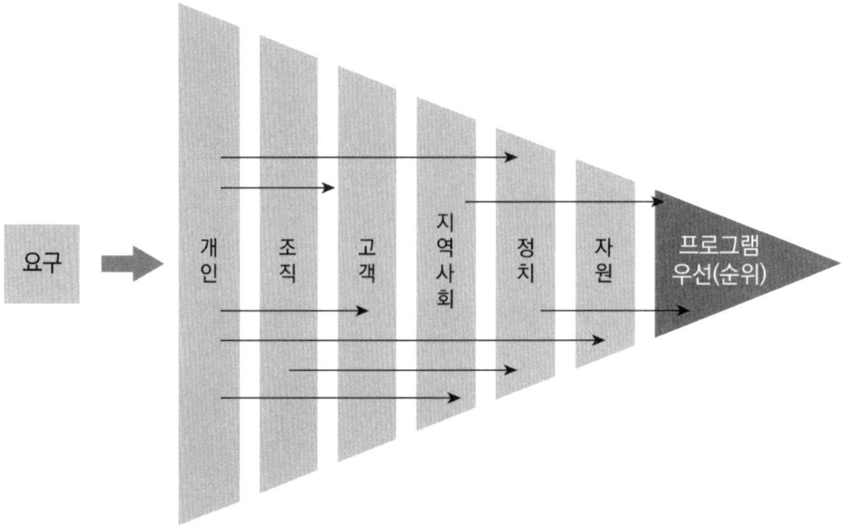


| 그림 5-6 | **보일의 우선순위 결정을 위한 과정**

출처: 이해주 외. (2015). 평생교육프로그램 개발. 서울: 한국방송통신대학교출판문화원.

## 4) 멘델홀의 요구분석 절차

멘덴홀(Mendenhall)은 요구조사의 절차를 다음과 같이 제시하였다(Mendenhall, 1973).

첫째, 요구분석의 목적을 규명한다.

둘째, 요구분석의 범위를 정한다.

셋째, 비용, 시간, 접근 가능성, 정보의 성격 등을 고려하여 요구분석의 방법을 정한다.

넷째, 자료수집방법을 정한다.

다섯째, 자료분석방법을 정한다.

여섯째, 어떤 자료를 보고자료로 만들 것인지 정한다.

일곱째, 예산과 스케줄을 정한다.

이때 프로그램 개발자가 주의해야 할 부분은 요구란 정체된 것이 아니기 때문에 계속해서 어떻게 변화하는지를 파악해야 한다는 점이다. 동시에 자신의 개인적 철학이나 가치관도 반영할 수 있으며 기관의 특성이나 철학도 함께 고려해야 하므로 사실상 과정은 복합적인 가치판단을 거쳐서 이루어지는 것임을 알아야 한다(이해주 외, 2015).

## 4. 요구분석 진단도구

프로그램 개발을 위한 요구분석을 위해서는 우선 필요한 정보를 소유한 대상을 찾아야 한다. 다음으로는 원하는 정보를 얻기에 가장 적합한 요구분석의 기법과 도구를 선정하는 것이 중요하다. 요구분석에 사용할 기법을 결정하기 위해서는 먼저 요구분석의 목적, 프로그램의 유형, 학습자의 특성 및 동원 가능한 자원의 종류와 특성 등에 대해 면밀히 검토하는 작업이 필요하다. 요구를 가진 주체를 개인과 조직 그리고 사회적 차원으로 나누어 조사방법을 설계할 수 있다.

### 1) 설문조사법

설문조사법(Questionnaire)은 질문지법 또는 서베이(survey)기법, 조사연구기법이라 하며 교육요구를 파악하기 위하여 가장 보편적으로 사용되는 기법이다(신용주, 2022). 청소년집단의 규모가 비교적 크고 광범위하게 분포되어 있을 때 주로 사용된다. 주로 핵심 이슈나 추세 및 청소년의 지식, 태도 및 가치관과 관련하여 정보를 수집한다. 이와 함께 청소년의 요구 충족에 필요한 자원에 관한 정보도 파악한다.

설문조사를 때로는 전화조사, 우편물을 통해 실시하기도 하며 최근에는 이메일(email)도 많이 이용되므로 조사 대상자와의 직접적인 대면 없이 정보수집이 가능하다. 설문지는 질문이 간단하고, 응답자의 숫자가 많고, 응답자의 교육 수준이 높고 협조적일 때 사용하기에 적절한 조사방법이다. 비용이 비교적 적게 들고, 조사자의 특별한 도구 사용 능력 없이 이용할 수 있으며 양적 데이터를 끌어내는 데 용이하다. 설문은 간단명료하게 작성되어 응답하기에 용이할수록 효과적이다. 특히 개방형 문항이 포함될 경우에는 문항을 응답자가 정확히 이해할 수 있도록 작성하여 응답동기를 유발하는 것이 좋다. 또한 인사말에 응답자의 익명성 보장과 응답방법에 대한 설명을 알기 쉽게 작성하여 제시하는 것이 중요하다. 무기명으로 이루어질 수 있으므로 원인, 느낌, 해결 등에 관한 솔직한 의견을 알아내는 데 유용하다. 그러나 효과적인 질문을 만드는 데 어려움이 있고, 회수율이 낮거나 성의 없는 답변일 경우에 결과분석 시 정확도에서 문제가 될 수 있다.

**| 표 5-1 | 설문조사 및 전화조사 진단도구 장단점 비교**

| 방법 | 장점 | 단점 |
|---|---|---|
| 설문조사 | • 태도 · 의견 파악에 유용<br>• 저렴한 비용<br>• 광범위한 양적 정보수집 가능<br>• 정보의 타당성 | • 효과적 질문지 제작의 어려움<br>• 저조한 응답률<br>• 제한된 질문의 수와 형태<br>• 응답에 대한 통제 불능 |
| 전화조사 | • 간편한 과정과 양호한 응답률<br>• 어려운 질문 가능<br>• 질문에 대한 통제 가능<br>• 응답자에게 접근 용이 | • 조사 대상자의 응답의지에 좌우<br>• 고비용<br>• 정보의 타당성 부족 |

설문지 문항을 작성할 때는 문항의 유형, 문제가 무엇인지 증거를 제시하는 문항, 문제의 원인 및 원인에 대한 자세한 세부상황, 느낌과 동기, 응답자에 관해서 질문의 내용을 작성한다. 설문지의 형태는 선택형, 체크리스트형, 평정척도형, 개방형 설문지 등의 형태로 구분할 수 있는데 조사의 목적 및 상황에 맞게 선정하여 설문지를 개발한다.

설문조사법에서는 체크리스트(checklist)를 많이 사용한다. 문제를 생각할 때 기준도 없이 막연하게 생각하다 보면 아이디어가 잘 나오지 않는데, 이때 일정한 기준을 세우고 하나씩 체크하면서 질문해 가면 더욱 효과적으로 아이디어를 창출할 수 있다(전인기 외, 2017). 체크리스트는 프로그램의 요구를 수집하기 위해 필요한 정보를 모두 점검할 수 있도록 사전에 만들어진 질문으로 구성되어 있다. 체크리스트는 전문가에 의해 일반적인 점검항목으로 구성된 것을 활용하거나, 프로그램 개발자가 직접 개발하기도 한다(권진하 외, 2022).

### ① 선택형 설문지 예시

- 귀하는 ○○청소년기관 프로그램에 관심이 있습니까?
  ㅁ 예 ㅁ 아니요
- ○○청소년기관에서 실시하는 프로그램 외에 유사한 프로그램에 참여한 적이 있었습니까?
  ㅁ 예 ㅁ 아니요

### ② 체크리스트형 설문지 예시

- 다음 직업만족도의 요소 중 변화에 잘 대처할 경우 얻을 수 있는 것들은 무엇인가?

| | | | |
|---|---|---|---|
| ㅁ 스트레스 감소 | ㅁ 재미 증폭 | ㅁ 생산성 향상 | ㅁ 시간 활용 개선 |
| ㅁ 사기 진작 | ㅁ 자신감 상승 | ㅁ 능률 향상 | ㅁ 조직에서 존중 증대 |

### ③ 평정척도형 설문지 예시

• 나는 갈등을 얼마나 두려워하는가? 다음 상황을 읽고 1~5까지 점수를 체크하세요.

| | | ① | ② | ③ | ④ | ⑤ |
|---|---|---|---|---|---|---|
| 1 | 친구나 가까운 주변 사람의 의견에 늘 따르는 편이다. | | | | | |
| 2 | 누군가 언성을 높이면 바짝 긴장하며 도망치고 싶어진다. | | | | | |
| 3 | 사람들이 나만 괴롭히는 것 같다. | | | | | |
| 4 | 참고 참았던 화가 폭발하면 자신도 감당이 안 된다. | | | | | |
| 5 | 우울하거나 슬프다고 느낄 때가 종종 있다. | | | | | |

### ④ 개방형 설문지 예시

• ○○청소년기관에 필요한 사항이나 요구하고 싶은 내용이 무엇입니까?
( )

설문지를 작성할 때 다음의 원칙을 적용하여 작성한다(김용현 외, 2010).

첫째, 누구로부터 어떤 정보가 있어야 하는지 밝힌다.

둘째, 효과적인 문항을 작성한다. 질문의 내용은 문항의 유형, 문제가 무엇인지 증거를 제시하는 문항, 문제 원인에 대한 자세한 세부사항, 느낌과 동기, 응답자에 관해서 질문의 내용을 작성한다. 그리고 질문의 형태는 목적 및 상황에 맞는 형태를 선정하여 설문지를 작성한다. 질문에 쓰이는 용어는 교육 수준을 고려하여 사용해야 하며 간단하게 작성한다.

셋째, 지시사항을 알기 쉽게 작성한다. 문장이 짧고 간략하게 작성한다.

넷째, 인사말을 작성한다. 인사말은 짧게 사실적으로 표현한다.

다섯째, 질문지 작성자를 위한 체크리스트 등을 활용한다. 체크리스트를 활용하여 질문지가 잘 작성되었는가를 확인한다.

여섯째, 타당성을 검증한다.

| 표 5-2 | 질문지 작성 체크리스트 예시

| 구분 | 내용 |
|---|---|
| 인사말 | • 목적<br>• 보낼 주소<br>• 대상에 적합한 말<br>• 질문 대상자로 뽑힌 이유<br>• 응답해야 할 이유<br>• 언제 어떻게 보내는 방법<br>• 감사 |
| 지시사항 | • 간단<br>• 명료<br>• 대상에 적합<br>• 필요하면 정의 내림<br>• 필요하면 '예시' 제시 |
| 문항 | • 한 문항에 한 개의 목적<br>• 각 문항은 다른 문항과 연계됨<br>• 먼저 선택형 질문 형태<br>• 개방 응답 유도하기 위한 절충형 질문 |
| 사용 | • 강조법, 밑줄, 여백의 적절한 사용<br>• 척도와 질문 유형의 일관성<br>• 직무나 과제의 의미에 따른 문항 집단화<br>• 번호(문항과 페이지) 붙이기<br>• 대상의 교육 수준과 흥미에 적합한 말 사용<br>• 가능하면 자료처리 담당자와 상의<br>• 지문의 충분한 검토, 테스트 |

## 2) 면담법

면접법(Interview)은 서로 얼굴을 맞대고 직접 자료를 수집・평가하는 방법으로 대면조사(對面)라고도 한다. 설문조사법을 사용하기 어려울 때나 높은 응답률을 원할 때, 또는 특정 쟁점에 대한 구체적인 의견을 듣고자 할 때 특히 효과적이다(신용주, 2022). 이는 특히 행동 특성이 개개인의 독특한 습관과 관련되었다든지, 집안 문제 등 사적인 성격의 문제를 밝혀낼 때 매우 효과적이다. 면접자는 사전에 철저한 면접계획을 수립해야 하며, 질문의 내용, 형식, 순서 등을 미리 생각하되 상황에 따라 융통성 있는 대처를 할 수 있도록 대비해야 한다. 또한 면접자가 혼자 할 수 없어 다른 사람을 면접자로 활용할 때는 면접자의 선정에 신중히 처리해야 한다. 면접계획에는 면접시간이나 장소 문제도 포함되어야 한다. 또한 실제 면접을 진행할 때 몇 가지 주의해야 할 점이 있다. 예를 들면, 친화관계(rapport)를 수립한다든가 질문순서를 잘 정해서 이끌어가는 일, 질문의 초점을 잃지 않고 피험자의 진실한 응답을 유도하는 일 등의 숙련된 진행 기술이 필요한 기법이다. 면접 시에는 특히 상대방의 지적 능력수준, 성격, 배경, 기분 등에 따라 적절한 용어 선택을 해야 하며 질문의 속도도 조절해야 한다(서미숙, 2003). 그리고 면접 시 기록하는 방법과 기록하는 행동에도 세심한 주의가 필요하다(이해주 외, 2015). 인터뷰를 통해 심층자료를 확보할 수 있으나 면담자의 편견이나 주관적 판단이 작용할 수 있으므로 객관적 태도의 유지가 필요하다(이복희 외, 2023).

| 표 5-3 | 면접법 진단도구 장단점 비교

| 방법 | 장점 | 단점 |
|---|---|---|
| 면접법 | • 서면 응답이 어려운 질문에 대한 정보 획득 가능<br>• 최상의 응답률<br>• 응답에 대한 높은 통제력<br>• 심층자료의 확보 가능 | • 설문조사법에 비해 시간과 비용이 많이 듦<br>• 응답자에게 접근이 어려움<br>• 정보의 타당성 결여<br>• 면담자의 주관적 해석이나 판단이 작용할 수 있음 |

학습자들의 지지 확보를 위한 면담의 단계별 절차는 다음과 같다(이복희 외, 2023).

| 표 5-4 | 면담의 단계별 절차

| 단계 | | 내용 |
|---|---|---|
| 1단계 | 준비단계 | • 면담의 목적을 파악한다.<br>• 안건(Agenda) 또는 면담지침을 작성한다.<br>• 면담 주제 또는 과제에 대하여 연구한다.<br>• 응답자가 편하게 면담할 수 있는 장소, 시간을 정한다. |
| 2단계 | 시작단계 | • 신뢰를 구축하면서 시작한다. |
| 3단계 | 수행단계 | • 질문의 형식에는 개방형 질문, 구조화된 질문, 거울방식 질문(feedback 질문)이 있다.<br>• 기록한다. |
| 4단계 | 종결단계 | • 응답자에게 말할 기회를 준다.<br>• 말한 것에 대하여 요약한다.<br>• 면담 내용의 유용성에 대하여 이야기한다.<br>• 미래의 일에 대하여 약속한다.<br>• 면담에 대한 감사의 표시를 한다. |

### 3) 관찰법

관찰법(Observation)은 참여관찰법이라고 한다. 관찰자가 피관찰자와 같은 행동 상황에 들어가서 피관찰자의 행동을 관찰하려는 방법이다(권진하 외, 2022). 즉, 조사자 또는 프로그램 개발자가 직접 현장에서 관찰을 통해 정보를 수집하는 방법이다. '최적'의 작업수행을 탐색하고, 작업에 관한 자세한 자료를 얻고, 더 나아가서 문제의 '원인'을 추론하고자 할 때 관찰을 시행할 수 있다(이복희 외, 2023).

관찰의 특성은 첫째, 융통성이 있다. 관찰을 수행하기 전에 얻고자 하는 정보의 양보다 좀 더 많은 정보를 습득할 수 있다. 둘째, 작업에 대해 좀 더 직접적으로 느끼고 배울 수 있다. 말로만 들어왔던 사실들을 확인함과 동시에 관련자들이 느끼는 상황을 직접 체험할 수 있으므로 깊은 정보를 찾을 수 있다(이현아, 2012). 따라서 조사 대상자의 행동 특성이나 지역사회의 환경 및 상황을 정확하게 파악할 수 있다는 장점이 있으며, 조사자는 직접 관찰함으로써 학습자나 지역사회가 갖고 있는 현실적 문제나 요구를 파악하는 데 중요한 기초 자료를 수집하여 활용할 수 있게 된다(신용주, 2022).

| 표 5-5 | 관찰법 진단도구 장단점 비교

| 방법 | 장점 | 단점 |
|---|---|---|
| 관찰법 | • 현장성 있는 자료수집이 가능함<br>• 집단역학, 조직문화, 분위기 파악이 유리함<br>• 다른 조사방법(면접, 설문지)을 통해 얻은 정보를 확인할 수 있음<br>• 관찰 수행 이전에 얻고자 했던 정보보다 더 정보를 습득함<br>• 작업에 대해 보다 직접적으로 느끼고 배울 수 있음<br>• 말로만 들어왔던 사실들을 확인함과 동시에 관련자들이 느끼는 상황을 직접 체험할 수 있으므로 깊은 정보를 찾을 수 있음 | • 한 사람이 많은 수의 관찰을 할 수 없음<br>• 관찰자의 편견이 개입되어 관찰자에 따라 동일한 문제를 달리 볼 수 있음<br>• 시간이 많이 소모됨 |

청소년들의 필요한 특징이나 학습의 높은 정확도를 위한 관찰법의 단계별 절차는 다음과 같다(이복희 외, 2023).

| 표 5-6 | 관찰법의 단계별 절차

| 단계 | 내용 |
|---|---|
| 1단계 | • 관찰을 준비한다.<br>– 목적 설정<br>– 관찰방법 결정<br>– 관찰가이드 설계 |
| 2단계 | • 자신을 관찰 환경 속에 소개한다. |
| 3단계 | • 관찰을 시행한다.<br>– 천장에 달린 파리처럼 관찰한다. 즉, 관찰사항에 영향을 미치지 않고 관찰하여야 한다.<br>– 1단계 관찰을 하고 미심쩍은 부분은 2단계 관찰을 한다. |
| 4단계 | • 후속 조치를 한다. |
| 5단계 | • 요구분석 실행<br>– 요구분석 계획서가 작성되면, 계획된 일정과 요구분석 단계에 따라 자료를 수집한다. |
| 6단계 | • 결과분석 및 보고<br>– 요구분석 활동을 통한 자료수집이 끝나면 자료를 분석하고, 최적, 실제, 느낌, 원인, 해결 방안에 대한 자료를 정리한다. 수집된 자료를 토대로 해결 방안에 대한 대안을 제시하고, 우선순위를 제시함으로써 의사결정에 도움이 될 수 있는 지침을 제공한다.<br>– 여러 가지 대안 중 실제 운영에 필요한 구체적인 실행 지침을 제공함으로써 요구분석 결과가 즉각 실천될 수 있도록 도와준다.<br>– 조사된 내용 및 결과는 보고서와 같은 인쇄물로 작성하거나 프레젠테이션과 같은 언어적 의사소통을 통해 책임자 및 관련자에게 보고한다.<br>– 보고의 형태와 방법은 책임자의 요구와 상황에 따라 결정된다. |

### 4) 문헌조사

문헌조사는 각종 문헌을 통해 정보를 얻어내는 방법으로 요구분석에 고려할 만한 타당한 자료를 제시하는 중요한 수단이 된다(권진하 외, 2022). 인구통계, 경영자료 개인의 인적사항서류, 비용과 상품기록 등 기록과 문서들은 요구를 분석하는 데 여러 가지 단서와 실마리를 제공한다. 기록자료는 물리적인 측면을 분석하거나 옛 기록을 분석하기, 관찰로 구분된다(권진하 외, 2022).

첫째, 물리적인 측면에서 분석은 과거의 행동을 조사하기 위한 물리적인 흔적들을 사용하는 방법이다. 예를 들어, 도서관에서 어느 책이 자주 대출된다면 그 주제에 대한 사람들의 관심이 높다는 증거가 된다.

둘째, 옛 기록 분석은 과거의 기록을 분석하여 요구를 수집하는 방법이다. 예를 들어, 학교의 교실 확장을 예정하고 있다면, 과거 5년간 지역의 출생률을 분석하는 것을 통해 정확한 학교 교실 확장에 대한 요구를 찾을 수 있다.

셋째, 관찰은 기록을 활용한 요구수집방법이다. 직장 밖에서 근로자들이 스포츠나 취미활동이 많다는 것은 조직 안에서의 모임 요구를 드러내 준다. 예산과 결산, 경영 등 각종 기록문서는 조직의 교육훈련 요구를 수집하는 단서가 된다. 그러나 문헌 자료에만 일방적으로 의존하게 되면, 실제 현장의 소리를 듣지 못하는 문제가 발생할 수도 있다.

**| 표 5-7 | 문헌조사 진단도구 장단점 비교**

| 방법 | 장점 | 단점 |
|---|---|---|
| 문헌조사 | • 자료의 재구성 없이 즉시 사용할 수 있음<br>• 적은 비용으로 정확한 자료수집이 가능함 | • 문헌 자료에만 치우치면 현장성이 결여됨 |

## 5) 델파이 기법

델파이 기법(Delphi technique)은 1950년대 초 미국의 랜드연구소(Rand Corporation)에서 개발된 의견조사 방법으로 일련의 질문지 개발 및 응답 내용의 수렴 과정을 통해 교육 요구와 관련된 전문가들 또는 관련자들의 합의점을 도출해 내는 집단 의견수렴의 한 형태이다(신용주, 2022). 다수의 대중보다 전문가에 의존하는 것이 정보의 양이나 신뢰성 면에서 훨씬 유리하다는 전제하에 하는 방법이다. 이는 고대 그리스의 미래를 예측할 수 있는 델포이 신전(Oracle de Delphi)을 참고로 붙여졌다고 한다(차갑부, 2002). 지리적 또는 시간적 제약으로 인해 모두 함께 일정한 장소에 모이기가 힘든 전문가들에게 식견이나 직관, 판단력을 효과적으로 활용하는 특징이 있다.

첫 단계는 보통 한두 개의 포괄적인 질문으로 구성된 질문지가 응답자들에게 보내지며, 이 질문지를 회수하여 분석한 후 이들의 응답 내용에 기초하여 더욱 구체적 질문으로 구성된 질문지를 개발한다. 두 번째 질문지에 대한 전문가들의 응답이 다시 분석되고, 이를 근거로 더 추가적인 정보를 얻기 위해 세 번째 질문지가 보내지며, 대개 3~5회에 걸쳐 반복하게 된다. 델파이 기법을 성공적으로 실행하기 위해서는 전형적으로 의사결정자, 직원, 응답자 등 세 집단의 참여가 필요하지만 때로는 의사결정자와 직원이 동일집단을 이루기도 한다(차갑부, 2002).

델파이 기법의 기본적인 실시 절차를 살펴보면 다음과 같다(신용주, 2022; 2006; 이해주 외, 2015).

첫째, 해당 교육분야의 전문가 집단을 선정하여 조사 대상을 구성한다.

둘째, 주요 교육과정의 목적 또는 문제 규명과 열거를 위한 1차 질문지를 송부한다.

셋째, 1차 조사를 통해 파악된 결과를 분류·요약하여 규명되고 열거된 교육과정의 목적과 문제를 정리, 재작성하여 2차 질문지를 송부한다. 이때 그 목적과 문제의 중요성, 필요도 또는 성취 가능성 등의 기준에 따라 등위를 매겨 평가하도록 요구한다.

넷째, 2차 조사자료에 대한 기본적인 통계 분석 후 결과를 재정리하고 요약된 결과를 3차 질문지로 작성하고, 다시 송부한다. 이때 조사 대상자들은 자신의 지난번 평정 내용의 수정이 가능하며 그 이유를 제시하라고 한다.

다섯째, 3차 조사결과를 통계적으로 다시 분석하고, 결과를 재정리하여 요약한다. 4차 질문지를 송부할 수 있으며 평정 의견 수정의 최후 기회를 제공한다.

여섯째, 최종 결과를 수합하여 요약한 후 보고서를 제출한다.

| 표 5-8 | 델파이 기법 진단도구 장단점 비교

<table>
<tr><th>방법</th><th>장점</th><th>단점</th></tr>
<tr><td>델파이 기법</td><td>• 객관적인 정보를 얻기 어려운 상황에 특히 효과적<br>• 경제적으로 비용 효과적<br>• 지리적 또는 시간적 제약으로 일정한 장소에 모일 수 없는 사람들의 참여가 가능하며, 전문가 의견의 반영과 수렴이 가능<br>• 대면 접촉이 없으므로 응답자들은 편리한 시간에 타인의 영향으로부터 자유롭게 자신의 의견 표출<br>• 델파이 조사에 응답자가 되기로 동의한 사람들은 대개 동기 수준이 높고 문제해결에 전념하는 경향이 있음<br>• 지필 형식의 응답을 통해 응답의 양적 · 질적 수준을 높임<br>• 광범위한 교육 요구 분야에 대한 의견수렴이 가능하며 조사의 신뢰도를 높임<br>• 참여자들은 누구나 동등하게 의견 및 아이디어를 제시함</td><td>• 조사 대상자가 대표성을 확보하지 못했을 때는 의견수렴이 어려움<br>• 참여자들은 응답에 적지 않은 시간을 사용하게 되어 조사 기간이 오래 걸릴 수 있음<br>• 반복적인 통계처리를 거친다는 점에서 절차가 번거롭고 시간도 많이 소요<br>• 주관적인 응답 내용의 진술이 명확하지 않을 경우에 자신의 견해를 명료화하기가 어려움<br>• 직접적인 강화나 보상을 통한 상호작용이 없으므로 응답자들이 계속 참여하도록 강화하기가 쉽지 않음<br>• 조사 참여를 위한 적극적 동기유발이 요청됨</td></tr>
</table>

## 6) 결정적 사건 분석법

결정적 사건 분석법(critical incidents approach)은 특정 직무나 직업을 가진 사람들을 위한 프로그램을 개발하기 위한 요구분석 방법이다. 이 방법은 주로 직무분석과 함께 수행능력평가가 결합된 것이 특징이다. 즉, 직무를 수행하는 과정에 발생한 주요 사건들을 분석함으로써 요구를 파악하는 기법이다. 결정적 사건 분석법은 주로 이미 취업하여 조직에서 근무 중인 사람들을 대상으로 하는 요구조사에 많이 사용된다(신용주, 2022). 사건의 조건은 좋은 영향이나 나쁜 영향을 끼친 사건, 사건의 원인과 결과가 분명한 사건, 자주 일어나지 않지만 중대한 영향을 미치겠다고 생각되는 사건 등을 들 수 있다(권진하 외, 2022).

특정한 과제를 수행하는 데 있어서 필요한 구성요소를 파악하기 위하여 직무에 경험이 많거나 주로 상위 직급에 있는 사람을 대상으로 조사한다. 즉, 그들의 삶에 있어서 중요하고 결정적인 사건들을 기술하도록 함으로써 구체적인 행동 기록을 수집하는 것이다. 결정적 사건 분석법을 통해 얻게 되는 정보는 매우 구체적인 자료로서, 특정 과제 수행을 위한 필수적인 조건을 파악하여 공식화할 수 있다는 점에서 유익하다고 할 수 있다(이해주 외, 2015).

먼저 감독자는 근로자의 행동을 관찰하여 기록한다. 그리고 전문가들로 구성된 심사위원단은 감독자의 관찰과 평가보고서를 기초로 검토한다. 그들은 전체 인력자원을 평가하며, 조직에서 승진할 가능성을 갖고 있는 사람들을 확인한다. 심사위원단의 검토와 제안을 통해 감독자는 그들의 장점과 약점에 대해 개별적으로 상담하고 능력 개발계획을 수립하기 위한 토론과정을 거친다. 프로그램 개발자는 이렇게 하여 수집된 요구분석자료를 최종적으로 검토, 분류, 해석, 평가하여 요구를 결정한다. 아울러 참가대상자들을 훈련하고자 할 때는 변화될 수 있는 지식과 기술, 태도에 대해 정확하게 판단을 내려야 한다. 훈련을 효과적으로 하기 위해서는 참가대상자들의 지식이 부족한지, 기술적인 부분에서는 어디에 보완이 필요한지 등 이들의 문제가 무엇인지 정확히 알아야 한다. 참가대상자가 무엇이 부족한지를 모르는 것이 문제라면 그들에게는 정보를 제공하고, 필요한 지식과 기술을 습득시켜야 한다(권진하 외, 2022).

결정적 사건분석에 사용되는 자료는 관찰자의 개인 혹은 집단 인터뷰와 질문지를 통해 얻어진다. 이 방법은 단순한 의견보다는 구체적인 자료를 제공해야 한다. 하지만 결정적 사건분석에도 몇 가지 한계점을 가지고 있다(권진하 외, 2022). 첫째, 모든 행동이 분석되고 파악될 수는 없다. 따라서 프로그램 개발자는 요구조사에 결정적 사건 방법을 사용할 경우, 객관적인 경우를 선택하여 분석의 타당성을 유지하도록 한다. 둘째, 결정적인 사건을 선발하는 관찰자 집단이 사건을 선정하는 과정이 주관적이기 때문에 우연과 사건 간의 판단이 달라질 수도 있다. 결정적 사건분석을 활용한 요구분석의 절차를 다음과 같이 제시하였다(신용주, 2022; 이해주 외, 2015).

첫째, 연구해야 할 구체적인 직무군을 결정한다.

둘째, 관찰 집단을 선정한다.

셋째, 결정적 사건의 적절한 사례를 수집한다.

넷째, 모든 사건을 검증하고 구체적인 기준을 충족시키지 못한 것은 제거한다.

다섯째, 행동의 범주화를 위한 관련 유형을 결정한다. 즉 행위자를 범주화시키기 위한 준거 틀을 결정한다.

여섯째, 우연히 포함된 결정적 사건들을 분리한다. 즉 결정적 사건에 포함된 중요한 행위자를 구별한다.

일곱째, 유사한 행위자가 가지고 있는 결정적 사건들을 포괄적인 범주에 포함한다.

여덟째, 광범위한 범주의 유사행동은 사건으로 식별한다. 즉 관련된 행위자의 포괄적인 범주마다 서술적인 주제를 명시한다.

아홉째, 광범위한 행동들을 각기 하위 범주로 분류하여 소제목으로 다시 범주화한다. 행위자 집단을 포괄적인 범주에 맞게 분류하고 각각 명칭을 부여하여 행위자를 재연구하고 다시 범주화한다.

열 번째, 결정적 사건 사례들을 임의로 범주화시킴으로써 일관성 있게 일치 여부를 파악한다.

열한 번째, 최종적으로 범주화된 결정적 행위자의 행동을 기초로 결정적인 요구 조건을 결정하고 기록한다.

열두 번째, 결정적 사건과 통제 변인 간의 관련성을 규명한다.

**| 표 5-9 | 결정적 사건 분석법 진단도구 장단점 비교**

| 방법 | 장점 | 단점 |
|---|---|---|
| 결정적 사건 분석 | • 효과적 교육이 가능하도록 정보 제공<br>• 참가자들의 지식과 기술 부분의 문제점 파악 용이 | • 모든 행동이 분석되고 파악될 수 없음<br>• 주관적 판단의 개입이 가능 |

## 7) 전문가집단 워크숍

요구조사는 수치만 나타내는 것이 아닌 개인과의 대화나 집단토의를 통해 그들이 가지는 요구를 발견하기도 한다. 대화나 집단토의는 대상의 요구를 파악할 수 있는 비형식적 진단방법이며, 사람들이 가지고 있는 진정한 요구를 수집할 수 있는 유용한 질적인 방법이다(이해주 외, 2015). 전문가집단 워크숍은 요구조사를 위해 모든 업무 단계 또는 모든 직급을 대표하는 전문가들이 모여서 워크숍을 통해 요건을 확인하는 방법이다.

주제와 관련된 전문가들이 참석한 회의에서는 '최적'에 관한 전반적인 그림을 도출하고 문제의 다양한 대안들을 살피며 대안에 대한 범위와 중요도에 따른 우선순위를 결정할 수 있다. 또한, 현장에서 작업을 담당하는 참석자들 간의 시간을 조정하는 문제 그리고 전문가집단 회의를 이끄는 데 필요한 기술적인 문제가 도구 선택 시 고려되어야 한다(이복희 외, 2023). 이를 위해서는 해당 내용의 전문가들이 모여 충분한 시간을 가지고 의논하여 결정해야 한다. 따라서 심도 있는 자료수집이 가능하고 시간 비용의 활용성이 높으며, 적은 비용으로 많은 정보 수집이 가능하다는 장점이 있다. 그러나 시간이 많이 소요될 가능성이 높고, 관련자 전체가 모이기에는 어려움이 있다는 단점도 있다(권진하 외, 2022).

**| 표 5-10 | 전문가집단 워크숍 진단도구 장단점 비교**

| 방법 | 장점 | 단점 |
|---|---|---|
| 전문가 집단 워크숍 | • 시간, 비용의 활용성이 높음<br>• 심도 있는 자료수집이 가능함<br>• 적은 비용으로 많은 정보수집이 가능함 | • 시간이 많이 소요됨<br>• 주요 인물이 지나치게 영향을 미칠 수 있음<br>• 관련자 전체가 모이기 어려움 |

전문가집단 워크숍의 단계별 절차는 다음과 같다(이복희 외, 2023).

| 표 5-11 | 전문가집단 워크숍의 단계별 절차

| 단계 | | 내용 |
|---|---|---|
| 1단계 | 회의 준비 | • 소집의 목적이 무엇인지를 분명히 함<br>• 목적달성을 위한 과제(Agenda)를 작성함(아젠다 포함할 사항)<br>– 참석자와 그들의 역할<br>– 회의의 목적과 내용, 회의의 결과 활용<br>– 진행의 규칙<br>– 회의의 시간, 장소<br>• 참석자를 선정하고 역할을 나눔<br>– 누가 참여하고 몇 명의 참석자가 필요한가를 결정함<br>– 누가 리더가 될 것인가?<br>– 누가 서기가 될 것인가?<br>• 회의 장소와 도구를 준비함 |
| 2단계 | 회의 시작 | • 집단회의를 시작<br>– 교육전문가 소개, 회의 진행자 및 진행요원 소개<br>– 참석자의 본인 소개<br>– 참석자의 역할, 회의의 목적, 진행규칙, 시간 등 이야기함 |
| 3단계 | 회의 진행 | • 목적을 점검<br>• 개인의 참여를 유도<br>• 토의를 구체적으로 리드함 |
| 4단계 | 회의 종결 | • 추가 검토사항 정리<br>• 감사의 말<br>• 앞으로의 계획 |
| 5단계 | 추후 활동 | |

## 5. 요구 우선순위 결정

요구분석을 마치고 자료분석이 이루어지면 그 결과를 주제별로 분류하여 우선순위를 결정한다. 즉, 우선순위 결정은 요구분석을 통하여 얻게 되는 많은 요구사항을 실시기관의 한정된 자원(시간, 예산 등)과 여건을 고려하여 일정한 기준에 따라 순위를 결정하는 것이다(이복희 외, 2023). 상대적으로 더 중요하고 파급효과가 큰 요구를 중심으로 하여 회의를 통해 우선순위를 결정한다. 실시기관의 활용 가능한 자원과 역량, 그리고 예산이 얼마나 확보되는가에 따라 많은 요구사항 중에서 먼저 개발해야 할 것을 순서대로 위계화시켜 진행해 나가는 작업이 이루어지게 된다(이복희 외, 2023). 우선순위 결정을 위한 단계를 살펴보면 다음과 같다(김용현 외, 2010).

첫째 단계는 우선순위 결정에 참여할 사람을 누구로 할 것인지를 결정한다. 잠재적 프로그램 참여자, 프로그램 참여자의 상급자, 프로그램 실시기관의 관리자, 경영자 등을 중심으로 결정한다.

둘째 단계는 우선순위 결정을 위한 평가준거를 개발하고 결정한다. 아래의 준거 중에서 선택하여 결정할 수 있다.

| 표 5-12 | **우선순위 결정을 위한 평가준거**

| 구분 | 내용 |
|---|---|
| 준거1. 중요도 | • 가장 시급한 것(6개월 이내에 해결되어야만 하는)<br>• 매우 중요한 것(1년 안에 해결되어야만 하는)<br>• 중단기적으로 해결되어야 하는 것(2~3년 차 안에 해결되어야만 하는)<br>• 장기적으로 해결되어야 하는 것(우선순위의 요구가 먼저 해결된 후 시간이나 자원의 여유가 있을 때)<br>• 중요하지 않은 것(다루어질 필요가 없는) |
| 준거2. 난이도 | • 현재의 과제가 잘 수행되고 있는가?<br>• 해당 과제를 수행하는 데 어려움은 없는가? |
| 준거3. 빈도 | • 해당 과제나 아이디어를 자주 수행하는가? 혹은 가끔 하는가? |
| 준거4. 교육참여도 | • 교육대상자의 역할과 직무를 수행하는 데 해당 과제와 관련된 교육을 받으면 직무의 성공도가 높으리라 생각되는가? |

이 외에도 어떤 특정한 요구에 대하여 누가, 그리고 몇 명의 사람이 혜택을 입을 것인지에 대한 정도(수혜성), 어떠한 요구를 채택했을 때 미치는 영향력의 정도(파급효과), 현재 상태와 미래의 바람직한 수준의 불일치나 차이의 정도(지식, 기술, 성과의 기여도), 어떠한 요구가 조직의 목표 달성과 생산성 향상에 기여할 것

인가에 대한 정도(조직의 목표와 생산성 기여도), 어떠한 요구가 지역사회의 중요한 이슈를 담아내고 있는가에 대한 정도(지역사회 기여도), 요구와 관련된 양질 자원의 유용성 정도(자원의 질과 유용성), 요구를 소홀히 다루었을 때의 결과를 고려(리스크 사정), 요구에 따른 변화에 얼마큼 헌신할 수 있을 것인가에 대한 정도(변화에 대한 헌신도), 조직 및 지역사회의 가치와 국가, 국제적으로 그리고 공공의 기대에 부합 혹은 반대되는지(환경적 요소) 등 우선순위 결정 시에 고려되는 사항이다(김한별 외, 2010; Caffarella, 2002).

셋째 단계는 평가준거에 따라 우선순위 차트에 아이디어를 기록한다. 우선순위 차트는 우선순위 결정에 참여한 개인의 수에 의해 우선순위를 결정할 때 매우 유용하게 사용된다.

넷째 단계는 각각의 아이디어에 대한 우선순위의 점수를 합산하여 그중에서 가장 높은 점수대의 아이디어를 채택한다.

요구분석 정보가 어떻게 활용되느냐는 요구분석의 목적에 따라 다르다. 지금까지의 요구분석 단계를 하나의 체크리스트로 제시하면 다음과 같다(최돈민 외, 1999).

**| 표 5-13 | 요구분석 설계와 평가 체크리스트**

| 단계 | 목표 |
|---|---|
| 준비 | • 요구분석 대상자, 학습자, 대상자 집단을 확인, 기술한다.<br>• 요구분석의 목적을 명료화한다.<br>– 진술된 목적<br>– 진술되지 않은 목적<br>– 방어 가능성<br>• 요구분석의 범주와 영역을 설정한다.<br>• 요구분석에 참여할 사람을 결정한다.<br>• 필요한 정치적 활력을 계발, 유지한다.<br>– 핵심집단과 개인을 참여시킨다.<br>– 지속적인 의사소통<br>– 적정 의정서를 만들어서 이를 준수한다.<br>• 정보요구를 확인, 기술한다.<br>– 설정 |

| | |
|---|---|
| | – 프로그램 변인<br>– 비용 변인<br>– 철학적, 개념적 얼개<br>– 통제되어야 할 결과 변인 |
| 정보수집 | • 유관 정보원을 결정한다.<br>• 표지 계획을 결정한다.<br>• 정보수집 절차와 도구를 개발, 선정한다.<br>• 실행계획을 구체화한다.<br>• 확인, 집계 계획을 구체화한다.<br>• 확인, 집계 절차를 실행에 옮긴다.<br>• 정보를 철하여 저장한다. |
| 요구분석 | • 지금까지 수집된 모든 배경 정보를 검토하고, 갱신한다.<br>– 문제와 관심사<br>– 변화하는 여건<br>– 새로운 발전<br>• 정보 기반을 관련 집단과 함께 검토한다.<br>• 정보 유형에 의하여 알려진 대로 기술적(통계적) 분석을 실시한다.<br>• 가용 정보를 평가한다.<br>– 기술적 적절성<br>– 내용적 적절성<br>– 분석 계획 재검토<br>• 분석 계획을 실행에 옮긴다.<br>– 분석할 정보 유형을 구체화한다.<br>– 분석 목적을 구체화한다.<br>– 가정을 확인한다.<br>– 분석 기법을 선정하여 실행에 옮긴다.<br>– 결과를 논의하고, 결론을 도출한다. |
| 요구분석<br>결과보고 | • 보고 계획을 검토, 평가한다.<br>• 제출할 보고서의 체제를 설정한다.<br>– 대상<br>– 목적<br>– 내용<br>– 형식<br>– 매체<br>• 보고 절차를 실행에 옮긴다. |
| 요구분석<br>결과활용 | • 요구분석 결과를 검토한다.<br>• 가능한 인과관계를 설정한다.<br>• 결과와 목표를 확인한다.<br>• 대안적 전략을 확인한다.<br>• 자원을 확인한다. |

| | |
|---|---|
| | • 자원/배분, 인과관계, 실현 가능성 등에 기초하여 기존의 요구에 따라 프로그램을 설계한다.<br>• 프로그램 평가를 설계한다. |
| 요구분석 평가 | • 활용 기준<br>– 대상자 확인<br>– 평가자 신뢰성<br>– 정보범주와 선택<br>– 가치 해석<br>– 보고의 명료성<br>– 보고의 확신<br>– 보고의 시의성<br>– 평가의 영향<br>• 실현 가능성 기준<br>– 실제적 절차<br>– 정치적 활력<br>– 비용 효과성<br>• 적절성 기준<br>– 형식적 의무<br>– 이해갈등 통제<br>– 완전하고 솔직한 발표<br>– 공민의 알 권리<br>– 인권<br>– 인간 상호작용<br>– 균형 있는 보고<br>– 재정적 책임<br>• 정확성 기준<br>– 목표 확인<br>– 상황 분석<br>– 서술된 목적과 절차<br>– 방어 가능한 정보 원천<br>– 타당한 측정<br>– 신뢰하는 측정<br>– 체계적인 데이터 통제<br>– 양적 정보 분석<br>– 질적 정보 분석<br>– 정당화된 결론<br>– 객관적인 보고 |

Chapter

06

# 청소년프로그램 목적 및 목표

## 1. 목적과 목표 개념

설계의 첫 단계는 프로그램의 목표를 설정하고 기술하는 것으로 프로그램을 개발하는 과정에서 가장 중요한 일을 꼽으라면 목적과 목표를 규명하는 것이다. 프로그램 목적과 목표를 명확하게 설정하는 과정은 매우 중요하며 프로그램 개발의 모든 과정이 어느 방향으로 수렴될지를 알려주는 지표가 된다. 따라서 프로그램 목적과 목표설정은 프로그램 개발에 있어서 가장 핵심이 되는 부분이다. 명료하게 진술된 목표를 통해서 프로그램 개발 의도와 프로그램이 추구하는 바가 무엇인지를 청소년을 비롯한 모든 관련자에게 확인하게 된다. 주로 교육프로그램의 시작과 함께 제시되는 일반적 목적은 기관의 장기적 교육 방향과 지향점을 알려준다.

목표라는 용어에 대해 영어로 그 어원을 찾아보면 프로그램 목적(Program goal), 프로그램 목표(Program purpose), 활동목표(Activity objectives) 등의 단어들로 서로 유사하면서도 조금씩 다른 의미가 있다.

프로그램 목적(Program goal)은 기관에서 사용하는 것으로 주로 사회적 활동이 지향하는 포괄적이고, 일반적이며 궁극적인 목적을 의미하며, 프로그램 목표(Program purpose)는 프로그램의 수준에서 프로그램의 직접적인 의도나 목표가 무엇인지를 명시해 놓은 것을 뜻한다. 그런 의미에서 이를 프로그램 목적이라 칭하기도 한다. 한편, 활동목표(Activity objectives)는 세부적인 교육활동의 수준에서 청소년이 일정한 기간에 성취 또는 달성해야 하는 과업을 의미한다.

**| 그림 6-1 | 수준별 목적 및 목표의 내용**

프로그램 목표는 보통 청소년기관이나 조직의 설립 이념, 사명, 비전 및 정책에서 도출된다. 조직 차원에서 추구하는 프로그램 목적에는 참여자 개인의 지식과 행동, 태도의 변화뿐 아니라 대개 조직의 생산성 강화와 경쟁력 향상이 포함된다. 그리고 프로그램 목표는 청소년에게 일어난 결과를 측정하기 위한 더욱 구체적인 행동 목표로 세분될 수 있다. 즉, 프로그램이 궁극적으로 추구하고자 하는 바를 나타내고 정책적 이념이나 조직의 비전이 반영되며, 프로그램의 구체적인 목표로 세분될 수 있어야 한다(신용주, 2022). 한편, 프로그램 목표는 정해진 프로그램 실행 기간에 교육프로그램이 추구하는 청소년의 구체적인 지식(인지), 정서, 기능, 행동, 태도, 가치 등의 변화된 결과라 할 수 있다. 만약 목표를 규명하고 설정하는 것이 적절하게 이루어지지 못하면 아무리 훌륭한 프로그램이 개발되었다 할지라도 그 어떤 기관이나 청소년들의 요구를 충족시켜 주지 못할 것이다. 아울러 명확한 목표가 없다면 프로그램 개발자는 존재하지도 않은 요구에 대한 교육적 해결책을 계획하는 위험을 초래하게 된다(권진하 외, 2022). 요구조사를 통해 수집 및 분석된 요구는 프로그램의 목표를 전환하며, 프로그램의 목표는 결과를 가시화하고 평가기준을 제시한다. 따라서 그 목표가 분명하고 정교할 때 효과적인 교육 결과를 얻을 수 있다(기영화, 2001). 또한 추후 프로그램을 완성해서 진행할 시 프로그램을 가르치고 진행하는 교수자 역시도 목표에 확신을 가지지 못한 채 프로그램을 진행함으로써 의도치 않았던 프로그램의 결과를 초래하게 될 수도 있다. 따라서 프로그램 목표가 바로 세워지지 않으면 프로그램에 중심점이 없으므로 프로그램 개발자와 교육대상자 모두 혼란을 가져올 수 있다(권진하 외, 2022).

카파렐라(Caffarella)는 프로그램 목적(program goal)과 프로그램 목표(program objective)를 다음과 같이 분류하여 설명하였다. 프로그램 목적은 주로 교육프로그램에서 제시하는 목적 및 의도에 대한 일반적인 서술을 의미하지만, 프로그램 목표는 교육프로그램 실행으로 인한 성취가 기대되는 결과의 명료한 서술이라고 하였다. 즉, 목적은 프로그램의 전반적인 개발 의도를 의미하며, 목표는 프로그램의 실행으로 얻어질 구체적 결과를 말하는 것이다(Caffarella, 2002).

프로그램 목표는 특정한 시점에 청소년기관이 개발한 프로그램이 추구하는 교육적 결과라고 할 수 있다. 따라서 프로그램 목표에는 바라는 결과가 명시되어 있으며, 대개 직접 측정 및 관찰이 가능하고 결과를 얻기까지의 시간 및 평가 기준이 명시된다. 교육 요구가 프로그램 목표에 반영될 수 있을 것에 관한 결정은 프로그램 개발자와 교육대상자가 임의로 할 수 있는 것이 아니다. 바람직한 프로그램 목표를 수립하기 위해서 교육 요구분석을 토대로 인적자원이나 환경 여건은 물론 비용과 재정자원, 잠재적 참여자 특성, 제도, 정책 등 다양한 요소를 고려하여 실행할 수 있는 목표를 설정해야 한다. 또한 설정한 목표가 상위 기관이나 사회 정책의 목표와 일치하는지, 세분된 프로그램이 하나의 큰 프로그램으로 통합될 수 있는지도 확인하는 것이 좋다.

프로그램 목표를 설정할 때 다음 사항을 고려하여 목표를 정해야 하는데, 우선 요구분석 결과를 철저히 반영하고 교육대상자의 관심을 파악한다. 그리고 청소년의 주요 관심사가 무엇인지를 파악하여 프로그램에 적극 반영하고 마지막으로 주어진 프로그램의 기간에 따라 다르게 설계하며 다른 프로그램과의 관계도 고려한다(이복희 외, 2023).

목표의 역할은 프로그램의 전체적인 방향성과 프로그램의 종료 시 프로그램이 실제로 효과가 있는지 없는지에 대한 평가를 하는 기준이 된다. 구체적인 내용을 살펴보면 다음과 같다(김용현 외, 2010).

첫째, 프로그램 개발에서 목표 다음에 나오는 여러 가지 다양한 요소들의 방향을 제시해 준다.

둘째, 프로그램이 지향하는 방향을 명확히 할 수 있도록 도와주기 때문에 프로그램이 초점을 가지고 진행할 수 있게 해준다.

셋째, 프로그램 종료 후 나오게 되는 결과에 대한 의사소통과 합의를 용이하게 해준다.

넷째, 결정적으로 프로그램을 통해 의도한 결과가 성취되었는가를 결정하게 해준다.

다섯째, 프로그램의 일관성을 가지게 한다.

| 표 6-1 | 목적과 목표의 공통점과 차이점

| 구분 | 목적 | 목표 |
|---|---|---|
| 차이점 | • 목적은 목표보다 상위의 개념<br>• 추상적, 일반적인 내용 진술<br>• 기관의 사명이나 비전과 관련 | • 목표는 목적보다 하위의 개념<br>• 구체적, 명확하게 서술<br>• 사명을 실현하는 정책과 관련 |
| 공통점 | 문제분석과 대상자 선정 등의 과정을 거치면서 만들어 낸 아이디어를 구체화하기 위한 수단이 되고 실행의 방향성을 제공하며, 추후 평가의 기준이 된다는 점 | |

출처: 신덕상 외. (2024). 사회복지 프로그램 개발과 프로포절 작성의 실제. 서울: 동문사. 재구성.

## 2. 목적과 목표 기능

### 1) 목적의 기능

프로그램 목적(Program goal)은 해당 교육기관의 이념을 대외적으로 드러냄으로써 청소년기관의 설립 근거와 정체성을 명확히 해주는 기능을 가진다. 또 그

기관에 소속된 모든 구성원에게 하나의 방향을 제시함으로써 적극적으로 각자의 역할을 수행할 수 있도록 묶어주는 방향키의 기능을 수행하기도 한다. 이처럼 프로그램의 모든 과정은 목표에 제시된 방향으로 수행되며, 방향으로는 민주사회의 건설, 공공의 복지와 같은 이념을 설정하게 되지만 이는 한 국가의 사회구성원으로서 이념을 수행할 수 있는 이상적 인간을 형성하는 것으로 귀결된다.

따라서 프로그램 목적에서는 청소년이 경험하게 될 프로그램의 포괄적인 내용이 진술되어야 하며 프로그램에 참여한 청소년이 프로그램 종료 후 변화될 궁극적인 기대효과를 진술해야 한다.

### 2) 목표의 기능

프로그램 목표(Program purpose)는 프로그램이 의도하는 바를 구체적으로 명시해 줌으로써 교육 참여자나 프로그램 운영자에게 교육의 정체성을 갖게 하는 근거를 제공한다. 그런 의미에서 프로그램 목표라고 하기도 하며, 이는 해당 프로그램의 방향과 정체성을 보여 주는 기능을 수행한다.

프로그램 목표의 진술은 다음과 같이 네 개의 요소를 포함하여야 한다. 첫째, "상황"은 청소년이 처해 있는 상황이나 청소년의 현재 상태를 명시하며, 둘째, "대상"은 프로그램의 참여자를 제시하고, 셋째, "내용"은 청소년이 경험하게 될 프로그램의 포괄적인 내용을 명시한다. 마지막으로 "의도"는 프로그램에 참여한 청소년이 프로그램 종료 후 변화될 궁극적인 기대효과를 명시한다(예, [어떠한 상황에] 있는 OO[대상]에게 [무슨: 내용] 프로그램을 제공함으로써 [무엇: 직접적 결과]을 향상시켜 [무엇: 기대효과]하도록 하는 데 프로그램의 목적이 있다(김창현 외, 2024)).

### 3) 활동목표의 기능

활동목표(Activity objectives)는 프로그램에 참여한 청소년들이 활동의 결과 얻게 되는 변화된 지식, 흥미, 태도 등을 표현한 것으로 다음과 같은 기능을 갖는다.

첫째, 교육의 내용, 방법, 방향을 규정해 주는 기능을 수행한다.

둘째, 목적의 달성을 위해 계획되어야 하는 활동경험의 범주를 선정해 주는 기능을 수행한다.

셋째, 청소년들의 활동을 촉진하는 기능을 한다. 무엇을 활동해야 하는지 목표가 정확할 때, 활동동기가 분명해질 수 있으며 활동효과도 크기 때문이다.

넷째, 평가의 객관적 준거가 된다. 활동목표는 평가의 방향, 내용, 결과 해석의 준거가 된다.

## 3. 목적과 목표 설정

프로그램 목적과 목표는 약간의 차이가 있기는 하지만 대부분 현장에서는 이를 혼용하거나 이 중 한 가지만을 선택하여 기관이나 사회적 측면에서의 교육목적을 기술하고, 청소년의 측면에서 도달해야 할 활동목표로 나누어 기술하는 것이 보편적이다.

### 1) 목적의 설정

프로그램 목적(Program goal)을 설정하기 위해서는 다음 몇 가지 사실에 근거하여 프로그램의 의도가 무엇인지를 명시할 필요가 있다. 즉, 교육에 참여하는 개인 청소년의 요구, 청소년기관의 요구, 사회적 요구나 철학적 이념이 고려되어야 한다.

첫째, 교육대상자의 상황과 교양, 건강 혹은 직업적 요구 등과 같은 개인적 요구가 반영되어야 한다.

둘째, 청소년기관의 목적이나 이념들이 반영되어야 한다.

셋째, 사회의 질서나 국가발전을 위해 필요한 사항들이 반영되어야 하며 사회가 지향하는 정치적 이념이나 철학 등도 고려되어야 한다.

## 2) 목표의 설정

프로그램 목표(Program purpose)는 정해진 기간 전체 프로그램이 지향해 나가는 교육적 결과를 의미한다. 프로그램 목표는 즉시 시행해야 하는 구체적인 무엇을 제공해 준다. 따라서 청소년들의 어떤 행동을 개발할 것인가에 초점을 둔다. 프로그램 개발을 지도, 안내하고 전체 프로그램의 목적과 다양한 활동 간에 균형을 이루도록 한다. 이와 함께 프로그램 평가기준을 제시해야 한다.

## 3) 활동목표의 설정

활동목표(Activity objectives)는 주로 청소년의 입장에서 성취해야 할 목표를 설정하는 것으로 청소년의 인지적, 정의적, 신체적 영역이 골고루 발달할 수 있도록 해야 한다. 각 활동목표의 영역별 특성에는 다음과 같은 요소들이 포함되어야 한다.

첫째, 인지적 영역(cognitive domain)은 지식, 이해력, 적용력, 분석, 종합, 평가가 포함된다.

둘째, 정의적 영역(affective domain)은 수용, 반응, 가치화, 조직화, 인격화가 포함된다.

셋째, 신체적 영역(psycho-motor domain)은 반사능력, 지각능력, 초보적 기초운동, 신체적 운동능력, 숙련된 운동기능, 동작적 의사소통 등이 포함된다.

## 4. 목표의 기술원칙

### 1) 프로그램 목표의 기술원칙

프로그램 목표의 기술은 프로그램 참여자인 청소년들에게 구체적으로 어떤 프로그램을 제공할 것인지, 또 궁극적으로 달성하려는 프로그램의 결과가 무엇인지가 명확히 제시되어야 한다. 프로그램의 목표를 수립할 때는 인적자원과 관련된 인적 요소, 환경 및 상황과 관련된 환경 요소, 투입 비용 등 여러 가지 요소들을 고려하여 결정하게 된다. 인적 요소는 동원 가능한 인적자원이 보유하고 있는 전문적 지식이나 기술을 구체적으로 파악할 필요가 있다. 가능하면 관련 분야에 대한 풍부한 경험이나 뛰어난 능력을 갖춘 인력을 활용하는 것이 바람직하다. 또한 환경 요소는 지역사회 내의 여러 기관과 청소년 및 관련자들 등 프로그램에 관련된 다양한 상황 맥락에 대한 분석이 포함된다. 아울러 시설, 설비, 과업, 직무 특성 및 의사소통 체계도 함께 고려되어야 한다. 그리고 비용 요소에서는 프로그램에 투입 가능한 시간, 재정, 인력 등을 총체적으로 고려하여야 하며, 초과 비용에 대한 대안도 함께 준비되어야 한다(신용주, 2022).

특정 교육 요구가 프로그램 목표로 전환되기 위한 기준은 파급효과가 많은 사람에게 미치는 영향 정도와 조직의 목표 달성에 공헌하는 정도, 목표의 즉각적인 달성, 다른 요구에 긍정적 또는 부정적인 영향을 미치는 영향력, 그리고 현재 상태와 요구되는 상태 사이의 요구수준, 프로그램 실현으로 미치는 교육적 효능, 마지막으로 요구 실현에 필요한 인적, 물적, 재정 등을 제시할 수 있다(기영화, 2001). 프로그램 목표를 우리말로 진술하는 데는 상황·대상·내용·의도 등 네 가지 요소가 포함된다(김진화, 2011). 상황은 참여자가 처해 있는 상황이나 현재 상태를, 대상은 프로그램의 참여자를, 내용은 참여자가 경험하게 될 프로그램의 내용을, 그리고 의도는 참여자가 프로그램 종료 후 성취할 궁극적인 기대 효과를 각각 명시한다(곽진현, 2012). 신용주(2022)는 프로그램 목표를 올바르게 설정하기 위해서는 프로그램이 지향하는 바가 무엇인지를 명확하게 인식하여야 하며, 다음 사항들에 대한 고려가 필요하다.

첫째, 프로그램의 정체성과 개발 의도를 분명하게 확인하는 것이다.

둘째, 청소년기관이 속한 지역사회, 잠재적 청소년 참여자를 비롯한 이해당사자 및 타 기관에 대한 사전조사가 필요하다.

셋째, 실현 가능한 요구를 선정한 후 이에 기초하여 구체적인 프로그램 목표를 진술한다.

넷째, 정부와 지방자치단체, 민간 및 자원단체 등 다양한 주체와의 협력관계를 강화하는 동시에 타 청소년기관의 제공 상황을 파악하고 경쟁을 통해 함께 성장하는 것을 모색할 수 있다.

다섯째, 프로그램의 운영과 유지를 결정짓게 될 재정자원 및 인적자원의 확보 방안에 대한 정확한 검토를 토대로 목표를 설정하는 것이다.

여섯째, 프로그램의 적절한 규모와 범위 및 기간을 결정한다.

일곱째, 프로그램의 정당성 확보를 위한 지역 친화형 프로그램의 개발 가능성을 타진해 본다.

여덟째, 구체적 성과가 가능하도록 프로그램 목표를 설정하고 그 성과를 홍보에 활용할 계획을 세운다.

프로그램 결과가 기대되는 행동이 목표로 기술되면 목표가 분명할 때 효과적인 결과를 얻을 수 있다. 구체적이고 효과적인 목표를 설정하기 위해서는 기본적인 다섯 가지 원리를 제시하고자 한다. 다음과 같은 질문을 통해 진술될 수 있다(권진하 외, 2022).

첫째, 구체적인가는 '나는 무엇을 하고 싶은가?'의 질문을 통해 설정 가능여부를 확인할 수 있다.

둘째, 측정 가능한가는 '현재 목표를 달성해야만 하는 상황은 무엇인가?'라는 질문을 통해 점검할 수 있다.

셋째, 도전적인가는 '목표 달성 시 구체적인 증거는 무엇인가?'라는 질문을 통해 확인된다.

넷째, 현실적으로 실현 가능한가는 '목표를 달성했을 때 일어날 수 있는 것은?'이라는 질문을 통해 점검할 수 있다.

다섯째, 달성 시한이 정해진 목표인가는 '목표를 달성하지 못했을 때 일어날 수 있는 것들은?'이라는 질문을 통해 점검할 수 있다.

목표를 설정하는 기준으로 SMART 원칙이 널리 알려져 있다. 목표를 세울 때 구체적이고(Specific), 측정가능하며(Measurable), 행동지향적이어야 하고(Action-Oriented), 현실적이면서(Realistic), 목표 달성 시기가 분명(Timely)한 것을 의미하며, 이러한 영어의 앞 글자를 따서 SMART 원칙이라고 하는 것이다.

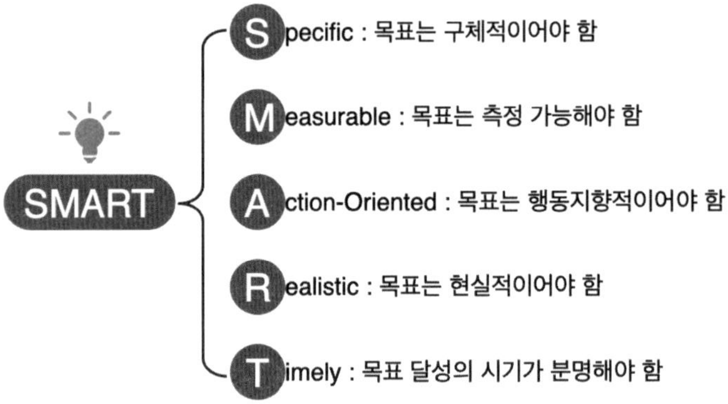


| 그림 6-2 | **목표설정 SMART 원리**

이러한 이상적인 목표설정도 좋지만, 목표를 효과적으로 설정하기 위해서는 다음과 같은 기준을 참고하는 것이 좋다(김종명 외, 2014).

첫째, 목표와 책임성을 명확히 하고 논리적으로 관련이 되어야 한다. 프로그램 목표는 위로는 프로그램의 목적과 기관의 설립 목적과 연계되어야 하며, 아래로는 서비스의 목표나 구체적인 프로그램 수행활동의 지침이 되어야 한다는 것이 논리적 연계성이다. 책임성이란 프로그램의 예산 투입에 따른 목표 달성과 예산의 효율적 사용에 대한 기관의 책임 있는 자세를 말한다. 따라서 이러한 책임성을 입증할 수 있도록 목표를 세워야 한다.

둘째, 목표의 구체성과 현실성을 고려한 성과목표를 포함한다. 목표 달성의 결과를 측정하고 평가할 수 있도록 목표를 구체적으로 표현하고 실제 서비스 이용자 입장에서 변화를 표현할 수 있는 형태로 목표가 진술되어야 한다. 그래서 프로포절 양식에서는 산출목표뿐 아니라 성과목표까지도 작성하도록 요구하는 것이다.

셋째, 성취기준을 측정할 수 있도록 설정되어야 한다. 목표는 측정의 대상이 되어야 하므로 반드시 현실적으로 서비스 이용자 집단의 욕구충족이나 문제해결의 방향으로 성취할 수 있는 수준에서 결정하는 것이 중요하다. 성취가 가능하려면 서비스 이용자의 동기 수준과 문제와 관련한 기능 수준 등을 사정하고 이를 바탕으로 목표수준을 세워야 한다.

넷째, 단 하나의 명확한 평가기준을 내포하도록 설정한다. 여러 개의 평가준거를 갖거나 불분명한 평가준거를 가지고 있으면 안 된다. 만일 목표에 여러 개의 평가준거를 포함하게 되면 나중에 평가하면서 어느 준거에 의하면 목표 달성이 되고 또 다른 준거에 의하면 목표 달성이 되지 않는 모순적인 상황에 처할 수 있다. 그래서 하나의 명확한 평가기준을 포함하도록 목표를 세우는 것이 바람직하다.

다섯째, 목표는 시간적인 기준이 있어야 한다. 시간적 기준은 가급적 연, 월, 일을 포함하는 구체적인 날짜로 기술해야 한다.

여섯째, 지나치게 어렵거나 쉬운 목표는 바람직하지 않다. 지나치게 어려운 목표는 거부감을 갖게 하고 반대로 지나치게 쉬운 목표는 동기유발의 효과가 없을 수 있다. 청소년 활동시설과 청소년지도자들이 감당할 수 있는 수준에서 목표를 수립하는 것이 좋다.

### 2) 활동목표의 기술원칙

활동목표는 청소년 개개인의 특별한 학습활동을 위한 세부적인 행동결과를 의미한다. 실제적인 프로그램이 실행되는 현장에서 한층 구체화하여 관찰할 수 있는 내용이어야 한다. 직접 눈으로 인정할 수 없는 활동목표는 활동에 있어서 명확한 방향 제시를 할 수 없기 때문에 현장의 목표로서는 부적당하다(권진하 외, 2022). 청소년에게 수행의 필요조건과 평가기준을 제시해 줌으로써 활동에 성공할 수 있도록 그 준거를 제시해 주는 것이다. 활동목표를 진술할 때는 구체적인 행동용어로 기술하고 목적한 행동 변화를 가져오기 위해서는 어느 정도의 소요시간이 필요한지, 그 기간이나 시간적 빈도 등과 같은 시간 조정이 포함되어야 한다. 또한 다른 목표와의 조화를 유지하며 활동목표에 평가를 위한 기준이 마련되도록 하여야 한다. 다음은 활동목표를 기술할 때 프로그램 개발자가 유의해야 할 사항이다(한국산업인력공단, 2016a).

첫째, 청소년지도자는 청소년의 현재 지식이나 상태가 어떠한지 분석한 후 활동목표를 설정한다.

둘째, 활동목표를 작은 요소들로 나누고, 쉬운 목표부터 이루어 나갈 수 있도록 배열하는 것이 바람직하다.

셋째, 활동목표는 단순하게 기술에만 그치는 것이 아니라 활동내용으로 연결해야 한다.

활동목표에는 최종활동목표와 중간활동목표가 있다. 최종활동목표(Terminal Activity Objectives)는 어느 한 프로그램을 통하여 청소년이 도달해야 하는 목표를 말하며, 중간활동목표(Intermediate Activity Objectives)는 최종활동목표를 달성하기 위해 미리 달성해야 하는 선행목표를 말한다.

또한 활동목표를 진술하는 절차는 다음과 같이 제시하고자 한다(김창현 외, 2024).

첫째, 가장 적당한 진술방식을 결정하고, 사용하기로 결정한 진술방식에 필요한 기본요건이 무엇인가를 확인한다.

둘째, 진술문(활동목표)의 주어는 반드시 청소년이 주어가 되도록 진술하여야 한다.

셋째, 도달점 행동으로 진술하며, 일반적 목표는 예외로 하고 명세적 목표는 반드시 동작동사로 사용하여 "OO할 수 있다"라고 진술하고 정의적 영역의 목표는 "OO하려고 한다" 또는 "OO하고 있다"로 표현하여야 한다.

넷째, 도달점 행동이 나타나는 조건을 명시하고, 학습결과로 획득된 행동이 나타나는 조건 또는 상황을 명시한다. 그리고 도달점 행동이 표현되는 수단에 해당하는 보조동사도 명시하여야 한다.

다섯째, 도달점 행동의 수행수준을 명시한다. 도달점 행동의 수행수준은 학습결과로 획득된 행동이 행동의 양과 질을 판단하는 준거를 의미한다.

### (1) 블룸의 분류법

활동목표는 구체적인 언어로 실제 이루어질 수 있는 행동적 언어로 표현되는 것이 바람직하다. 따라서 활동목표를 진술하는 데 있어 교육내용에 따라 어떠한 행위동사를 사용할 것인가를 결정하는 것은 매우 중요하다(한국산업인력공단, 2016a). 블룸(Bloom)은 교육목표를 '교육에 의하여 학생들이 변화되어야 한다고 기대되는 방향, 즉 그들에게 기대되는 그들의 사고, 감정, 행동의 변화 방향을 분명하고 간결하게 서술한 것'이라고 정의하면서, 교육목표를 효율적으로 그리고 계획성 있게 운영하려면 먼저 교육목표와 단원의 중요한 교육목표를 분명히 규정하는 것이 중요하다고 강조한다(Bloom et al., 1956). 블룸은 활동목표를 구성하는 가장 핵심적인 두 요소를 '내용'과 '행동'로 보았다. 즉 평가대상을 '내용'과 '행동'의 차원에서 그 성격을 분명히 하고 종합화하는 기능을 한다. 내용요소는 청소년들이 경험한 내용을 적절한 기준에 의하여 분류하는 일이며, 행동요소는 인지적, 정의적, 신체운동적으로 분류하였다. 각 영역과 그 하위 영역을 소개하면 다음과 같다(최혜은, 2022).

첫째, 인지적 영역(cognitive domain)은 복잡성의 원칙에 따라 단순한 행동으로부터 복잡한 행동으로 위계 단계에 의하여 분류하였다. 하위영역은 지식, 이해, 적용, 분석, 종합, 평가로 이루어지는데, 지식과 이해는 기초정신과정에 속하고 나머지는 고등정신과정에 속한다. 이 분류 영역에서 평가가 가장 고차적 능력이므로 청소년 스스로 평가 주체가 되어 평가할 기회를 제공할 필요가 있다.

둘째, 정의적 영역(affective domain)은 내면화 정도, 정의적 영역의 활동목표가 달성된 정도를 기준으로 수용, 반응, 가치화, 조직화, 인격화 등으로 분류된다. 평가에 있어서 일반적으로 협동성, 책임감, 준법성, 사회성, 자아개념, 태도 등이 변화되거나 취득된 정도를 평가한다. 학교생활기록부에 기록하는 행동발달 평가는 정의적 영역의 평가를 가장 잘 나타내는 형태이다.

셋째, 신체운동적 영역(physicalmotor domain)은 반사동작, 기본동작, 지각능력, 신체기능, 숙련된 조작, 비언어적 의사소통 등으로 분류된다. 이 영역의 평가는 손, 발, 다리, 어깨 등과 같은 신체를 움직여서 성취할 수 있는 활동목표 달성여부와 그 수준을 확인하는 평가를 의미한다.

**| 표 6-2 | 활동목표의 진술을 위한 행위동사**

| 행동영역 | 하위영역 | 교육적 행위동사 |
|---|---|---|
| 인지적 행동 (cognitive domain) | 지식 | 정의한다., 구별한다., 확인한다., 인지한다., 열거한다., 설명한다., 묘사한다., 진술한다., 목록을 만든다. |
| | 이해력 | 계산한다., 토의한다., 식별한다., 예를 든다., 푼다., 변화한다., 예시한다., 표현한다., 구별한다., 변혁한다. |
| | 적응력 | 추론한다., 응용한다., 일반화한다., 관련시킨다., 조직한다. |
| | 분석 | 구별한다., 탐색한다., 확인한다., 분류한다., 인지한다., 유목화한다., 환원시킨다., 대비한다., 비교한다., 식별한다. |
| | 종합 | 쓸 수 있다., 설명할 수 있다., 생산한다., 구상한다., 창안한다., 종합한다., 제안한다., 계획한다., 구체화한다. |
| | 평가 | 평가할 수 있다., 판단할 수 있다. |

| 행동영역 | 하위영역 | 교육적 행위동사 |
|---|---|---|
| 정의적 행동 (affective domain) | 수용 | 경청한다., 참가한다., 완성하다., 선택할 수 있다. |
| | 반응 | 거부한다., 반항한다., 투쟁한다., 논쟁한다. |
| | 가치화 | 깨닫다., 의미를 부여하다. |
| | 조직화 | 논의한다., 이론화한다., 비교한다., 구성한다., 정의한다. |
| | 인격화 | 개선한다., 변화시킨다., 요구한다., 타인으로부터 인정받다 |
| 신체운동적 행동 (physicalmotor domain) | 반사운동 | 반응하다. |
| | 기본운동 | 달리다., 뛰다. |
| | 지각능력 | 응답한다. |
| | 신체적 능력 | 구멍을 파다., 묶다., 고정시킨다., 갈다., 칠하다., 깎다. |
| | 숙련된 조작 | 조립하다., 측정하다., 연결한다., 조립한다., 설계한다., 분해한다., 조작하다., 고치다., 스케치하다., 타이핑하다. |
| | 비언어적 의사소통 | 창작한다., 표현하다. |

출처: 김진화. (2011). 평생교육프로그램 개발론. 파주: 교육과학사. 재구성.

### (2) 메이거의 진술방법

메이거(Mager)는 교수목표에 관한 책을 출판한 이래, 청소년들이 경험을 완성했을 때 무엇을 할 수 있게 되어야만 하는지에 대한 분명하고 정확한 진술의 필요성을 강조함으로써 교육계에 큰 영향을 주었다. 메이거는 학생이 무엇을 할 수 있을 것인지를 강조하기 위해 처음으로 행동목표라는 용어를 사용했다(Mager, 1997). 또한 일부에서는 '행동'이라는 용어 대신에 보다 수용할 수 있는 용어인 수행목표, 학습목표, 교수목표와 같은 용어를 많은 문헌에서 사용하고 있다. 이런 용어들은 행동목표와 동의어로 보며, 학습을 완료한 후, 스스로 할 수 있으리라 기대되는 행동을 기술한 것이라고 정의한다(권진하 외, 2022).

행동목표는 행위, 조건, 기준 등의 세 가지 구성요소를 갖는다. 행위는 청소년이 할 수 있거나 나타내야 하는 수행 행위이며 행위동사(수행 여부를 눈으로 관찰할 수 있고 측정할 수 있는 동사)로 기술한다. 조건은 청소년이 수행 시 주어지는 주위 여건이나 물리적 환경이다. 기준은 청소년의 성취도를 측정하고 평가하는 준거이다(이복희 외, 2023). 메이거는 목표 진술에 있어서 막연성과 그 해석의 다양성을 없애고 수업과 평가에 구체적 지침이 될 수 있도록 하기 위해서 목표 개발의 기준을 제시했다(김성곤, 2002).

첫째, 청소년이 무엇을 할 수 있는지에 관한 기술이다. 이 요소는 행동과 내용, 개념을 모두 포함한다. 프로그램 설계자는 행동을 나타내는 용어가 적합한지를 검토할 필요가 있다.

둘째, 청소년이 과제를 수행하는 동안의 주된 조건들이다. 청소년이 어떤 조건에서 그 성취행동 혹은 기능을 실행할 것인가 하는 것이다. 청소년이 학습하고 나서 보여 줄 성취행동과 대상 청소년의 특성을 고려해서 적합한 조건이 설정되어야 한다. 이 조건의 역할은 대체로 세 가지로 정리할 수 있다. 청소년들이 학습한 정보를 탐색하는 데 사용할 수 있는 단서 내지는 자극의 역할을 하며, 그 성취과제를 수행하기 위해서 필요한 자료를 주게 되고, 그 과제의 범위와 복잡성을 청소년의 경험과 능력에 맞도록 조정해 준다.

셋째, 청소년 수행 정도를 평가할 준거이다. 준거는 청소년의 반응에 대해 어느 정도까지를 성취된 것으로 판단할 것이냐의 문제이다. 준거는 청소년 반응의 허용 한계치를 나타내는 것으로 허용 한계, 범위 등을 말한다. 또한 준거는 정의에 특정 사실을 포함하거나 전문가가 수용할 수 있다고 판단되는 신체적 수행 같은 질적 판단으로 표현될 수도 있다. 준거는 양적인 표현으로 하는 것이 바람직하지만 '운동선수처럼 이런저런 동작을 할 수 있어야 학습된 것으로 보겠다'와 같이 질적으로 표현하기도 한다. 합리적인 준거를 설정하기 위해서는 성취해야 할 과제의 특징을 살펴보아야 한다. 대부분의 지적 기능과 언어적 정보의 과제에 있어서는 하나의 올바른 성취행동만 있다. 행동목표의 구성요소를 포함한 몇 가지 예시는 다음과 같다.

**| 표 6-3 | 행동목표의 구성요소**

| 구성요소 | 설명 | 요소의 예 |
| --- | --- | --- |
| 조건 | 기능이 수행될 때, 청소년이 이용 가능한 도구와 자원의 설명 | • 검색엔진을 사용하여<br>• 암기하여<br>• 강의계획서가 주어졌을 때 |
| 행동 | 행동, 내용, 개념을 포함하는 기능의 설명 | • 연관어를 찾을 수 있다.<br>• 말할 수 있다.<br>• 빈칸을 채울 수 있다. |
| 준거 | 가능한 기능에 대한 설명 | • 가장 높은 검색률을 가진<br>• 매뉴얼의 내용을 정확히<br>• 형식에 맞추어 |

출처: 권진하 외. (2022). 평생교육프로그램 개발. 서울: 동문사.

**| 표 6-4 | 활동목표 기술의 예**

| 조건 | 기준 | 행위 |
| --- | --- | --- |
| 청소년지도자는 직무 매뉴얼을 사용하여 | 청소년활동을 | 체계적으로 지도할 수 있다. |
| 아동폭력의 정의를 질문했을 때 | 정의를 정확히 | 말할 수 있다. |
| 노인 대상 문화예술 수업계획안 작성 시 | 교수설계에 따라 체계적으로 | 강의계획안을 작성할 수 있다. |
| 청소년지도자는 주어진 교육내용을 | 3시간 이내에 모두 | 전달할 수 있다. |

### (3) 가네의 수업이론

가네(Gagne)는 인간학습의 결과로 얻어지는 산출물을 언어정보, 지적기능, 인지전략, 운동기능, 태도 등 다섯 가지로 분류하고, 그 각각의 능력들을 바로 교수활동을 통해 가르쳐야 하는 목표로 보고 있다. 수업형태, 방법 그리고 절차는 수업의 목표가 무엇인가에 따라 달라진다. 그러므로 다섯 가지 다양한 수업목표에 따라 학습조건이 달라질 수밖에 없으며 이러한 이유로 가네의 수업이론을 '목표별 수업이론', '학습조건적 수업모형', '학습위계이론', '과제분석이론'이라고도 한다. 다섯 가지의 학습과정 영역과 그에 맞는 학습과정을 살펴보면 다음과 같다(권진하 외, 2022).

첫째, 언어정보는 정보를 진술하는 것으로 명제적 지식 또는 선언적 지식으로서 어떤 사실 또는 일련의 사건에 대해 구두로 말하거나 글로 진술하는 것을 말한다. 학습의 초기 단계 혹은 특정 학습과제의 초기 단계에 가장 많이 필요로 하는 능력이다. 새로운 학습을 위한 개념망을 부여하고, 청소년이 가지고 있는 현재의 정보와 새로운 학습을 연결 지으며, 청소년의 장기적인 저장기호화(encording)를 효과적으로 촉진하는 데 있다. 또한 이름이나 명칭을 따로 두기보다는 문장에 포함해 학습함으로써 이름, 명칭, 단어가 보다 의미 있는 형태로 바뀐다. 그리고 대상의 실제 물건이나 그것의 시청각적 영상을 함께 제시하여 효과적으로 학습할 수 있도록 한다. 이는 연령이 낮을수록 효과를 볼 수 있는 원리이다. 마지막으로 기억의 재처리에 필요한 단서를 일반화하는 것을 권장한다.

둘째, 지적기능이란 청소년 주변에 있는 환경에 대하여 이를 개념화하여 반응하는 능력을 말한다. 문제해결을 위하여 개념이나 규칙을 활용한다. 방법적 지식 또는 절차적 지식으로서 구어, 읽기, 쓰기, 수의 사용 등과 같이 상징 또는 기호를 사용한다. 가네는 지적기능을 여덟 가지 학습유형으로 나누었으며, 상호 간에 위계적 성격을 띠어 한 형태의 학습이 효과적으로 이루어지기 위해서는 다른 형태의 학습이 선행해서 이루어져야 한다. 지적기능 학습유형은 신호학습, 자극-반응학습, 연쇄학습, 언어연상학습, 변별학습, 개념학습, 원리학습, 문제해결학습 등이다.

셋째, 인지전략은 청소년 개인의 학습, 기억, 사고 행동을 조정하고 통제하는 능력으로 문제에 관한 새로운 해결방안을 모색하는 것이다. 이는 학습방법, 사고방법, 독서방법 등과 같이 독자적으로 개발하고 있는 사고전략으로, 내적으로 조직된 통제과정을 말한다. 학습에 있어서 가장 큰 목표 영역이라 할 수 있다. 학습방법은 비교적 장시간에 걸친 연습을 통해 발달한다. 이런 연습에서 흔히 사용하는 방법은 될수록 많은 아이디어를 인출하도록 자극하고, 아이디어의 적정성을 평가하는 기법을 알려주고, 문제를 전혀 새로운 각도에서 보는 연습을 시키고 적절한 질문을 던지는 연습을 통해 이루어져야 한다.

넷째, 운동기능이란 어떤 일을 수행하기 위한 몸의 움직임을 말한다. 신체적 운동을 유연하고 적절한 계열에 따라 실행하는 것이다. 장기간에 걸친 반복적 연습을 통해 잘 학습된다.

다섯째, 태도란 어떤 대상이나 활동을 선택하는 청소년의 내적, 정신적 경향성을 뜻한다. 정의적 영역의 행동을 총칭해서 지칭하는 능력을 말한다. 태도를 직접적으로 가르치는 방법은 강화의 방법에 의한 것이다. 간접적으로 태도를 가르치는 방법은 대리적인 강화, 즉 관찰학습을 이용하는 것이다. 모범적인 인간에 의한 시범 보이기도 이 원리에 해당한다.

| 표 6-5 | 가네의 학습자 학습된 능력

| 학습된 능력 | 수행 범주 |
| --- | --- |
| 언어정보 | • 정보를 진술하는 것<br>– 학교학습의 초기 단계 혹은 특정 학습과제의 초기 단계에 가장 많이 필요로 하는 능력<br>– 선행조직자의 제공, 이름과 명칭의 기호화, 영상화의 원리, 재생과 일반화 |
| 지적 기능 | • 문제해결을 위하여 개념이나 규칙을 활용<br>– 구체적인 사례를 회상하고, 학습자극에 변별적으로 반응하는 것<br>• 가네는 지적 기능을 8개의 유형으로 위계화함<br>– 유형1: 신호학습<br>– 유형2: 자극-반응학습<br>– 유형3: 연쇄학습<br>– 유형4: 언어연상학습<br>– 유형5: 변별학습<br>– 유형6: 개념학습<br>– 유형7: 원리학습<br>– 유형8: 문제해결학습 |
| 인지전략 | • 문제에 관한 새로운 해결방안을 모색하는 것<br>– 학습자 개인의 학습, 기억, 사고 행동을 조정하고 통제하는 능력 |
| 운동기능 | • 어떤 일을 수행하기 위한 몸의 움직임<br>– 신체적 운동을 유연하고 적절한 계열에 따라 실행하는 것<br>– 신체운동, 지각운동, 심리·운동기능 등 모두가 포함됨<br>– 속도, 정확성, 힘, 유연성 등이 준거가 됨 |
| 태도 | • 어떤 대상이나 활동을 선택하는 학습자의 내적, 정신적 경향성을 뜻함<br>– 정의적 영역의 행동을 총칭해서 지칭하는 능력 |

Chapter

07

# 청소년프로그램 설계

# 1. 프로그램 내용 구성 및 선정

청소년프로그램의 활동목표가 설정되면 이를 수행하기 위한 프로그램 내용 선정이 요구된다. 프로그램 내용 구성 및 선정은 프로그램의 목표를 구체화하는 것이므로 중요한 부분이며 적절한 내용으로 선정해야 한다.

청소년프로그램은 특성상 청소년들의 요구에 맞는 프로그램을 운영하여야 한다. 청소년들의 자발적 참여를 무엇보다 중시하고 있다. 따라서 청소년들이 많은 관심을 보이고, 흥미를 느끼며, 실생활 위주로 진행되는 내용의 프로그램이 주로 개발되어야 할 것이다. 이에 따라 청소년프로그램 개발자는 청소년들의 흥미와 관심도를 조사하고, 학교교과 영역 외의 실생활의 중심축이 되는 프로그램을 개발하여 청소년들의 적극적인 참여를 이끌어 낼 수 있어야 할 것이다.

이와 같은 청소년교육은 학교교육과 달리 몸소 체험적인 내용 위주로 프로그램을 개발하여야 하며, 학교교육과정과 같은 형태를 가져서는 안 될 것이다. 프로그램 내용은 일방적이지 않아야 하며, 하나의 체험이자 학교교육과정의 약점을 보완하는 학습의 연장이 될 수 있도록 해야 한다. 하지만 지나치게 가벼운 내용은 오락에 불과할 수 있으므로, 그 속에는 청소년들의 욕구를 충족시킬 수 있는 체험적이고 교육적인 내용이 반드시 수반되어야 한다. 따라서 청소년프로그램 설계는 창의성과 협동성, 그리고 협력과 도전정신을 기반하여야 한다. 더불어 살아가는 인간관계와 민주시민성 함양, 즉 인성교육의 핵심가치가 바로 청소년프로그램이기에 설계는 그만큼 중요하다는 것이다. 청소년프로그램을 통해 바람직한 자아실현과 청소년들로 하여금 더욱 성숙한 민주시민의 의식을 고취 및 성장시키는 것에 큰 도움이 될 수 있다. 그러므로 프로그램 설계는 성숙한 시민의식과 가치관 및 인격형성에 반드시 투영해야 할 것으로 생각한다(김창현 외, 2024).

### 1) 프로그램 내용 선정의 기본 원칙

프로그램 내용 선정의 기본 원칙으로는 청소년, 기관, 사회적 요구분석 결과를 토대로 해야 하며, 프로그램 내용의 종류와 분량은 청소년집단의 특징에 맞추어 선택하고, 분량은 '적정화의 원칙'에 기초해야 한다. 프로그램 내용 선정 시 고려해야 하는 원칙은 다음과 같다(한국산업인력공단, 2016a).

첫째, 합목적성(목표와의 일관성)의 원칙이다. 프로그램 내용을 선정할 경우에는 반드시 교육목표를 고려해야 한다. 즉, 교육목표에 제시된 개인적, 사회적 요구와 철학적 이념이 구현될 수 있도록 해야 한다.

둘째, 능력 수준과 흥미의 적합성 및 자발성의 원칙이다. 프로그램 내용은 청소년들의 능력과 흥미를 고려하여 선정해야 하며 청소년의 자발적 참여를 끌어내야 한다. 만일 프로그램 내용이 청소년들의 능력이나 흥미에 적절하지 않은 내용이라면 자발적 참여를 유도하지 못할 것이기 때문이다.

셋째, 실용성과 다양성의 원칙이다. 프로그램 내용을 현장에 바로 적용할 수 있도록 실용적인 것으로 구성하는 것이 좋으며 다양한 내용이 포함되도록 하는 것이 좋다.

넷째, 능률성(一目的 多經驗, 一經驗 多目的)의 원칙이다. 활동내용을 선정할 때는 가급적 하나의 목적으로 다양한 경험을 할 수 있도록 하며, 반대로 하나의 경험이 다양한 목적을 충족시킬 수 있는 내용을 선정하는 것이 좋다. 이른바 동시학습이 이루어질 수 있도록 하는 것이 능률적이다.

다섯째, 교육 및 학습 가능성의 원칙이다. 선정된 내용이 아무리 좋더라도 그것은 지도할 수 있어야 하며 동시에 학습 가능한 것이어야 한다. 또 청소년의 입장에서 자기주도적으로 학습을 할 수 있는 내용인지도 확인해야 한다.

### 2) 프로그램 내용 구성 원리

교육이 효과적으로 이루어지려면 학습자의 선행경험과 교육 수준이 고려되어야 한다. 프로그램 내용 편성에서 우선순위를 결정하고 학습자들에게 익숙한 학습자료들을 사용하여 그들의 경험과 지식이 학습과정의 일부가 되게 한다. 프로그램 내용 선정은 융통성을 지님으로써 청소년들의 다양한 요구에 즉각적으로 부응할 수 있도록 해야 한다. 프로그램 내용 선정기준에 대해 야스모토 고지로(安本幸次郎)는 다음과 같은 기준을 제시하였다(이용환, 1983; 安本幸次郎, 辻功, 1980).

① 효과성: 기대되는 학습성과가 어느 정도인지 파악

② 효율성: 주어진 학습여건(학습자의 조건, 예산, 시설·설비의 조건, 학습시기, 학습단계 등) 하에서 최소의 노력으로 최대의 효과 제고

③ 적시성: 학습자의 능력이나 경험에 적절한 내용

④ 긴급성: 사회적 상황이나 지역적 과제에 따른 우선순위

⑤ 중요성: 학습자의 요구와 관계없이 취급될 가치가 있는 내용

⑥ 요구성: 학습자가 요구하는 내용

이러한 기준에 따라 프로그램 내용이 선정되면 선정된 내용을 어떻게 조직하고 편성할 것인가의 문제가 대두된다. 프로그램 내용을 조직하기 위해서는 구성 순위를 결정해야 한다. 이는 교육과정에서 말하는 계열(sequence)에 해당하는 단계로, 학습내용을 어떤 순서로 배열할 것인가는 매우 중요하다. 학습내용의 조직은 교육목적과 목표를 어디에 두느냐에 따라 달라진다. 선행단계에서 이루어진 교육목적을 달성하기 위하여 교육목표는 어느 정도로 할 것이며, 구체적으로 어떤 내용을 구성할 것인가가 결정된다. 교육목표 수준에 도달하기 위해서는 무엇을 알고, 무엇을 할 수 있어야 하며, 어떠한 태도가 필요한지를 결정해야 한다. 이에 따라 세부적인 교육내용과 제목이 결정된다(이해주 외, 2015).

프로그램을 효과적으로 조직하기 위한 일반적인 원칙으로는 학습내용 상호

간에 밀접한 연결을 지으면서, 구체적인 데서 추상적인 것으로, 쉬운 것에서 어려운 것으로, 가까운 곳에서 먼 곳으로 관련지어 구성해야 한다는 것 등이 제시된다(이복희 외, 2023). 프로그램 내용을 구성할 때 고려해야 하는 원칙은 계열성의 원리, 통합성의 원리, 계속성의 원리 등이 기본 원리이다(김진화 외, 2012).

첫째, 계열성(sequence)의 원리는 학습이 계획에 따라 단계적으로 진행되어 학습의 차원이 점차 확장되도록 하는 것을 의미한다. 선정된 학습내용을 그들 간에 존재하는 위계성과 상호관련성에 따라 조직하는 원리를 의미하며, 먼저 학습해야 할 내용, 뒤에 학습해야 할 내용을 이론적 순서와 심리적 인지과정에 따라 조직하는 것이다. 이를테면 주변적인 내용에서 먼 곳의 내용으로 구성하며, 구체적인 것에서 추상적인 내용으로, 쉬운 내용에서 어려운 내용으로, 단순한 내용에서 복잡한 내용으로, 전(前) 학습을 기초로 후(後) 학습이 이루어지도록 조직하여 학습의 깊이와 넓이가 더해 가는 것을 의미한다.

둘째, 통합성(integration)의 원리는 학습자가 경험한 여러 학습경험이 연결 및 통합되어 학습자를 성장시키는 의미 있는 통합적 학습이 되도록 함을 의미한다. 교육내용이 학습자의 경험 속에 의미 있게 횡적으로 통합되도록 조직하는 것을 말한다. 프로그램 계획에서 가장 중요한 것은 프로그램의 목적을 위해 모든 학습내용이 통합되도록 조직하는 일이다. 여러 학습장에서 얻어진 학습경험들이 상호 연결되고 통합됨으로써 보다 효과적인 학습과 성장을 촉진할 수 있어야 한다.

셋째, 계속성(continuity)의 원리는 학습자가 학습내용을 이해하고 학습내용을 통하여 변화하도록 동일한 학습내용이 반복적으로 학습되어야 함을 의미한다. 이는 학습내용에 대한 반복적 학습을 의미한다. 어떤 형태의 평생교육이든 학습자에게 내면화되고 습관화·인격화되기 위해서는 일정 기간 이상의 반복이 필요하다. 학습경험은 같은 내용을 여러 번 반복하여 계속해야 학습효과가 나타난다는 원리에 따라 프로그램을 조직할 때 여러 번 반복하여 계속하도록 한다.

### 3) 학습자의 특성 및 학습내용

#### (1) 학습자의 특성

프로그램을 개발할 때 학습자의 특성과 학습 원리를 고려하여 학습내용을 설계하는 것이 바람직하다(신용주, 2022; Knowles, 1989). 학습자의 일반적 특성은 다음과 같다.

첫째, 자기주도적이다. 구체적이고 직접적인 학습목표를 가지고 스스로 선택하여 학습에 참여한다. 또한 자신의 목표와 경험을 바탕으로 확고한 가치를 가지고 자기주도적으로 학습에 참여한다.

둘째, 문제해결 지향적이다. 학습 동기는 대개 문제해결과 같은 실용적인 목표가 있을 때 유발되며, 행동지향적으로 참여한다.

셋째, 수행할 수 있는 수준의 활동에 흥미를 느낀다. 자신이 수행할 수 있는 수준의 활동에 더 많은 흥미를 느낀다.

넷째, 학습에 대한 두려움이 있다. 대부분의 학습자는 학습에 대한 두려움 때문에 새로운 학습 상황에 부닥칠 때 불안해하고 수줍어한다.

다섯째, 가치와 기대를 하고 학습에 참여한다. 누구나 자신만의 가치 체계를 소유하고 있으며, 과거의 경험에 기초한 편견이나 태도를 갖는다.

한편, 카파렐라(Caffarella)는 학습자들에게는 특히 관계 형성을 위한 학습이 중요함을 다음과 같은 네 가지 이유를 들어 강조하였다(Caffarella, 1994).

첫째, 학습경험을 형성하는 기본적인 방법으로는 협동적 상호작용(collaborative interaction)이 효과적이다.

둘째, 청소년지도자와 청소년이 활동과정에서 상호 지원적일 때 학습 분위기가 촉진된다.

셋째, 협력적 의사소통 스타일을 사용하는 것이 좋다.

넷째, 활동과정에서 관계 향상을 위한 중요한 요소가 감정이라는 사실을 인식한다.

### (2) 학습자 원리를 고려한 학습내용

프로그램에 참여하는 학습자는 계속 발전하고 있는 청소년이다. 이들은 포괄적인 경험, 가치 및 학습 의지를 갖고 있으며, 과거 학습경험에 기초한 흥미와 고유한 학습스타일을 갖고 있다(Rogers, 2002). 따라서 프로그램의 학습내용을 설계할 때는 성장, 학습경험, 가치, 학습스타일 등 학습자 고유의 특징을 반영함으로써 적극적인 참여를 유도할 수 있다. 학습자는 능동적으로 학습에 참여함으로써 자신의 존재 가치를 확인하게 되고, 점차 자신의 학습요구 충족과 함께 문제해결 및 의사결정 능력을 획득하게 된다. 학습의 효율성을 향상하기 위해 다음과 같은 교육의 원리를 적용하는 학습내용의 구성을 생각해 볼 수 있다(신용주, 2022).

첫째, 적극적으로 학습에 참여할 수 있도록 흥미로운 주제를 선정한다.

둘째, 학습에 대한 자신감을 얻을 수 있도록 계열적, 순차적으로 학습내용을 구성한다.

셋째, 학습자의 반응속도를 고려하여 학습내용을 전개할 때 시간적 배열을 고려한다.

넷째, 학습자의 경험이 학습의 기초로 활용되도록 하며, 강의 중심의 학습보다는 다양한 매체 활용이나 토론 등 참여가 가능한 실천적 내용으로 구성한다.

다섯째, 학습한 내용을 실제적 문제에 즉시 적용할 수 있도록 지원하는 내용으로 구성한다.

여섯째, 학습자와 지도자 간의 원활한 상호작용과 피드백이 이루어질 수 있도록 학습내용을 구성한다.

일곱째, 학습자 간의 협력을 필요로 하는 다양한 협동학습을 촉진하는 내용을 포함한다.

여덟째, 학습자가 만족할 수 있는 수준으로 학습내용의 질을 유지한다.

## 2. 프로그램 설계

학습목표, 내용, 방법이 선정·준비되면 지도자는 이를 기초로 수업에 대한 전반적인 계획을 세워 하나의 안으로 만들어 문서화하는데, 이를 프로그램 설계(Course Design)라고 한다. 프로그램 설계는 프로그램 개발자가 관심을 두고 있는 행동변화를 위한 주요 계획 또는 장기간의 내용 설명서이다. 따라서 프로그램 계획단계에서 만들어진 결과를 문서화하는 작업이 자연스럽게 진행된다. 교수설계는 학습과정과 관련된 모든 요소를 체계적으로 구성한 일련의 표를 작성하는 것이다. 이를 수업지도안 또는 학습지도안(lesson plan)이라고 한다.

학습내용은 학습목표에 의하여 정해지게 된다. 커존(Curzon)은 학습목표를 중심으로 제목에 의해 학습내용을 개략적으로 요약을 제시하는 일반적 수업지도안과 함께, 대주제와 소주제 및 기타 내용을 모두 기록한 구체적인 수업지도안을 병행하여 개발할 것을 제안하였다(Curzon, 2004). 학습내용의 우선순위는 중요도 및 관련도에 의해 결정한다. 프로그램의 수업지도안에는 학습목표, 대상, 학습시간, 학습내용, 학습경험의 계획, 방법, 기법, 매체 등의 학습자원은 물론 평가 계획 등이 구체적으로 기술되는 것이 좋다(Boyle, 1981).

### 1) 교육내용 선정

#### (1) 목표 중심 교육내용 선정방법

목표 중심의 내용 선정방법은 가장 일반적인 방법의 하나로 프로그램 목적과 목표를 달성하는 데 직접 관련된 교육내용을 중심으로 선정하는 방식이다(이경아, 2007). 목표 중심에 의한 교육내용 선정 절차는 다음과 같다(한국산업인력공단, 2016a).

첫째, 프로그램 개발의 타당성 확인 자료를 검토한다(기관의 요구, 학습자의 요구, 시대적·사회적 요구 검토).

둘째, 요구분석 내용 중에서 스크린 과정을 거친 결과(내용)를 검토한다.

셋째, 교육목적과 학습목표를 진술한다.

넷째, 교육목적과 학습목표를 성취하기 위한 아이디어와 교육내용을 나열한다.

| 표 7-1 | 목표 중심 프로그램 내용 선정 양식

| 프로그램명 | |
|---|---|
| 교육대상 및 인원 | |
| 교육 기간 | |
| 교육 장소 | |
| 프로그램 개요 | 1) 교육목표 기술<br>2) 교육의 핵심내용 선정<br>3) 교수 방법의 선택<br>4) 학습결과의 평가기준 설정 |

### (2) 우선순위 중심 교육내용 선정방법

우선순위 중심 교육내용의 선정은 일단 적용 가능한 프로그램 내용을 열거한 후 그중에서 더 필요하고 더 중요한 것을 중심으로 선택하는 방법이다(이경아, 2007). 우선순위 설정에 의한 교육내용 선정방법의 절차는 다음과 같다(한국산업인력공단, 2016a).

첫째, 프로그램 개발의 필요성 확인 자료를 검토한다(기관의 요구, 학습자의 요구, 시대적·사회적 요구 반영).

둘째, 요구분석 내용 중에서 스크린 과정을 거쳐 그 결과(내용)를 검토한다.

셋째, 나열된 프로그램 내용의 우선순위 설정을 위한 준거를 제시한다.

넷째, 우선순위에 의해 서열화한 후, 프로그램 내용을 선정한다.

| 표 7-2 | 우선순위 설정에 의한 교육내용 선정 양식

| 학습목표 | | | | | | |
|---|---|---|---|---|---|---|
| 교육내용 | 선정 기준 | | | | | 선정 여부 |
| | 목적 · 목표 일치성 | 학습 · 교육 가능성 | 학습자 능력 | 교육기관 이념 · 지침 | 가용 자원 · 비용 | |
| | | | | | | |

프로그램 내용 선정에 있어 반드시 따라야 할 법칙이 있는 것은 아니다. 따라서 위의 두 방법 중 학습자들에게 더 적절한 방법을 선택하여 교육목표를 실현할 수 있는 내용을 선정하여 구성하는 것이 좋다.

프로그램을 설계하는 데 있어 가장 중요한 원칙은 청소년을 중심에 놓고 생각하는 것이다(Rogers, 2002). 청소년이 프로그램을 통해 무엇을 경험하게 하여 무엇을 할 수 있도록 하여 애초의 교육목표에 도달할 수 있도록 도울 것인가? 등이 고려되어야 한다. 또 청소년이 왜 이 과정을 학습하려 하는지를 분석하여 그들의 요구에 부응하는 학습내용을 중심으로 설계해야 할 것이다. 로저스는 각 집단의 특성과 요구를 충분히 반영하여 프로그램 내용을 구성하는 것이 가장 중요하다고 설명하였다.

## 3. 프로그램 내용 개요 작성

### 1) 프로그램 내용 개요 목적

프로그램 내용이란 학습자가 학습목표를 성취하기 위해서 수행해야 하는 학습활동을 먼저 규정하고 그러한 활동을 수행하기 위해서 학습자가 알아야 하는 지식을 명료화하는 것을 의미한다. 프로그램에 관한 개요를 작성하는 목적은 세 가지로 요약할 수 있다(김용현 외, 2010).

첫째, 관련된 모든 교육내용 중에서 학습자가 꼭 배워야 할 내용을 교수자가 선별할 수 있도록 도움을 준다.

둘째, 교육을 실시하는 동안 제시할 교육내용을 조직화하고 계열화하는 데 도움을 준다.

셋째, 교육을 실시하는 과정 중에서 학습자들이 학습목표를 성취하기 위해 필요한 모든 것들을 충분히 잘 다루었는지를 점검할 수 있는 지침을 제공한다.

### 2) 프로그램 내용 개요 절차

프로그램 내용에 관한 개요를 작성하는 것은 어쩌면 지도자에게 새로운 개념이 아닐 수도 있다. 기존에 글로 써 보았거나, 말로 해 본 경험이 있는 지도자는 이미 프로그램 내용에 관한 개요 작성 절차를 수행한 것이나 다름없기 때문이다. 그러나 글이나 말로 정리하는 것은 하나의 형식이라 할 수 있고 내용적 입장에서 중요한 차이를 보인다. 즉, 프로그램 내용을 지도자의 관점에서 자신이 청소년에게 가르치기를 원하는 내용으로 인식하기보다는 청소년의 관점에서 청소년들이 학습목표를 성취하기 위해서 알 필요가 있는 내용으로 인식해야 한다는 점이다. 프로그램 내용 개요 작성 절차는 다음과 같다(김용현 외, 2010).

첫째, 청소년들이 학습목표를 성취하기 위해서 취해야 하는 학습활동의 목록을 작성한다(학습활동의 목록화). 학습은 프로그램 내용을 작은 단위로 나누어서 실행할 때 가장 효과적이다. 단위가 작을수록 청소년들은 더 쉽게 배울 수 있다. 프로그램 내용을 작은 단위로 나누는 것은 또한 지도자가 가르칠 내용을 분석하는 데도 도움을 준다. 지도자가 학습활동의 목록을 작성하는 방법은 먼저 청소년이 교육 이후에 수행해야 할 과제를 시각화하여 수업시간에 청소년이 취해야 하는 마지막 행동이 하나의 학습목표로 진술되었는지를 고려해야 한다. 즉 '이번 수업을 마치는 시점에서 청소년들은 다음과 같은 활동을 할 수 있을 것이다.'라는 학습목표를 진술한다. 그러고 나서 학습목표 성취를 위해 필요한 학습활동을 학습자들이 수행해야 하는 순서로 목록화해야 한다. 다음은 학습활동의 목록화에 관한 예시이다.

**| 표 7-3 | 학습활동의 목록화 예시**

| 학습목표 | 청소년지도자 양성과정을 마친 후 학습자는 청소년 학습요구에 맞는 수업계획안을 개발할 수 있다. |
|---|---|
| 학습활동 1. | 수업계획안의 구성요소를 설명할 수 있다. |
| 학습활동 2. | 수업목표를 개발할 수 있다. |

둘째, 청소년들이 그러한 학습활동을 수행하는 데 필요한 지식 요건을 규정한다(지식 요건의 규정). 프로그램 내용 개요 작성은 청소년들이 실행해야 하는 학습활동과 그 활동을 성취하기 위해서 올바르게 알고 조작할 수 있는 정보(지식 요건)를 모두 포함해야 한다. 학습활동의 목록을 작성할 때, '청소년들이 학습활동 성취를 위해 어떠한 사실이나 규칙을 알아야 하는가?'라는 것이 바로 지도자가 알아야 할 지식 요건이다. 지도자가 학습활동에 필요한 모든 지식 요건에 대하여 확실히 알고 있지 못할 경우에는 관련 도서나 자료 등 제반 학습자원을 참조해야 한다. 다음은 지식 요건 규정에 대한 예시이다.

**| 표 7-4 | 학습자원을 지식 요건 규정 예시**

| | |
|---|---|
| 학습활동 1. | 수업계획안의 구성요소를 설명할 수 있다.<br>• 지식 요건 1-1. 수업계획안의 필요성<br>• 지식 요건 1-2, 수업계획안의 구성요소 |
| 학습활동 2. | 수업목표를 개발할 수 있다.<br>• 지식 요건 2-1, 교육의 수준<br>• 지식 요건 2-2, 수업 목표 개발 방법 |

셋째, 프로그램 내용(지식 요건과 학습활동)의 교육을 할 때 필요한 순서로 계열화한다(프로그램 내용의 계열화). 학습목표 성취를 위해 필요한 학습활동과 지식 요건을 모두 규정한 이후에 프로그램을 실시할 때 제시되어야 할 순서대로 계열화할 준비를 한다. 누구에게 특정한 일을 수행하려면 먼저 그 일을 시행하기 이전에 그와 관련된 정보나 지식을 생각한다. 마찬가지로 지도자가 프로그램 내용을 계열화할 때도 학습활동에 앞서서 지식 요건을 먼저 고려해야 한다. 다음은 프로그램 내용 계열화에 대한 예이다.

**| 표 7-5 | 프로그램 내용 계열화 예시**

| | |
|---|---|
| 학습목표 | 청소년지도자 양성과정을 마친 후 학습자는 청소년의 학습요구에 맞는 수업계획안을 개발할 수 있다. |
| | 프로그램 내용의 계열화<br>• 수업계획안의 필요성(지식 요건)<br>• 수업계획안의 구성요소와 개념(지식 요건)<br>• 수업계획안의 구성요소를 설명해 본다(학습활동)<br>• 교육의 수준 수업목표의 위치(지식 요건)<br>• 수업목표의 개념과 개발 방법(지식 요건)<br>• 학습목표를 개발한다(학습활동) |

# 4. 학습지도안 및 교재

## 1) 학습지도안의 필요성

효과적인 수업을 실시하기 위해 지도자는 수업목표, 교재, 교수법, 과제 및 평가방식 등을 기술한 수업지도안(lesson plan)을 개발해야 한다. 수업지도안의 개발을 통해 전반적인 수업의 수행 계획을 문서화함으로써 지도자 자신은 물론 청소년이 계획적인 수업 준비를 할 수 있도록 도우며, 수업 효과를 높여 수업목표 달성에 기여한다(신용주, 2021).

학습지도안을 수업 시작 전에 청소년에게 미리 배부함으로써 다음과 같은 혜택을 제공할 수 있다.

첫째, 학습목표를 명확히 이해할 수 있으며, 매 수업 단위의 주제 및 과제를 파악하게 되어 수업 진행에 보조를 맞추기가 용이하다.

둘째, 청소년은 매 수업에 대하여 꼭 필요한 준비를 할 수 있으므로 시간과 노력을 절약할 수 있다.

셋째, 매 수업 단위가 학습목표 달성을 위한 단계를 형성하므로 정해진 시간 안에 각 단위 수업에 충실함으로써 계획대로 원활하게 수업목표를 달성할 수 있다.

학습지도안에 포함되어야 할 요소는 수업의 성격, 종류, 지도자의 전문적 판단 등에 따라 여러 가지 형태로 달라질 수 있으나, 대체로 다음과 같은 요소들이 학습지도안에 포함된다. 즉, 주의집중을 위한 도입, 학습목표, 학습내용, 학습방법, 기타 자료와 장비, 평가방법 등이다. 학습지도안의 작성은 그 내용의 수준과 양, 학습시간의 길이 등에 따라서 다소간의 차이는 있지만 대체로 도입 부문, 전개 부문, 심화(발전) 부문, 정리 부문 등의 네 단계로 구분하는 것이 일반적이다(권두승, 2002). 학습지도안의 형식은 다음과 같다.

| 표 7-6 | 학습지도안

| 단계 | 시간 | 학습목표 | 전개내용 |
|---|---|---|---|
| 도입 | 20분 | 조성한다 | 동기유발, 학습의욕 환기 |
| | | 의욕고취 | 의욕 형성, 경험의 상기 |
| 전개 | 60분 | 하게 한다 | 과제의 제기, 목표의 명시, 과제해결의 방법 |
| | | 하고 싶게 한다 | 목표·과제의 파악, 과제해결의 노력, 새로운 내용의 발견 |
| 심화 | 80분 | 생각하게 한다 | 해결 실마리 제공, 의문점 제기, 지도화법의 구사 |
| | | 익숙하게 한다 | 향상의 확인, 해결방법의 형성, 해결의욕 고취 |
| 정리 | 20분 | 정리한다 | 평가(성과와 과제), 방향 제시 |
| | | 확인한다 | 성과 확인, 과제해결방법 활용, 향상의욕의 간직 |
| 합계 | 180분 | | |

출처: 권두승. (2002). 성인학습 지도방법의 이론과 실제. 서울: 교육과학사.

## 2) 학습자용 교재

### (1) 워크북

워크북(Workbook)은 학습자용 교재로서 프로그램 수행의 중요한 전달매체이다. 책 형태의 교재는 방대한 지식을 일목요연하게 정리하여 프로그램 내용을 전달할 수 있으며, 다양한 교육 매체 중 가장 저렴한 비용으로 개발이 가능하다. 최근에는 교재가 워크북 형태로 제작되는 경우가 많다. 그러나 워크북은 본래 지식을 전달하기 위한 목적보다는 학습자가 학습활동을 통해 획득한 지식을 스스로 구성해 보고 체계화하는 공간으로서의 의미가 더 크다(김선희 외, 2010).

워크북의 구성은 보통 모듈명 또는 단원명과 레슨명을 제시하는 제목란과 내용, 그리고 학습자가 기재할 공란으로 구성되며, 정보전달의 경우 학습자의 선수학습이 요구되는 용어나 개념을 정리하여 보여 준다(중앙교육연수원, 2018). 워크북에 포함될 요소는 프로그램명, 프로그램 과정 체계도, 프로그램 주제 흐름도, 프로그램 교육운영 일정, 프로그램의 목적, 개요, 소요시간 등이 있다(중앙교육연수원, 2018). 그리고 각 단원별 교안이 있는데 각 단원별 교안에는 단원명, 교육목표, 소요시간, 교육방법, 교보재, 내용흐름도와 교육내용, 실습지(worksheet) 등이 포함된다(중앙교육연수원, 2018).

### (2) 핸드아웃

핸드아웃(Handouts)은 교수자가 미리 준비하여 교육하는 동안 교육생들에게 나누어 주는 간단한 인쇄자료를 의미한다. 핸드아웃에서 다루는 정보는 교육하는 동안 사용되거나, 혹은 모든 교육 이후에 사용될 수 있다. 핸드아웃은 다음과 같은 경우에 사용할 수 있는 중요한 교육보조물이다. 핸드아웃은 중요한 교육보조물로써 지도자가 교육정보를 설명하기 위해서 사용하고자 하는 문장형태를 결정하고 설명하는 것이다(중앙교육연수원, 2018). 문장형태로 된 교육정보의 주요 단점은 다른 형태에 비해서 교육생들에게 시각적으로 덜 어필한다는 점이다. 특히 많은 양의 정보를 설명할 때는 더욱 그렇다. 교육보조물로서 특히 도움이 되는 세 가지의 핸드아웃 유형은 의사결정 차트, 체크리스트, 실습지(worksheet)가 있다. 의사결정 차트는 교육생들이 의사결정을 하도록 안내하고, 체크리스트는 교육생들의 학습과제 수행을 도와주기 위하여 기억을 불러일으키는 단서를 제공하며, 실습지는 정보를 기록할 도구를 제공한다.

지도자가 선택한 핸드아웃 유형에 상관없이, 핸드아웃을 개발할 때 따라야 하는 일반적인 지침이 있다(이복희 외, 2023).

① 핸드아웃의 제목을 붙이고 날짜를 정하라.
② 핸드아웃의 목적을 규정하라.
③ 핸드아웃을 언제, 어떻게 사용할 것인지를 결정하라.
④ 핸드아웃을 사용할 때 필요한 모든 부가가치를 점검하라.
⑤ 핸드아웃의 정보를 강조하기 위하여 굵은 체, 밑줄, 대문자를 사용하라.
⑥ 핸드아웃의 정보를 읽기 쉽도록 여백을 충분히 활용하라.
⑦ 단순한 형태의 문장을 사용하라.

⑧ 불필요한 정보를 피하라.

## 3) 지도자용 매뉴얼

지도자용 매뉴얼(Instructional Manual)은 지도자가 프로그램 운영을 위해 필요한 학습내용, 전달 포인트, 교육방법 등을 자세히 기술해 놓은 것이다. 지도자용 매뉴얼 제작의 목적은 지도자 개인의 역량에 따라 교육효과가 좌우되는 것을 방지하여 청소년에게 동일한 지식과 정보가 전달되도록 하는 것이다.

지도자용 매뉴얼의 구성요소는 프로그램명, 과정 교육체계도, 프로그램 주제의 흐름도, 프로그램 운영 일정, 프로그램의 목적, 개요, 소요시간, 각 단원별 교안이 포함된다(중앙교육연수원, 2018). 각 단원별 교안에는 단원명, 교육목표, 소요시간, 교육방법, 교보재, 내용흐름도와 사전 준비물(지도자 준비사항, 교육생 준비사항, 강의 시 준비사항, 교보재), 교수-학습활동안, PPT자료, 유인물(Handouts) 등이 포함된다(중앙교육연수원, 2018).

특히, 좋은 수업을 제공하기 위해서 지도자용 매뉴얼 중 교안을 제작하는 것은 매우 중요하다. 그러나 일부 지도자들은 교안의 중요성을 실감하지 못하는 경우도 있다. 청소년들의 학습에 대한 요구는 빠른 속도로 변화하고 있어 새로운 교안을 개발하지 않으면 청소년들의 요구에 부응할 수 없다.

### (1) 교안 작성법

교안은 지도자와 청소년 간 학습활동의 기반이 되는 학습지도안으로 교수활동의 단계 및 내용을 자세히 기록하여 놓은 것이다. 지도자는 교안을 작성함으로써 학습내용을 빠짐없이 교수할 수 있고 교수활동의 일관성을 유지할 수 있다. 교안은 다음의 원리에 따라 작성한다(조정기, 1991).

첫째, 교안은 구체적으로 작성되어야 한다. 아무리 암기력이 뛰어난 사람이라 할지라도 교수할 내용이라면 다 교안 속에 기록하여야 한다. 사소한 내용이라든지, 몇 번씩이나 사용한 적이 있어 충분히 기억하고 있는, 예를 들어 사용할 이야기들까지 귀찮게 교안에 적을 필요가 있는가 하고 말하는 지도자도 있지만, 일단 그 시간에 강의할 내용이라면 모조리 사전 기재함으로써 충실하고 여유 있는 강의를 할 수 있다.

둘째, 교안은 명확하게 볼 수 있도록 깨끗하여야 한다. 지도자 자신이 교수활동 중 교안을 쉽게 보고 식별할 수 있도록 글씨를 또박또박 크게 기록·작성하여야 한다.

셋째, 교안은 교수활동에 실질적으로 사용될 수 있도록 작성되어야 한다. 학습내용의 배열이 교수활동을 효과적으로 수행하도록 이루어져야 하며 교안 내에 포함된 내용은 교수활동에서 모두 전달되는 것을 전제하므로 교수활동 실시 순서대로 작성하여야 한다.

넷째, 교안은 쉽게 작성되어야 한다. 청소년의 수준을 고려하여 모호한 언어의 사용을 피해야 하며, 이해하기 어려운 용어나 내용을 기록함으로써 지도자 자신이 학습 진행 중 당황하는 모습을 보인다면 청소년들부터 신뢰성을 상실하는 일이 될 수 있다.

다섯째, 교안은 이론적이고 체계적으로 작성되어야 한다. 교안의 내용서술은 곧 강의와 마찬가지다. 그러므로 객관적이고 보편타당성이 있어야 하며 체계적이어야 한다.

### (2) 교안 작성 시 유의사항

지도자가 청소년들에 대해 학습목적과 학습성과를 설정하고 난 후에 다음과 같은 사항을 점검해야 한다(지식경제공무원교육원, 2008).

첫째, 학습성과는 관련되는 자료에 의하여 충분히 지원되고 있는지 점검해야 한다. 보조적 자료는 흥미를 자극하고 학습 분위기를 계속 유지하며 보조의 변화를 허락하고 다양성을 제공할 만큼 충분한가를 점검한다. 또한 보조적 자료는 급속한 논리적 판단, 감정적 호소 등을 내포하고 있는지, 더 나아가서 한 개의 논점에 대한 지원은 자연적으로 청소년에게 제시될 적합성 및 융통성이 있는가를 검토해야 한다.

둘째, 청소년들이 학습성과를 성취하도록 돕기 위하여 수행해야 할 활동 사항을 구체적으로 기술해야 한다.

셋째, 각각의 프로그램 내용은 지식수준에 관련된 청소년이 이해하기 쉽도록 상세히 기록되어 있는지, 방법과 이유는 청소년이 이해하기 쉽도록 적당히 전개되었는지, 개개인의 학습성과를 위한 지원의 밀도는 소기의 학습 수준에 적합한지 검토해야 한다.

넷째, 서론은 학습환경을 위하여 준비되었는지 확인해야 한다.

다섯째, 학습내용을 습득하는 충분한 이유를 청소년들에게 제공했는지 확인해야 한다.

여섯째, 전체적으로 학습 구성이 논리적이고 명백하게 제시되었는지 확인해야 한다.

일곱째, 시청각 보조자료는 잘 준비되어 학습목적 달성에 기여할 수 있는지, 중요한 관념을 명시하기 위하여 색채를 사용하고 간단한지를 유의하여야 한다.

여덟째, 지도자는 성공적인 요점식 수업방법에 의한 학습을 시행할 만큼 충분히 학습 조직체를 알고 있는가 등을 유의해야 한다. 지도자가 자기의 교안을 수업 전에 준비하면서 이러한 문제들을 기준으로 충분히 검토한다면 그 지도자는 수업에 전체적인 효과를 향상할 수 있을 것이다. 우수한 수업을 할 수 있게 되려면 건전한 계획에 따라 학습목적을 효과적으로 달성할 수 있도록 꾸준한 노력이 필요하다.

### (3) 교안의 구성요소

교안은 도입, 전개, 종결 3단계로 구성되며 자세한 내용은 다음과 같다(지식경제공무원교육원, 2008).

도입단계는 청소년과 지도자 간에 공통된 기반을 형성하는 단계이다. 첫 단계는 청소년의 주의를 집중시키는 주의집중단계(Attention Step)와 문제를 해결하고 배워야겠다는 학습활동 동기를 일으키는 동기부여단계(Motivation Step)가 있으며 수업의 내용을 제시해 주는 학습개요(Overview)의 단계가 있다. 도입단계의 시간은 총 학습시간의 약 5~10%를 점유한다.

전개단계는 도입단계에서 제시된 학습개요의 순서에 따라 주제를 구체적으로 설명하고 입증하며 규명하는 단계이다. 전개의 원칙은 내용조직이 논리적으로 체계화되어 설명할 수 있어야 하는데 쉬운 것으로부터 어려운 것으로 전개하여야 하며 부차적인 점을 강조해서 중요점을 희석하지 말아야 한다. 또한 주제의 연결단계가 매끄러워야 하고 중간 동기부여를 반드시 계획하여야 한다. 마지막에 질의 응답시간을 마련하여 청소년들의 의문을 해소해 주어야 하며 또한 지도자가 질문하여 청소년의 이해도를 측정할 수도 있다. 시간상으로 총 학습시간의 약 80~85%를 점유한다. 학습자의 집중시간은 대체로 15분 정도이다. 그러므로 지도자는 강의 시 15분마다 변화를 주어야 한다. 판서, 매체 활용, 언어유희 및 보디랭귀지 등을 통해 주의를 환기함으로써 학습자들이 수업에 집중할 수 있게 해야 한다.

종결단계는 교안의 내용구성을 맺는 것이다. 종결단계는 총 학습시간의 약 5~10%를 점유한다. 지식을 종합하는 단계로서 전개단계에서 설명하고 검증한 사실들을 요약하는 단계이며 다시 동기부여를 하고 맺음말로써 마치는 단계이다. 수업의 전개단계에서 설명된 내용을 요약한다. 전개단계에서 언급되지 않은 새로운 내용을 언급하지 않도록 주의하며 재동기부여(Remotivation)를 함으로써 학습내용의 기억을 돕고 다음 과목과의 관련성을 이해하도록 돕는다. 종결의 마지막 단계인 맺음말로써 중요한 것은 시간을 길게 끌지 않는 것이 중요하다.

| 표 7-7 | 교안의 구성요소

| 구성요소 | 총 학습시간의 점유율 | 구성내용 |
|---|---|---|
| 도입(서론) | 5~10% | ① 주의집중, ② 동기부여,<br>③ 학습개념(Overview) |
| ⬇ | | |
| 전개 | 80~85% | ① 본론 |
| ⬇ | | |
| 종결 | 5~10% | ① 내용요약, ② 재동기부여, ③ 맺음말 |

### (4) 교안의 형태

교안은 정해진 형식이 없다. 실제 사용되고 있는 것을 보면 간단히 메모한 것에서부터 종이에 자세히 쓴 것, 카드를 이용한 것 등 형식은 여러 가지이다(위형철, 2004). 교안의 종류에는 백지식 교안, 이란식 교안, 삼란식 교안, 사란식 교안 등이 있다(위형철, 2004).

첫째, 백지식 교안은 문제해결에 적합하다. 문제와 조건을 주어 질문과 답변을 교육생들이 하게 하고 지도자는 자문에 응하기만 한다. 구체적인 문제 진술과 사실 제기의 방법이 고도화되어 있어야 하며 청소년들의 수준이 상당한 정도라야 한다.

둘째, 이란식 교안은 강연식 교안에 적합하다. 교육정도가 이해를 목적으로 하고 짧은 시간에 많은 내용을 전달하려는 경우에 적합하며, 기능, 태도, 감상 등의 내용에 대한 주제에는 적합하지 않다.

셋째, 삼란식 교안은 유도토론식에 적합하다. 예상 결론이 있거나 문제해결을 교육생이 하고 질문은 지도자가 하는 방법으로, 지도자도 토론에 참가하여 교육진행을 할 때 적합하다. 각 질문에 대해 예상되는 답변을 사전에 예측하고 그에 대한 질문은 교육효과를 거두기 위한 방향으로 유도해야 하므로 철저한 준비가 필요하다.

넷째, 사란식 교안은 시범실습식에 좋다. 비고란에는 지도자의 활동과 보조자의 활동, 청소년의 활동 등을 기재한다.

| 표 7-8 | **교안 형태의 양식 예시**

<table>
<tr><th>교안 형태</th><th>교안 양식</th></tr>
<tr><td>백지식 교안</td><td><table><tr><th>교육지도내용</th></tr><tr><td></td></tr></table></td></tr>
<tr><td>이란식 교안</td><td><table><tr><th>강의내용</th><th>보조재료 사용계획</th></tr><tr><td>(서론)<br>• 주의집중:<br>• 동기부여:</td><td>• 주제를 판서한다.</td></tr></table></td></tr>
<tr><td>삼란식 교안</td><td><table><tr><th>교수자 활동</th><th>수업내용</th><th>참고사항</th></tr><tr><td>• 도표를 보여준다.</td><td>도입(5')<br>1. 주의집중</td><td>• 관련된 도표의 출처</td></tr></table></td></tr>
<tr><td>사란식 교안</td><td><table><tr><th>항목</th><th>시간 및 방식</th><th>교수내용</th><th>비고</th></tr><tr><td></td><td></td><td></td><td></td></tr></table></td></tr>
</table>

어떤 것이라도 그것을 사용할 사람이 활용하기 쉬워야 하는 것이 무엇보다 중요하다. 다만, 다음과 같은 항목이 교안에 공통적으로 포함되는 것이 바람직하다(지식경제공무원교육원, 2008).

| 표 7-9 | 교안에 포함해야 할 바람직한 항목

- 목표: 무엇을 이해 또는 습득시킬 것인가.
- 내용: 도입, 전개, 종결의 3부로 나누어진다.
- 판서: 무엇을 판서할 것인가. 주제와 대, 중, 소 항목 및 내용
- 요약: 강조점이 무엇이며 요약은 어떻게 하나.
- 시간배분: 5분 또는 10분 단위로 표시한다. 그 이하가 되면 실제 사용이 어렵다.
- 시청각자료: 자료명과 활용방법 등
- 기타 교수활동: 질문, 예화를 비롯해 통계 · 인용 · 유머 등은 별도로 표시해 둔다.

## 4) 교보재 개발

### (1) 교보재 자료 제작

지도자는 강의자료를 만들기 위한 프로그램을 활용할 수 있어야 한다. 종류는 MS 파워포인트, 한글과컴퓨터 한쇼, 애플 키노트, 프레지 등의 프로그램 등이 있다. 하지만 보편적으로 많이 활용하고 있는 파워포인트 프로그램을 소개하고자 한다.

기업교육 전문조직인 SKY Lab C2에서는 교수자 70여 명에게 파워포인트 작업 시 가장 중요한 능력은 무엇이라고 생각하는지에 답변을 '디자인과 레이아웃 10%', '이미지 활용 7%', '동영상 활용과 제작 2%', '전체구성력 81%'로 답변하였다(이재현 외, 2016). 강의자료를 준비하는 교수자들은 파워포인트 자료를 구성할 때 가장 많은 시간을 할애하는 부분으로 전체구성력을 들었다. 어떤 대상자(People)들에게 어떤 목적(Purpose)을 가지고 어떤 환경(Place)에서 전달할 것인지에 대한 통찰(Insight)이 필요한 것이다.

통찰이 담긴 프레젠테이션은 기억 속에 오래 남는다. 통찰은 프레젠테이션의 도구나 실행단계(Process)를 성실히 준비하는 단계를 넘어 어떤 목적으로, 누구를 대상으로, 어떤 환경과 장소, 시간대에 프레젠테이션을 하는가에 대한 인식을 명확히 하는 것이다(이승일 외, 2011). 성공적인 프레젠테이션을 원한다면 통찰을 바탕으로 한 기획(Contents), 시각자료 작성(Visual), 발표기술(Delivery), 이미지

연출(Presenter Image)이라는 일련의 과정을 실행해야 한다(이승일 외, 2011).

첫째, 기획(Contents)은 프레젠테이션 프로세스의 첫 번째 단계이다. 청중의 마음을 사로잡기 위해서는 프레젠테이션을 스토리텔링 형식으로 풀어낼 수 있어야 한다. '기술이 완성되면 예술이 시작된다'라는 한 자동차업체의 광고 문구처럼 스토리텔링은 충분한 자료수집과 분석, 그리고 통찰로부터 발현된 핵심 메시지를 효과적으로 표현할 수 있어야 한다. 이렇게 논리적 구성을 바탕으로 한 감성적 요소가 반영되어야 프레젠테이션은 경쟁력을 가질 수 있다.

둘째, 시각자료 작성(Visual)은 프레젠테이션 도구를 활용하여 각 슬라이드(내용)에서 메시지의 정체성(Identity)이 효과적으로 전달될 수 있도록 정보 디자인(Information Design) 요소를 고려하여 잘 표현해야 한다.

셋째, 발표기술(Delivery)은 체계적으로 꾸준히 연습해야 한다. 발표기술은 호흡, 발음, 발성으로 구성되는 언어적 요소와 몸짓언어, 공간언어 등의 비언어적 요소, 화법 그리고 정보화 기기에 대한 이해와 활용으로 구성된다.

넷째, 프레젠테이션의 메시지는 발표자의 이미지와 하나가 될 때 설득력이 강하다. 따라서 이미지 연출(Presenter Image)은 중요하다. 그러나 아직도 많은 발표자는 이미지를 옷차림과 화장 등의 겉모습을 치장하는 것으로만 생각하는데, 외적인 이미지 외에도 발표자 내면의 이미지와 경력, 업적, 열정이 청중에게 함께 전달될 수 있도록 노력해야 한다. 고대 그리스 철학자 아리스토텔레스가 말한 설득의 3요소는 로고스(Logos), 페이토스(Pathos), 에토스(Ethos)를 말한다. 로고스는 이성(理性), 페이토스는 감성(感性), 에토스는 인성(人性)을 의미한다. 이 중 이미지 연출은 에토스에 해당하는 것으로 발표자의 권위와 신뢰, 전문성을 강하게 어필한 것이다.

기획 (Contents) ➡ 시각자료 작성 (Visual) ➡ 발표기술 (Delivery) ➡ 이미지 연출 (Presenter Image)

| 그림 7-1 | **프레젠테이션 과정**

### (2) 교보재 자료 개발 절차

교보재 자료는 목표 설정, 정보수집, 내용구성, 디자인 작업 순으로 구성된다(이복희 외, 2023).

첫째, 목표 설정에서 교수자는 단위 수업설계안을 작성한 후 각각의 내용을 전달하기 위한 자료를 개발해야 한다. 이때 제일 먼저 할 일은 각각의 슬라이드를 통해 어떤 메시지를 전달할 것인가, 즉 슬라이드를 제작하는 목적을 확인하는 것이다. 예를 들어, 학습내용에 관한 슬라이드라면 학습자가 이번 수업을 통해 학습하게 될 내용의 개요를 전체적으로 인식하게 하는 것이 된다. 슬라이드를 작성한 후에는 그러한 목표에 부합되는지를 기준으로 평가하면 된다.

둘째, 목표를 설정한 후에는 그 목표를 달성하기 위해 필요하다고 판단되는 정보를 수집해야 한다. 수집된 정보는 내용을 구성하고 표현하기 위한 재료가 된다. 내용 정보, 근거자료, 이미지 자료, 영상 자료까지 충분한 재료가 수집되면 효과적인 슬라이드 자료가 만들어질 가능성이 커진다.

셋째, 슬라이드에 포함되어야 할 내용을 결정하는 단계로 수집한 정보를 바탕으로 내용을 구성한다. 주의집중(Attention)할 수 있는 이미지, 영상, 삽화, 도표, 소리, 문장 등의 다양한 시청각 자료를 제시하여 집중시킬 수 있도록 구성하고, 주제와 관련성(Relevance) 있는 자료를 제시하여 학습자의 관심을 유도하여야 하며, 학습자의 유발된 동기를 유지하기 위해 자신감(Confidence)을 갖고 내용을 준비하여야 한다. 내용을 구성할 때는 결정한 키워드 또는 이미지 등을 논리적으로 계열화시키고 표현한다. 다만 내용의 양이 너무 많으면 전달의 효과가 떨어질 수 있기 때문에 꼭 필요한 내용만 담기 위해 노력해야 한다.

넷째, 슬라이드 자료 제작의 최종 단계는 디자인 작업으로 슬라이드에 포함하기로 한 내용을 바탕으로 세련되고 효과적인 결과물을 만들어 내는 것이다.

### (3) 시각자료 개발 원칙

시각자료 개발 원칙은 단순화의 원칙, 일관성의 원칙, 이미지화 원칙, 컬러화 원칙 등으로 정리한다(이복희 외, 2023).

첫째, 단순화의 원칙은 핵심내용 위주로 단순 명료하게 작성한다. 이를 KISS의 원리라고도 한다. 여기서 KISS는 Keep it Short & Simple의 약자이다. 시각자료의 경우 70~80% 정도만 내용을 싣고 여백을 두어야 보기 쉽다. 전달하고자 하는 내용은 가급적 짧은 문장을 사용하고 교육내용은 6줄 이하로 하고, 1줄당 단어를 넘기지 않는다. 한 장의 슬라이드에 하나의 중요한 개념과 세 개의 하위 내용 이상을 다루지 않는다.

둘째, 일관성의 원칙이다. 동일 주제의 강의에 대한 시각자료는 포맷(슬라이드의 방향 모양 등), 번호, 모양, 크기, 색깔, 위치, 순서, 용어, 애니메이션 효과 등을 사용하는 데 있어 일관성을 유지하는 것이 바람직하다.

셋째, 이미지화란 전달하고자 하는 내용을 보다 효과적으로 제시하기 위하여 텍스트 등으로 표현하지 않고 도표, 그래프, 그림, 사진 등을 활용하거나 컬러로 표현하는 것을 말한다.

넷째, 컬러화는 사람들에게 강한 영향을 주는 요소이다. 그렇지만 너무 많은 색을 쓰게 되면 초점이 흐려질 수 있다. 색을 선택할 때는 너무 현란하지 않게 포인트에만 이용하며, 그림을 제외하고는 보통 3색 내외가 적당하다. 일관성의 원칙에 따라서 적절한 색상을 선택한다.

| 표 7-10 | PPT 작성 및 활용 평가 체크리스트

| 단계 | 우수 | 양호 | 보통 | 미흡 | 평가내용 |
|---|---|---|---|---|---|
| 맥락과 내용은 PPT 제작에 적절한가? | | | | | |
| 내용의 양은 적정한가? | | | | | |
| 1개의 내용이 제시되었는가? | | | | | |
| 색의 배합은 적절한가? | | | | | |
| 그래픽적인가? | | | | | |
| 테두리 여백을 두었는가? | | | | | |
| 학습자를 보면서 진행했는가? | | | | | |
| 학습 속도를 관찰했는가? | | | | | |
| 필요한 시기에 끊어지지 않았는가? | | | | | |
| 활용 방법은 다양했는가? | | | | | |
| 어떤 방법을 사용했는가? | | | | | |
| 아이디어가 뛰어난가? | | | | | |
| 전체적으로 잘 진행되었는가? | | | | | |

출처: 이복희 외. (2023). 평생교육 프로그램개발론(2판). 파주: 양성원.

202　학년도　학기

<table>
<tr><td colspan="5">강의계획서</td></tr>
<tr><td>과정명</td><td colspan="4"></td></tr>
<tr><td>강좌명</td><td colspan="4"></td></tr>
<tr><td>수강인원</td><td colspan="2"></td><td>강사</td><td></td></tr>
<tr><td>기간</td><td>요일</td><td>시간</td><td>수업장소</td><td>이수시간<br>(주당 시수/총 시수)</td></tr>
<tr><td></td><td></td><td></td><td></td><td></td></tr>
<tr><td rowspan="2">수업형태</td><td>면대면 출석</td><td>온라인 면대면<br>화상(ZOOM)</td><td>온라인 콘텐츠 영상</td><td>기타<br>※교육기관과 협의</td></tr>
<tr><td></td><td></td><td></td><td></td></tr>
<tr><td>강의 개요</td><td colspan="4">•<br>•<br>•</td></tr>
<tr><td>강의 목표</td><td colspan="4">•<br>•<br>•</td></tr>
<tr><td>주 교 재</td><td colspan="4">• 김○○. (2024). 평생교육프로그램 개발론. 서울: ○○사.</td></tr>
<tr><td>참고도서</td><td colspan="4">• 김○○. (2023). 평생학습방법론. 서울: ○○사.</td></tr>
</table>

<table>
<tr><td colspan="5">주차별 강의계획</td></tr>
<tr><td>주차</td><td>강의주제</td><td>강의내용</td><td>교수방법</td><td>비고</td></tr>
<tr><td>1</td><td></td><td></td><td></td><td></td></tr>
<tr><td>2</td><td></td><td></td><td></td><td></td></tr>
<tr><td>3</td><td></td><td></td><td></td><td></td></tr>
<tr><td>4</td><td></td><td></td><td></td><td></td></tr>
<tr><td>5</td><td></td><td></td><td></td><td></td></tr>
<tr><td>6</td><td></td><td></td><td></td><td></td></tr>
<tr><td>7</td><td></td><td></td><td></td><td></td></tr>
<tr><td>8</td><td></td><td></td><td></td><td></td></tr>
<tr><td>9</td><td></td><td></td><td></td><td></td></tr>
<tr><td>10</td><td></td><td></td><td></td><td></td></tr>
</table>

기 관 명

| 그림 7-2 | **강의계획서 예시**

※ 강의계획서는 교육기관의 상황에 따라 다르게 사용할 수 있다.

Chapter

08

# 청소년프로그램의 인적자원

## 1. 인적자원 확보

현장에서 프로그램을 실행하기 위해서는 무엇보다 안정된 자원의 투입과 기술력이 필요하다. 인적자원에는 프로그램을 설계하는 개발자, 프로그램의 운영을 책임지고 이끌어 갈 운영관리자, 프로그램을 실행할 교수자 및 지도자, 그리고 평가자가 포함된다. 또한 행정지원 인력이나 자원봉사자가 포함되기도 한다. 프로그램의 목적을 효과적으로 달성하기 위해서는 반드시 전문 인력이 프로그램을 실행하도록 해야 한다. 물적자원에는 재원, 시설, 장비 등이 포함되는데, 그중에서도 가장 핵심적인 물적자원은 재정자원인 재원이라 할 수 있다. 현실적으로 재원이 확보되지 않으면 예산 집행이 어려워짐에 따라 아무리 좋은 프로그램이라도 성공적인 실현이 불가능하기 때문이다(신용주, 2022).

### 1) 인적자원관리 의의

미래학자 앨빈 토플러(Alvin Toffler)는 다가오는 정보화시대에는 사람이야말로 이윤창조 활동에 있어 가장 중요한 자산이 될 것이라고 하였다. 즉, 가치를 창출하기 위한 기업의 모든 활동이 이제는 사람, 즉 인적자원에 달려 있다는 것이다. 따라서 청소년기관도 일반 조직들처럼 내적으로 인적자원을 잘 관리해야 한다(오혁진, 2021).

청소년기관은 사람을 대상으로, 그것도 사람과 사람과의 접점활동에 의하여 사람의 행동변화를 목적으로 하는 조직이다. 이러한 점에서 청소년기관에 종사하는 구성원들의 자질이라든가 동기 등이 매우 중요하고, 이에 따라 조직관리 차원에서 이들에 대한 체계적인 관리가 필요하다. 이것은 청소년기관뿐만 아니라 대부분의 조직에서도 공통적이다. 왜냐하면, 인적자원은 조직이 활용하는 중요한 요소 중의 하나로서 경영활동이 효율적으로 이루어지고 경쟁력이 있으려면 인적자원관리가 필수적이기 때문이다. 여기서 인적자원관리(HRM: Human Resource Management)란 조직경영에 필요한 인적자원의 확보, 개발, 유지, 동기부여를 위한 일련의 관리 활동을 말한다(조동성, 2010).

**| 표 8-1 | 인적자원관리의 요소 및 주요내용**

| 구분 | 내용 |
|---|---|
| 인적자원 확보 | 조직의 충원을 의미하는 것으로 조직 구성원의 모집, 면접, 시험, 선발 등의 채용 기능 |
| 인적자원 개발 | 구성원의 잠재능력을 실현할 수 있도록 훈련, 배치, 전직, 승진 등을 통한 인적자원의 능력과 자질을 함양 |
| 인적자원 유지 | 구성원의 직무, 보상, 복리후생, 안전위생, 의사소통, 제안제도 등을 통해 그들이 할 수 있는 양호한 직무환경이나 작업 분위기를 유지하는 기능 |
| 인적자원 수행평가 | 직무에 기분 좋게 몰입할 수 있도록 구성원에게 동기를 부여하는 일련의 과정 |

출처: 권두승 외. (2016). 평생교육경영론(2판). 파주: 교육과학사.

결국, 인적자원관리란 구성원의 잠재능력을 최대한으로 살려 구성원 스스로가 최대한의 성과를 이루도록 처우하고 조직하는 방법을 말한다. 여기에는 주로 교직원의 채용, 배치, 교육훈련, 인사고과, 임금, 복리후생 등에 관한 관리가 필요하다는 것을 의미한다. 청소년기관에서 인적자원 확보는 청소년교육의 전문성을 강화한다는 차원에서 청소년지도사 자격증 소지자를 중심으로 되어야 하며, 이를 위한 지원체제가 확보되어야 한다. 이와 같은 인식은 인적자원을 효과적으로 관리하면 조직의 효과성에 절대적으로 이바지함으로써 조직의 경쟁력을 높일 뿐만 아니라, 구성원들의 근로 생활의 질(QWL: Quality of Working Life)을 향상할 수 있다는 데 그 바탕을 두고 있다(임창희, 2010).

## 2) 인적자원관리의 중요성

인적자원관리의 광의의 의미로는 조직에서 사람에 관련된 모든 활동을 말한다. 협의의 의미로는 사람관리, 즉 인사관리를 말한다. 그러나 인사관리와 인적자원관리 간에는 차이점이 있다. 인사관리란 조직에서 종업원에 대한 기본적인 관리기능인 선발·훈련·보상 등을 의미하지만 인적자원관리는 전통적으로 인사관리에 행해 오던 기능에다가 조직 구성원들의 역동적인 상호작용 기능과 전략적이고 계획적인 조직의 목표를 제시하는 확장된 개념이다. 따라서 인적자원관리는 종업원들의 개발에 관심이 많지만, 전통적인 인사관리는 통제형의 노무관리 수준에 머물고 있다는 차이가 있다(신유근, 2011).

현대에 와서 우리 사회를 '조직화된 사회'라고 일컫는데, 이는 대부분 사람이 직업과 관련된 조직에 참여하지 않더라도 각종 조직에 소속되거나 작게는 집단에 소속되어 있음을 의미한다. 즉 현대인들은 조직을 떠나서 존재할 수 없으며, 조직은 사람의 문제를 소홀히 하고는 생존할 수 없다. 그래서 기관은 조직의 경영전략에서 사람을 가장 중요시하고 있으며, 인적자원관리를 경영전략의 핵심전략으로 고려하기 시작하였다. 특히 기업경영에서 사람관리가 중요한 이유를 다음과 같이 들고 있다(신유근, 2011).

첫째, 조직에서 발생하는 많은 문제가 근본적으로 인간문제이며, 이러한 인간문제를 어떻게 해결하느냐 하는 것이 조직의 유지 발전에 중요한 요소가 된다.

둘째, 사람관리는 타 기업이 모방할 수 없고, 고유의 핵심역량을 배양하여 기업경쟁력을 제고하는 활동이다.

셋째, 오늘날 지식정보사회에서 경영의 요체는 역시 사람관리이다. 즉 지식정보사회의 대명사라 할 수 있는 지식경영은 조직 구성원들에게 조직 내외의 지식자산을 개발·획득하도록 하고, 이를 효과적으로 공유·활용하도록 촉진한다.

넷째, 사람관리는 기업이 노동문제·인권문제와 관련된 사회적 압력에 대해 효과적으로 대처하도록 하여 사회와의 균형 관계 속에서 경영성과를 달성하도록 하는 활동이다.

다섯째, 사람관리는 기업경영의 글로벌화를 달성하는 데 핵심적 관건이 되고 있다.

이뿐만 아니라 미래지향적인 인적자원관리를 강조하면서 조직의 전략과 인적자원관리를 통합적으로 접근하는 것이 전략적 인적자원관리라고 말한다(이진규, 2009). 전략적 인적자원관리는 조직의 전략 수립과 실행 시 조직의 인적자원에 대한 제반 요건과 각 인적자원관리 기능을 고려하여 조직전략을 수립하는 것이다. 조직전략과 인적자원관리를 통합적으로 접근하기 위해서는 먼저 인적자원관리 사명에서 조직의 사명과 더불어 인적자원의 중요성을 확인해야 한다. 조직의 내부·외부 환경 분석과 인적자원 환경 분석을 통하여 조직에서의 약점과 강점 그리고 동시에 인적자원의 약점과 강점을 파악한다. 그리고 인적자원 전략을 조직전략과 동시에 또는 먼저 수립한다. 끝으로 조직전략과 동시에 인적자원관리 전략으로 필요한 인력을 파악하고 인력의 모집과 선발을 통해 직무배치, 인력에 대한 성과평가와 보상 그리고 개발과 훈련 등 전반적인 인적자원 관련 활동이 이루어진다. 사회, 조직, 개인 구성원 그리고 인적자원 환경의 새로운 변화로 인적자원관리의 패러다임이 변화하고 있음을 실감할 수 있다. 과거 인사관리가 관료주의 이념에 기초를 두고 조직전략의 보조적 기능만을 강조하였다면, 지금은 인적자원관리와 전략이 조직의 핵심 전략으로 인식되고 있다. 이러한 현상은 청소년기관을 포함한 교육조직에는 물론 모든 조직에서도 마찬가지다(이진규, 2009).

이런 맥락에서 볼 때 청소년기관의 인사관리는 인적자원을 계획·확보·개발·활용하는 교육기관 경영의 중요한 요소라고 이해할 수 있다. 청소년기관에서 인사관리 대상은 협의의 대상과 광의의 대상으로 나누어 볼 수 있다. 협의의 대상은 프로그램 개발자, 프로그램 운영자, 일반 직원 등이 속한다. 여기에는 전일제 직원과 시간제 직원이 모두 포함된다. 한편 광의의 대상으로는 위의 대상을 포함하여 외부강사, 자원봉사자, 이사회원 등이 포함된다(오혁진, 2021).

## 2. 프로그램 운영자와 교수자

프로그램 개발 시 고려해야 할 인적자원은 프로그램 개발자를 비롯하여 프로그램의 모든 절차를 진행하는 직원으로서의 운영관리자와 교육프로그램을 실행하는 지도자, 프로그램의 성과와 가치를 판단하는 평가자, 그리고 행정지원을 고려할 수 있다. 이 중에서도 가장 핵심적인 역할을 수행하는 프로그램 운영자, 교육프로그램을 실행하는 지도자를 선정하는 것이다.

### 1) 프로그램 운영관리자

프로그램 운영관리자(program manager)는 프로그램 처음 실행부터 종결과 평가가 이루어질 때까지 모든 과정을 책임지는 사람이다. 대부분의 청소년기관에서는 프로그램의 개발자나 설계자가 직접 프로그램의 운영관리자가 되기도 하며, 또는 조직적 차원에서 프로그램 운영 경험이 풍부하고 프로그램 관리 능력과 자질을 갖춘 사람을 임명하기도 한다.

프로그램 운영관리자는 프로그램 개발 후 좋은 성과를 거두기 위해 프로그램이 순조롭게 실시되도록 모든 과정을 진행하는 사람이다. 하나의 교육 프로그램이 계획되고 실시되기까지는 많은 시간과 노력은 물론 상당한 재원도 투입된다. 따라서 이 모든 노력이 시너지 효과를 내어 프로그램의 목표를 성공적으로 달성할 수 있도록 프로그램의 모든 요소를 총괄하는 운영관리자의 역할은 프로그램의 성패를 좌우한다고 할 수 있다. 따라서 프로그램 운영관리자는 프로그램에 대한 뚜렷한 목표 의식을 갖고 잠재적 학습참여자를 파악하고 교육기관 내외의 다양한 자원을 효과적으로 활용하는 능력을 갖추어야 한다(신용주, 2022).

### (1) 프로그램 운영관리자의 중요성과 자세

프로그램 운영 시 인적자원 선정의 우선순위는 프로그램을 담당할 운영자를 선정하는 것이다. 그러므로 교육 프로그램의 실시단계에 있어서 교육 프로그램 운영담당자의 역할은 매우 중요하다. 교육 운영에 따라 교육의 목표 달성과 실패가 판가름이 나고 이는 교육 성과와 직결되기 때문이다. 많은 비용과 시간, 노력을 투입한 교육이 최대한의 성과를 얻을 수 없다면 교육을 제공한 기관이나 청소년 개인에게도 큰 손실이 아닐 수 없다. 따라서 교육 프로그램 운영담당자는 성과 있는 교육을 위해 교육 진행의 기본방향, 준수사항은 물론 교육 진행 시 필요한 여러 가지 기술들을 터득하여야 한다(이복희 외, 2023).

한편, 운영관리자는 수준 높은 가치관과 행동규범이 뚜렷해야 한다. 또한 조직의 발전이 곧 교육에 있음을 명심하고 다음 사항을 유념하여 실천한다.

| 표 8-2 | 교육프로그램 운영자의 기본자세

| 구분 | 기본자세 |
|---|---|
| 조건 | • 지식: 교육 훈련 전반에 대한 이론과 지식 소유<br>• 경험: 다양한 프로그램 운영 경험을 소유<br>• 열정: 교육에 최선을 다할 수 있는 열정<br>• 인내: 어떠한 역경에도 좌절하지 않는 불굴의 인내심<br>• 매너: 교육자의 품위를 유지하며 교육생에게 본을 보일 수 있는 자세<br>• 목소리: 교육생에게 호소력 있는 맑고 힘찬 목소리<br>• 자기개발: 변화에 대처하여 앞서가는 지속적인 자기개발 |
| 임무 | • 경영이념의 이해<br>• 경영풍토의 파악 이해: 타 기관 경영특색, 설립이념과 발전 파악<br>• 교육훈련에 가치 제고: 조직 구성원과 유기적 관계유지<br>• 학습을 보전하는 전문가<br>• 자신 조직 내의 문제해결에 협력할 것<br>• 교육의 질을 제고시킬 수 있는 교육훈련기법 개발<br>• 지속적인 자아개발 |

| 구분 | 기본자세 |
|---|---|
| 외모 | • 복장은 단정히 한다.<br>• 두발은 항상 깨끗이 하며 개성에 맞는 헤어스타일을 한다.<br>• 화장은 자연스러운 화장을 한다.<br>• 구두는 복장과 어울리는 색으로 하며 항상 깨끗이 한다.<br>• 화려한 액세서리는 피한다. |
| 표정 | • 항상 명랑하며 웃음을 잃지 않는다.<br>• 불쾌하고 짜증스러운 일이 있어도 감정표현을 하지 않는다.<br>• 진행 시 지친 표정을 보이지 않는다.<br>• 웃는 얼굴로 먼저 인사한다. |
| 말과 행동 | • 언행일치로 학습자에게 신뢰감을 준다.<br>• 프로그램 이외의 불필요한 언행을 하지 않는다.<br>• 말은 친절하고 상냥하게 한다.<br>• 학습자 및 진행자 상호 간에 존대어를 사용한다.<br>• 학습자와 대화 시 전문 용어를 피한다. |
| 태도 | • 겸손한 태도를 지닌다.<br>• 손을 뒤로 돌려 뒷짐 지는 것을 피한다.<br>• 몸을 뒤로 젖히는 것을 피한다.<br>• 팔짱을 끼지 않는다.<br>• 학습자의 휴식시간을 절대 보장한다.<br>• 몸을 흔들지 않는다.<br>• 손가락으로 물건을 만지작거리지 않는다.<br>• 항상 침착한 태도를 지닌다.<br>• 학습자를 성심성의껏 보살펴 주고 관심을 갖는 태도를 지닌다.<br>• 교육 진행 시 시간을 엄수한다. |
| 자기개발 | • 전문지식(이론적 지식, 훈련방법, 안전진행, 시설유지)<br>• 교양지식(일반상식, 음악 감상, 여가선용, 생활법률)<br>• 자기관리(인격: 말과 행동이 일치, 행동: 매사에 모범이 되어야 함)<br>• 인간관계(직장 내 상사와 부하, 부서 내 동료, 외부 교수자, 협력업체)<br>• 교육자료(정보) 수집(세미나, 견학, 운영자 정기모임, 전문서적, 신문, 인터넷 등) |

출처: 이복희 외. (2023). 평생교육 프로그램개발론(2판). 파주: 양성원.

### (2) 프로그램 운영관리자의 역할

프로그램 운영관리자의 역할을 다음과 같이 제시하고자 한다(신용주, 2022).

첫째, 프로그램의 목표 달성을 위한 기본 사항들을 점검하고, 필요한 인적·

물적자원의 파악과 동원을 위해 노력한다. 또한 획득한 자원을 효과적으로 유지·관리하고, 예산을 효율적으로 집행하는 능력을 갖춘다.

둘째, 프로그램의 원활한 운영에 필요한 체크리스트를 만들어 이를 토대로 수시로 상황을 점검하며 프로그램을 진행한다.

셋째, 프로그램에 적합한 장소와 시설물 및 장비를 구비하고, 또 항상 최상의 상태를 유지하고 작동되도록 하여 효과적인 수업이 실시되도록 한다.

넷째, 프로그램의 원활한 운영을 위해 타 기관이나 조직과의 연계를 모색하며, 동시에 조직 내에서의 소통과 협력이 효과적으로 이루어지도록 한다.

다섯째, 프로그램이 시작된 다음에 발생할 수 있는 예상치 못한 상황 변화에도 유연하게 대처하여 프로그램이 성공적으로 종료되도록 한다.

여섯째, 프로그램 종결 시 프로그램의 전반적 과정 및 성과에 대한 평가에 기초해 프로그램을 계속 유지할 것인지 또는 개선이나 중단이 필요한지에 대한 의견을 제시한다.

### (3) 프로그램 운영관리자의 역량

소오크(Sork)는 프로그램 운영관리자가 갖추어야 할 자질에 대해 기술적 영역, 정치사회적 영역 및 윤리적 영역의 세 가지로 분류하여 제시하였다(Sork, 2000).

첫째, 기술적 능력이란 프로그램을 맡아서 효율적으로 운영할 수 있는 전문성을 말한다. 프로그램 개발에 대한 기본적 과정 및 진행 절차에 대한 지식과 기술을 갖추고 있다. 즉, 요구분석에서부터 목표설정, 내용의 구성, 그리고 수업의 진행과 평가에 이르는 프로그램 개발의 전 과정에 대한 충분한 지식과 경험을 구비하는 것을 말한다. 프로그램의 운영관리자에게는 현실성 있는 실현가능한 프로그램의 목표 설정 능력과 프로그램을 구성하는 다양한 요소들의 상관관계 파악, 이들 간의 타당성 있는 조직화를 수행할 능력, 프로그램이 실시될 환경 맥락, 프로그램 실행에 작용하는 긍정적·부정적 요소들, 잠재적 참여자의 특성과 요구수준에 대한 체계적 분석 능력, 프로그램의 실질적 운영에서 꼭 필요한 교수-학습 이론의 숙달과 함께 교수 자료의 선정 및 지원능력을 갖추어야 한다.

둘째, 정치적 관계에 대한 대처 능력은 프로그램을 개발하고 운영하기 위해서 프로그램 개발을 둘러싼 이해 당사자들의 요구나 주장에 관한 판단 및 대처 능력을 말한다. 프로그램 개발은 본질적으로 정치사회적 특성을 가지므로, 프로그램의 목표설정에서부터 규모나 기간, 참여 인력, 예산의 확보 등 매 단계에서 각 이해집단이 영향을 행사하려는 경우가 많다. 따라서 프로그램 개발을 중심으로 한 복잡한 정치적 관계에 대해 정확하게 파악하고 민감하게 대응하는 능력이 필요하다. 이해 당사자들의 꾸준한 상호작용과 소통을 통해 이들의 주장과 요구를 적절히 조정하여 합의에 도달하도록 이끄는 역량을 갖추는 것이 중요하다. 그러므로 여러 이해관계자에게 불만을 유발하지 않으면서 프로그램의 목표를 순조롭게 달성할 수 있다.

셋째, 윤리적 영역은 프로그램 개발에 있어서 가장 중요하고 기본이 되는 영역이다. 윤리적 영역에는 전문적 능력이나 뛰어난 이론적 지식 등을 포괄적으로 지칭하는 기능적 능력과는 구분되는 프로그램 운영관리자의 인격적인 측면과 자질이 포함된다. 의욕적인 프로그램 운영관리자라면 정치 권력의 역학 관계에도 능숙하여 프로그램 개발에 필요한 자원확보에 유리하도록 특정 이해당사자의 입장과 이익을 반영할 수도 있을 것이다. 그러나 이보다 더 근본적이고 핵심적인 가치는 민주주의와 인간존중 사상, 공동체 의식, 공동선 등 인류가 지금까지 소중히 여기며 추구해 온 숭고한 가치들이다. 따라서 프로그램 개발에서도 이처럼 교육적으로 바람직한 가치를 실현하는 것을 목표로 하는 것이 중요하다. 크고 작은 이해관계로 인해 흔들리는 것이 아닌 가장 본질적으로 인간다움을 형성하는 윤리의식과 도덕성을 기초로 프로그램 운영이 이루어져야 하기 때문이다.

앞서 살펴본 프로그램 운영관리자의 기본적 역량 세 가지 외에 김진화는 운영관리자가 갖추어야 할 기본 역량으로 경영관리 역량, 업무추진 역량, 대인관계 역량, 정보활용 역량 등 네 가지를 제시하였다(김진화 외, 2012).

첫째, 경영관리 역량은 교육 현장에서 발생할 수 있는 어려움이나 문제점 등을 사전에 파악하고 처리하는 능력으로 프로그램의 모든 단계를 책임지고 관리하는 운영관리자의 필수 역량이다. 기본적으로 교육 현장에 대한 이해가 요구되어야 하고 최신 정보탐색과 연구하는 자세가 도움이 된다.

둘째, 업무추진 역량은 프로그램을 기획 및 운영하고 모니터링, 평가하는 프로그램 운영에 전반적으로 필요로 하는 역량을 의미한다. 프로그램 운영담당자가 이러한 업무추진 역량을 갖춤으로써 청소년에게 더욱 만족스러운 프로그램을 제공할 수 있으며 프로그램의 목표 달성을 이끌 수 있다.

셋째, 대인관계 역량은 내부적으로 프로그램 설계자, 평가자, 내부 강사 등의 기관 관계자와 적극적인 소통과 협력을 통하여 더 나은 프로그램 운영을 이끌 수 있고, 외부적으로는 청소년, 외부 강사, 지역사회 구성원과의 커뮤니케이션을 통해 더욱 발전적인 프로그램 운영을 할 수 있다.

넷째, 정보활용 역량도 프로그램 운영관리자의 기본 역량인데, 이는 교육에 필요한 다양한 정보를 수집, 분석, 활용, 관리함에 필요한 역량이다. 특히 프로그램의 분야가 더욱 다양해지고 청소년의 요구 또한 다양해짐에 따라 많은 정보 중에서 가장 적합한 정보를 활용할 수 있도록 정보활용 역량에 대한 필요성이 높아지고 있다.

이외에도 프로그램 운영을 위하여 운영관리자가 갖추어야 할 핵심역량으로 청소년관리지원능력, 강사관리지원능력, 홍보마케팅능력, 활동시설매체관리능력, 관리운영모니터링능력, 학습결과인증관리능력, 예산관리집행능력, 홈페이지관리운영능력 등 여덟 개의 역량을 제시하였다(김진화 외, 2008).

| 표 8-3 | **프로그램 운영담당자의 핵심역량**

| 핵심역량 | 내용 |
|---|---|
| 청소년관리지원능력 | 청소년에게 정보와 편의를 제공하고 계속된 학습이 진행되도록 관리하는 능력 |
| 강사관리지원능력 | 강사에게 필요한 정보와 편의를 제공하고 협력 및 관리하는 능력 |
| 홍보마케팅능력 | 기관의 프로그램에 많은 청소년이 참여하도록 홍보하는 능력 |
| 활동시설매체관리능력 | 기관의 활동시설과 프로그램에서 필요로 하는 매체를 상시 관리하는 능력 |
| 관리운영모니터링능력 | 프로그램에 대한 전반적인 운영을 주기적으로 모니터링하고 관련 사항을 관리운영하는 능력 |
| 학습결과인증관리능력 | 프로그램 참여자의 학습결과를 제도적, 행정적으로 인증하고 관리하는 능력 |
| 예산관리집행능력 | 프로그램 운영 예산을 적절히 편성하고 집행하는 능력 |
| 홈페이지관리운영능력 | 기관의 홈페이지를 효과적으로 운영하여 정보제공과 소통이 원활하도록 관리하는 능력 |

출처: 김진화 외. (2008). **평생교육사 직무모델 개발 및 타당화 연구. 평생교육학연구**, 14(1), 1-31. 재구성.

## 2) 청소년지도자

### (1) 청소년지도자의 중요성

청소년프로그램에서 청소년활동을 지도하는 사람을 청소년지도자라고 부른다. 특히 지도자는 청소년과 상호작용을 격려하고 지원하는 촉진자의 역할이 중시된다. 지도자는 청소년들을 대상으로 그들의 요구를 충족시키기 위한 프로그램을 직접 실시하고 진행하는 사람이므로 인적자원 중에서도 특히 중요하다. 그러나 지도자를 단순한 지식 전달자나 정보 제공자로 보는 것은 옳지 않다. 지도자는 수업을 이끄는 지도자로서뿐만 아니라 학습의 촉진자이자 가이드이며, 또 멘토와 상담자로서의 역할을 수행할 것이 기대된다. 따라서 유능한 지도자는 관련 분야의 전문적 지식이나 기술 및 태도의 학습을 돕는 전통적인 교사의 역할은 물론 변화에 부응하는 새롭고 혁신적인 교수방법론의 활용에 대해 숙달될 필요가 있다. 또한 지도자는 청소년 학습목표를 달성하도록 최대한 지원할 수 있는 역량을 갖추어야 한다. 활동을 담당할 지도자에게는 청소년활동과 청소년문화는 물론 청소년 관련 이론적 기초 및 교육과정 전문가로서의 역량이 요구된다. 그뿐만 아니라 지도자를 학습의 관리자로 인식하는 경향도 있다 (Rogers, 2002).

### (2) 청소년지도자의 역할

좋은 지도자의 조건은 먼저, 프로그램 내용에 대해서 충분한 지식을 가지고 있어야 하며, 가르치는 기술이 있어야 한다. 지식이 많은 것과 가르치는 능력은 다르다. 같은 시간에 같은 내용을 전달하더라도 지도자의 수업기술(Instruction Skill)에 따라서 청소년들이 느끼는 것은 다르다. 지도자는 이야기할 내용을 가지고 있을 뿐 아니라 그것을 바르게 전달하는 기술적인 능력도 갖추고 있어야 한다. 강단에 선 이상 청소년에게 무언가 유익한 것을 보여 줄 수 있어야 한다. 그러므로 지도자는 수업을 시작하기에 앞서 자기가 내용을 얼마만큼 충실하게 준비했는지, 그것을 얼마만큼 잘 이해시킬 능력이 있는지를 생각할 필요가 있다. 또한 지도자의 열정은 여러 가지 측면에서 말할 수 있지만, 무엇보다도 지도자 자신이 수업내용과 자기의 임무에 대해 의의를 발견하고 달성하려는 성취욕에서 나온다.

수업을 진행하면서 지도자는 청소년과의 거리를 없애고자 노력할 필요가 있다. 심리적인 거리감이 청소년의 귀를 멀리해 버리기 때문이다. 아무리 기술이 뛰어나고 지식이 많다고 해도 인간적인 매력이 없으면 지도자와 청소년 사이에 친밀감이 생기지 않는다. 따라서 지도자는 교육장의 분위기를 활발하게 조성하기 위해 인간관계도 원만하게 처리하는 능력을 갖추고 있어야 한다. 그리고 수업 현장에서는 예측하지 못한 여러 가지 일들이 일어날 수 있다. 갑자기 이상한 질문을 하는 청소년이 있을 수도 있고 기자재가 필요한 수업에서 기자재가 갑자기 문제를 일으키는 상황이 생길 수도 있다. 이에 지도자는 돌발적인 상황도

자연스럽게 대처할 수 있는 임기응변의 적응력이 있어야 한다. 좋은 지도자는 행동이 있어서도 청소년을 대면할 때 효율적인 행동으로 원활한 관계 형성에 도움을 준다. 다음은 지도자의 효율적인 행동과 비효율적인 행동을 구분하였다.

| 표 8-4 | 청소년지도자의 효율적 행동과 비효율적인 행동

| 효율적인 행동 | 비효율적인 행동 |
|---|---|
| 열정적으로 가르친다. | 냉담하고 싫증 난 듯이 가르친다. |
| 청소년에게 관심을 많이 가진다. | 청소년에게 관심이 적다. |
| 언제나 즐거워 보이고 낙천적이다. | 침울해 보이고 염세적이다. |
| 강의실에서 쉽게 화내지 않는다. | 강의실에서 쉽게 화낸다. |
| 청소년과 함께하기를 즐기고 유머를 발휘한다. | 지나치게 심각하고 진지하다. |
| 자신의 잘못을 청소년들 앞에서 인정한다. | 자신의 잘못을 모르거나 인정하지 않는다. |
| 청소년들에게 공정하고 객관적이다. | 청소년들에게 불공정하고 편애한다. |
| 인내심을 가진다. | 인내심이 약하다. |
| 청소년들을 이해하고자 노력한다. | 청소년들을 이해하지 못하고 때로 조롱한다. |
| 청소년들을 다정하고 따뜻하게 대한다. | 청소년들과 간격을 두고 대한다. |
| 청소년의 교육문제 및 신상문제도 도와준다. | 청소년들 개인의 신상문제에는 관심이 적다. |
| 잘한 일에 대해서는 칭찬을 아끼지 않는다. | 청소년들을 칭찬하는 경우가 없다. |
| 교육 성취가 나쁘더라도 성실성은 인정한다. | 교육 성취가 나쁘면 그의 성실성까지 의심한다. |
| 언제나 타인의 반응을 받아들인다. | 타인의 반응을 거부한다. |
| 청소년들이 항상 최선을 다하도록 격려한다. | 청소년들을 제대로 격려하지 못한다. |
| 강의 준비를 철저히 한다. | 교육 준비에 불성실하다. |
| 강의는 전체 계획 속에서 항상 융통적이다. | 강의를 계획대로 하나 유연성이 없이 실시한다. |
| 청소년 개개인의 요구가 다름을 인정한다. | 개인차를 인정하지 않는다. |
| 흥미롭고 새로운 교육 자료와 방법을 연구한다. | 교육 자료와 방법에 관심이 적다. |
| 시범과 설명은 분명하고 구체적으로 한다. | 설명이 모호하고 시범이 불분명하다. |
| 방향 제시가 불완전하고 모호하다. | 방향 제시가 분명하고 철저하다. |
| 청소년 스스로 공부하고 평가하도록 고취한다. | 청소년 자율적인 학습을 인정하지 않는다. |

| 효율적인 행동 | 비효율적인 행동 |
|---|---|
| 야단을 조용히 위엄 있게 긍정적으로 친다. | 야단을 칠 때 잔소리가 많고 조롱한다. |
| 기꺼이 도와준다. | 도와주는 데 인색하다. |

출처: 김진화 외. (2008). 평생교육사 직무모델 개발 및 타당화 연구. 평생교육학연구, 14(1), 1-31. 재구성.

지도자는 청소년에게 단편적으로 지식과 정보를 제공하는 것에서 멈추는 것이 아니라 청소년과 상호작용하며 함께 성장하는 지도자이다. 따라서 지도자는 프로그램의 성격과 내용, 청소년의 특성 등의 요소에 따라 적절한 역할을 수행할 수 있어야 한다. 이러한 관점에서 크랜튼(Cranton)은 지도자와 청소년의 상호작용에 초점을 두고 지도자의 역할을 열두 가지로 구분하여 제시하였다(Cranton, 1992).

| 표 8-5 | **청소년프로그램 청소년지도자의 역할**

| 지도자-청소년 상호작용 | 지도자 역할 |
|---|---|
| 타인주도적 (Other-Directed) | 전문가(Expert), 기획자(Planner), 강의자(Instructor) |
| 자기주도적 (Self-Directed) | 격려자(Facilitator), 자원인(Resource Person), 관리자(Manager) |
| 상호주도적 (Mutually Directed) | 멘토(Mentor), 학습동반자(Co-Learner), 개혁자(Reformer), 반추적 실천가(Reflective Practitioner), 연구조사자(Researcher), 모델(Model) |

출처: Cranton, P. (1992). Working with adult learners. Toronto: Wall & Emerson.

한편, 지도자는 청소년 또는 청소년단체를 대상으로 학습의 변화를 주도하고 촉진하는 사람이다. 따라서 변화를 일으키는 매개자(change agent), 변화를 유도하기 위한 관리자, 학습 분위기 조정자의 역할을 수행해 주길 기대한다. 그뿐만 아니라 지도자의 태도 역시 청소년의 학습을 촉진하는 중요한 요소이다. 지도자의 스타일은 청소년에게 큰 영향을 미친다. 프로그램 진행 시 학습 분위기는 다음 네 가지의 유형으로 분류되기도 한다(신용주, 2022).

| 표 8-6 | **학습 분위기 유형**

| 유형 | 내용 |
|---|---|
| 호의적 vs 배타적 | 학습 집단 내의 분위기가 호의적인지 배타적인지에 따라 지도자와 청소년 간의 정서적 유대가 달라짐 |
| 직접적 vs 간접적 | 지도자와 청소년 간 또는 청소년 간의 상호작용이 직접적인지 간접적인지에 따라 학습 분위기가 달라짐 |
| 열정적 vs 소극적 | 지도자가 가르치는 주제나 수업에서 다루는 학습과제에 대한 지도자와 청소년의 몰입 정도가 열정적인지 소극적인지에 따라 학습 분위기가 달라짐 |
| 조직적 vs 비조직적 | 지도자가 얼마나 조직적 또는 비조직적으로 학습 과정을 운영하고 관리하는가에 따라 청소년의 학습활동에 참여하며 자신의 시간을 가치 있게 활용하는 것에 대한 보람을 느끼는 정도가 달라짐 |

출처: 신용주. (2022). 평생교육프로그램 개발론. 서울: 학지사. 재구성.

### (3) 지도자의 역량

지도자의 다양한 역할을 수행하기 위해서 지도자가 갖추어야 할 역량 또한 다양하다. 청소년활동과 관련된 제반 요소들을 융합하여 새로운 교육적 가치를 창출하고 청소년의 학습활동을 지원 및 촉진하는 활동 능력을 청소년프로그램 교육자의 역량으로 정의할 수 있다(정주영, 2012). 청소년지도자에게는 학문적 능력은 물론 실천적 역량을 겸비한 전문가로서의 역량이 요구된다. 놀즈(Knowles), 크랜튼(Cranton), 브룩필드(Brookfield), 녹스(Knox) 등의 학자들이 주장하는 지도자 역량에 대해 살펴보자.

#### ① 놀즈의 지도자 역량

놀즈(Knowles, 1970/1989)는 역량을 학습촉진자, 프로그램 개발자, 행정가로서의 세 가지 영역으로 설명하였다(차갑부, 2002).

| 표 8-7 | 놀즈의 지도자 역량

| 구분 | 역량 | 내용 |
| --- | --- | --- |
| 학습촉진자 | 청소년의 이론적 기초에 관한 숙달 | • 청소년의 요구·능력, 발달상의 특성을 이해하고, 학습에 적용하는 능력<br>• 청소년의 교수-학습 활동에 시사하는 바를 기술하는 능력<br>• 청소년학 이론을 이해하고 이를 학습 상황에 관련지어 활용하는 능력 |
| | 청소년의 학습경험을 설계하고 실천하는 능력 | • 청소년 간의 개인차를 고려하여 목표를 세우고, 학습경험을 설계하는 능력<br>• 상호 존중과 신뢰에 기초하여 개방적인 분위기를 형성하는 능력<br>• 청소년들과 온정적이고 촉진적인 관계를 맺는 능력<br>• 청소년들이 스스로 학습 요구를 진단하고, 목표를 설정하여 학습에 참여하도록 권장하는 능력 |
| | 청소년의 자기주도성을 증진하는 능력 | • 지도자주도학습과 자기주도학습의 차이점을 설명할 수 있는 능력<br>• 지도자 자신이 직접 행동을 통해 청소년에게 자기주도적인 학습의 모델링이 가능하도록 하는 능력 |
| | 교육 방법 및 교육 자료의 선정 능력 | • 학습촉진을 위해 이용 가능한 학습자원 및 자료의 범위를 파악하는 능력<br>• 교육목표 설정 및 교육 결과 도출을 위해 적절한 교육 방법이나 기법 및 교육 자료를 선정하는 능력<br>• 청소년들의 다양한 경험을 효율적으로 활용하는 능력<br>• 집단 역학(group dynamics)과 소집단 토론 기법의 효과적 활용 능력 |
| 프로그램개발자 | 프로그램의 기획 | • 프로그램에 대한 요구 측정에서 목표 설정을 거쳐 프로그램을 설계한 후, 실행 및 평가에 이르는 전 과정을 기획할 수 있는 능력<br>• 프로그램의 기획 과정에 청소년을 참여시키는 능력<br>• 개인 및 조직의 요구 사정을 위한 도구나 절차를 개발하는 능력<br>• 체제 분석 전략을 통해 프로그램을 기획하는 능력 |
| | 프로그램의 설계 및 실행 | • 상황 및 환경의 요구에 따라 프로그램을 설계하는 능력<br>• 조사 자료를 활용하여 프로그램을 개발하는 능력<br>• 일정이나 자원에 따라 창조적으로 프로그램을 설계하는 능력<br>• 자문이나 특별위원회 등을 효과적으로 활용하는 능력<br>• 기관의 책무성을 충족시키고 프로그램을 개선하기 위한 평가 계획의 수립 및 실행 능력 |
| 행정가 | 조직을 유지·발전시키는 능력 | • 조직 운영의 개선을 위하여 다양한 이론 및 연구 결과를 이해하고 적용할 수 있는 능력<br>• 행정가로서의 개인 철학을 확립하고 이를 다양한 상황에 적용할 수 있는 능력<br>• 정의를 구현하는 정책을 수립하는 능력조직의 효율성을 평가하여 지속적인 발전을 도모하는 능력 |

| 구분 | 역량 | 내용 |
|---|---|---|
| | | • 책임 및 의사결정 권한을 타인과 공유하면서 효과적으로 행사하는 능력<br>• 조직 구성원의 업무 수행 능력을 평가하는 능력<br>• 청소년 관련 법규 및 정책을 분석 · 해석 · 활용하는 능력 |
| | 프로그램 실행자로서의 능력 | • 예산의 범위 내에서 프로그램을 실행하는 능력<br>• 재정 계획 및 절차를 검토하는 능력<br>• 정책 입안자에게 청소년교육의 바람직한 접근방법에 대해 효과적으로 설득하는 능력<br>• 효과적인 홍보 전략을 설계하고 활용하는 능력<br>• 프로포절을 개발하고 이를 위한 재정 지원 방안을 마련하는 능력<br>• 혁신적 프로그램을 시행하고 그 결과를 객관적으로 평가하는 능력 |

### ② 크랜튼의 지도자 역량

크랜튼(Cranton)은 지도자와 청소년의 상호작용 관계에서 네 가지의 역량을 제시하고 하위역량으로 더 세분화하였다(Cranton, 1992).

**| 표 8-8 | 크랜튼의 지도자 역량**

| 역량 | 의미 | 하위역량 |
|---|---|---|
| 교수 · 학습 기획역량 | 교수 · 학습목표의 수립 및 교육내용의 설계와 개발에 관한 역량 | 학습자원 및 정보수집분석 역량, 학습목표 및 학습활동 구체화 역량, 교수설계 역량, 프로그램 개발 및 이해 역량, 교수법 개발 역량, 학습내용 이해역량, 교수 · 학습과정안 작성 역량, 교재개발 역량, 교수매체 개발 역량 |
| 교수 · 학습 실행역량 | 기획된 교수 · 학습과정을 효과적으로 실행할 수 있는 역량 | 학습내용의 전문성 역량, 학습내용의 통합 역량, 교수법 적용 역량, 동기 유발 역량, 교수매체 활용역프레젠테이션 역량, 커뮤니케이션 역량, 아이스브레이킹 역량, 긍정적/동적/열정적 태도 |
| 교수 · 학습 관리역량 | 체계적인 교수 · 학습을 위한 제 요소를 효과적, 효율적으로 관리할 수 있는 역량 | 마케팅 역량, 인적 · 물적 자원관리 역량, 학습자 변화관리 역량, 행 · 재정이해 역량, 프로그램평가 역량, 강의관리 역량, 학습자 진도관리 역량, 학생평가 역량, 팀워크 구축 역량 |
| 교수–학습 지원 및 촉진 역량 | 학습자를 지원하고 학습활동을 촉진하는 역량 | 피드백 역량, 학습실천 및 활용도모 역량, 학습상담 및 컨설팅 역량, 사회관계망 구축 및 관리 역량 |

출처: Cranton, P. (1992). Working with adult learners. Toronto: Wall & Emerson.

### ③ 브룩필드의 지도자 역량

브룩필드(Brookfield)는 놀즈의 가정에 기초하여 촉진자로서 숙달해야 할 일곱 가지 요소를 제시하였다. 브룩필드가 제시한 지도자 역량의 요소들은 다양한 프로그램의 개발과 실시에 꼭 필요한 교수 원리라고 할 수 있다(Brookfield, 1986).

- 학습을 유도하는 물리적·심리적 환경을 조성하는 능력
- 교육 방법의 선정과 프로그램 개발에 청소년을 참여시키는 능력
- 학습 요구 진단에 청소년을 참여시키는 능력
- 청소년의 학습목표 수립을 격려하는 능력
- 동원 가능한 자원을 파악하고 활용하여 학습목표 성취 전략을 개방하는 능력
- 청소년의 학습 계획 실천을 지원하는 능력
- 학습에 대한 질적 평가에 청소년을 참여시키는 능력

이와 더불어 브룩필드는 지도자의 역할 중 특히 비판적 분석가의 역할을 강조하였다. 또한 지도자가 청소년에게 공감과 지원을 제공하고 권능을 부여하는(enable) 촉진자의 역할을 제시하였다(Brookfield, 1986).

### ④ 녹스의 지도자 역량

녹스(Knox)는 지도자가 갖추어야 할 역량으로서 다음의 세 가지 영역에서 숙달됨(proficiency)을 강조하였다(Knox, 1979).

| 표 8-9 | 녹스의 지도자 역량

| 역량 | 내용 |
|---|---|
| 청소년교육 영역 전반에 대한 인식 | • 청소년교육 기관 및 조직에 대한 이해<br>• 청소년교육 관련 사회적 추세 및 쟁점에 대한 이해<br>• 인사 · 조직 · 자원 등 유용한 자료에 대한 파악과 해석 |
| 청소년과 학습에 대한 인식 | • 청소년에 대한 이해<br>• 청소년의 생애 주기 및 교육 참여 동기에 대한 이해<br>• 청소년의 학습 방법 및 학습 환경에 대한 이해 |
| 관계를 통한 창의적 실천에 대한 숙달 | • 청소년지도자들의 다양한 배경과 전문성을 청소년교육의 실천에 적용하는 능력의 숙달<br>• 행정가 · 강사 · 상담자 · 프로그램 개발자 및 인적자원 인사로서 청소년교육 지원능력의 숙달 |

### (4) 지도자의 자세

지도자는 청소년프로그램의 이해와 지도자가 갖추어야 할 역량과 자질을 점검해야 한다. 따라서 청소년 관련 전문적인 지식과 청소년의 이해가 필요하다. 무엇보다 많은 사람에게 모범을 보여야 할 위치이다 보니 윤리의식과 도덕성을 기초로 품위를 유지해야 한다. 지도자의 자세를 살펴보면, 다음과 같이 제시한다.

첫째, 청소년프로그램에 선정된 지도자는 제일 먼저 해당 프로그램을 명확히 이해하도록 하여야 한다. 지도자는 청소년프로그램의 개발 배경, 학습자에 대한 정보, 교육기관의 교육 방침과 이념 등에 대해 사전에 안내받고 이를 이해하여 최적의 교수 · 학습활동이 이루어질 수 있도록 해야 한다.

둘째, 지도자는 교육내용과 목표에 맞는 교육 콘텐츠를 보유하고 전문지식을 갖추도록 끊임없이 연구하고 노력하여야 한다. 또한 자신의 전문지식과 교육콘텐츠를 청소년에게 효과적으로 전달하기 위한 교수법에 관한 연구도 게을리하지 않아야 한다. 무엇보다도 열정을 가지고 성의 있게 지식과 정보를 전달해야 한다.

셋째, 윤리의식과 도덕성을 기초로 프로그램 교수 · 학습활동을 하여야 한다.

또한 항상 청소년과 관계자에 대한 예의를 갖추며 청소년에게 본을 보일 수 있는 자세로 지도자의 품위를 유지하도록 한다.

### (5) 외부 강사 선정 및 관리

외부 강사의 선정기준은 프로그램의 성격과 내용에 따라 다르다. 전문적인 기술과 지식을 요구하는 프로그램은 강사의 경력뿐만 아니라 학위나 특정 자격증을 요구하기도 하지만, 여가 선용 차원의 프로그램은 강사의 자질에 많은 제한점을 두지 않는다. 따라서 일반적으로 적용할 수 있는 강사의 자질을 다음과 같이 정리할 수 있다(Caffarella, 2002). 프로그램 내용에 대한 지식, 다양한 교수방법과 실제 적용 능력, 청소년들의 경험과 프로그램 내용을 연결할 수 있는 능력, 청소년에 대한 관심과 가르침에의 헌신, 강사의 직위, 교육 경력, 전문성에 대한 청소년들의 신뢰성, 청소년 요구에 따를 수 있는 융통성, 이외에도 청소년기관에서 요청하는 시간에 출강이 가능한가, 강사료 책정에 동의하는가 등과 같은 실질적인 사항을 고려해야 한다. 그리고 강사의 선발을 위한 자질평가방법도 중시되어야 한다. 즉, 이력서 평가, 특정 강사에게 지도받은 경험이 있는 학습자에 의한 평가, 타인의 소견서나 추천서에 의한 평가, 수상경력 평가, 개인 면접을 통한 평가방법 등을 활용할 수 있다(Caffarella, 2002).

강사가 선정되었으면, 가능한 한 빨리 의뢰 강의 청탁을 진행해야 한다. 강의의뢰는 교육계획이 결정되는 대로 해야 하며, 사내강사의 경우에는 강의 준비시간을 넉넉히 주어야 한다. 강의 의뢰 시 교육 담당자의 전화응대 한마디, 옷차림, 태도가 교육 의뢰자 측의 기관 수준, 교육수준을 짐작하게 하고 강의 승낙 여부를 결정하게 한다.

전화를 이용한 강의 의뢰 시 통화 내용 중에는 실시하고자 하는 프로그램의 목적이나 대상자, 프로그램 실시 장소, 부탁드리고자 하는 강의의 주제 및 시간 등 교육의 전체적인 개요와 상대방에게 필요한 사항을 빠뜨리지 않아야 한다.

청소년기관의 강사는 대체로 기관에 소속되지 않은 외부 강사이기 때문에 강사로 결정된 직후의 강사료 협의 및 지급방법과 같은 기초적인 행정절차 이외에는 교육기관의 구성원들과 접촉하는 일이 거의 없다. 그러나 청소년의 만족을 위해 더 나은 프로그램 진행이 이루어지도록, 선발된 강사와 기관은 프로그램이 끝날 때까지 파트너십을 유지해 나갈 수 있도록 노력해야 한다. 그리고 강사가 결정되면 기관은 강사 오리엔테이션을 집단적 혹은 개인적으로 실시하여 프로그램을 원활히 진행할 수 있도록 도와주어야 하며, 이때 다루어야 할 기본적인 내용은 전체 프로그램 관리자 소개, 기관에 대한 정보, 프로그램 실시 시간과 장소, 계약 내용 · 주차장 · 강사 휴게실 · 복사실 등과 같은 편의시설 안내, 강사의 책임 영역, 강사의 강의 이외의 행정적 업무, 청소년 요구분석에 기초한 프로그램에 대한 기대 등이다. 이상의 내용에 대한 오리엔테이션이 끝나면 강사는 강사 카드를 작성하고, 강사료를 협의하여 강사료 지급방식을 확정지어야 한다. 또한 강사는 필요한 교재 · 교구 및 교육매체를 프로그램 관리자에게 미리 알려 주고, 매체의 확보방법을 상의함으로써, 프로그램 진행절차를 마치게 된다.

### 3) 자원봉사자

#### (1) 자원봉사자의 필요성

자원봉사자는 청소년프로그램 운영에 필요한 전문분야에 대해 재능을 기부하는 인적자원을 말한다. 지역의 다양한 인적자원을 활용하는 봉사단에 대한 시대적 요구도 증가하고 있다. 이는 청소년교육 활성화 차원에서도 매우 필요하다. 사회봉사와 자아성취를 위한 봉사활동가로 현장체험을 통한 경력관리를 목적으로도 참여하기도 한다. 자원봉사자는 특수 분야에 대한 교수자의 역할, 주강사에 대한 보조강사 역할, 프로그램 운영관리자를 도와 업무를 보조하는 역할 등의 다양한 역할을 수행한다. 하지만 다양한 청소년프로그램을 이수하고, 단계별 진입 과정, 자격 과정, 취업 프로그램 등을 이수한 지역의 유휴 인적자원도 증가하고 있지만, 이들이 성장하는 데는 한계가 있다.

운영관리자는 청소년프로그램에 필요한 자원봉사자 인적자원을 주로 모집 광고를 통해 확보하는데 자원봉사자의 재능과 임하는 자세에 대해 점검하는 것이 필요하다. 그리고 자원봉사자는 청소년프로그램의 조력자로 책임감과 소속감을 가지고 참여하는 자세가 필요하다.

### (2) 자원봉사자의 특성

자원봉사자의 특성은 자발성, 무보수성, 공익성, 지속성 등의 특성이 있다. 자세한 사항은 다음과 같다(한국산업인력공단, 2016c).

첫째, 자발성은 자신의 재능과 열정을 도움이 필요한 곳이나 대상에게 대가 없이 기부나 활동하는 것이며, 자신의 자발적인 의지로 지역사회를 돕는 행위이다.

둘째, 무보수성은 금전적인 대가를 목적으로 하는 활동이 아닌 무보수 활동이다. 따라서 자원봉사자는 자신의 활동에 대해 기관에 물질적 대가를 요구해서는 안 된다.

셋째, 공익성은 자신의 이익이나 목적을 위해 하는 활동이 아니며, 타인을 존중하고 이웃과 더불어 살아가는 공동체 형성을 위한 공익성을 바탕으로 한다.

넷째, 지속성은 일정 기간 지속적이고 정기적으로 참여하여야 한다.

### (3) 자원봉사자 활동 사전 교육

봉사단은 구축과 함께 활동 수요처 조사에 이어 활동에 따른 사전 교육을 실시해야 한다. 봉사자들은 이미 전문성을 갖춘 인력이지만, 봉사활동 마인드 제고, 봉사자의 자세, 활동 기관에 어울리는 지도자로서 역할에 대한 활동 사전 교육을 받는다. 활동 사전 교육은 전문가와 함께하는 워크숍, 선배를 통한 활동 사례 공유, 봉사자들의 경험을 되돌아보고 찾는 현장과 연결되는 프로그램 개발 등이다(한국산업인력공단, 2016c).

Chapter

09

# 물적자원 · 재정자원 · 정보자원

# 1. 물적자원

## 1) 물적자원의 정의 및 종류

물적자원이란 교육에 활용되는 자원 중 물리적 자원을 의미하며, 인적자원, 재정자원, 정보자원을 제외한 대부분의 자원은 물적자원이라고 할 수 있다.

첫째, 지역사회에 소재하고 있는 여러 종류의 자원이 물적자원에 해당한다. 즉, 넓은 의미에서 볼 때 지역사회의 지리적 환경, 자연환경, 동식물과 산과 하천, 평야, 건물, 기관, 시설도 물적자원이다.

둘째, 인간의 힘으로, 인위적으로 만들어진 인공자원도 물적자원이다. 지역사회의 유적과 유물 등과 같은 문화유산, 지역사회의 건물, 시설, 도로 등과 같은 것은 인공자원이다. 지역사회에 있는 기관과 시설은 그 용도별로 다양하게 분류할 수 있다. 즉, 상업시설, 기업시설, 문화시설, 보건시설, 여가시설, 교육시설, 복지시설, 스포츠 시설 등은 모두 지역사회에 있는 기관과 시설들이다(한국산업인력공단, 2016b). 이 같은 시설 가운데 도서관, 미술관, 박물관, 문화센터 등은 교육에 직접 활용할 수 있는 자원이고, 우체국, 은행, 공연장 등은 부수적으로 활용할 수 있는 시설이다. 교육설비도 물적자원이라고 할 수 있다. 교육과 관련된 시설 혹은 설비는 강의실, 운동장, 수영장, 체험학습장, 실습장 등은 교육과 직접적으로 관련된 시설이다.

셋째, 청소년프로그램 운영 시 강의실에서 사용하는 수업 기자재와 같은 노트북, 프로젝트, 음향시설 등의 시청각 기자재와 필기도구 등도 필수적인 물적자원이다. 프로그램에 직접 영향을 미치는 교육장소와 수업 기자재는 프로그램 만족도에서 교육장소와 환경, 수업 기자재에 많은 영향을 받기 때문에 더욱 신중해야 한다(권진하 외, 2022).

교육에 활용되는 물적자원의 종류를 다음과 같이 구분하였다(한국산업인력공단,

2016b).

| 표 9-1 | **교육에 활용되는 물적자원**

| 조사항목 | 물적자원 |
|---|---|
| 자연환경<br>(경관자원) | 공원(국 · 공립), 자연휴양림, 산림수목원, 등산로, 산책로, 둘레길 등<br>하천, 저수지, 낚시터, 온천, 생태습지, 연못 등<br>정자목, 보호수, 보호동식물, 환경관련지구(자연생태보전지구, 조수보호구역) 등<br>약초, 고랭지채소, 화훼, 산채, 버섯, 특산물 등<br>경작지, 목장, 과수원 등 |
| 인위적 환경<br>(생태문화자원) | 전통가옥, 폐교, 농장, 과수원, 교회, 마을회관, 창고, 정자, 문화시설 등<br>생태학습장, 교육시설, 기업, 특정작물재배단지, 유원지, 숙박시설, 낚시터 등 |
| 수업환경<br>(수업기자재) | 노트북, 프로젝트, 음향시설, 마이크, 칠판, TV, 오디오, 복사기, 팩스 등 |

## 2) 물적자원의 선정과 관리

### (1) 교육장소 및 기자재 선정

프로그램 진행 전에 학습자를 편안하게 수용할 수 있는 장소의 선정은 필수적이다. 청소년이 학습하기에 쾌적한 교육환경을 마련함으로써 이들의 교육 만족도 향상과 프로그램 목표의 성공적 달성을 기대할 수 있다. 따라서 교육장소를 선정하기 전에 프로그램의 내용과 장소의 적합성을 이해하고 후보 시설을 먼저 선별하는데 이때 프로그램 진행에 포함되는 활동, 학습자 집단 규모 및 접근성 등을 먼저 고려하도록 한다. 합숙교육, 현장교육이 있을 때 역시 학습자 집단 규모와 연령, 접근성, 장소대여 비용, 편의시설 등을 고려하여 선정하는 것이 중요하다. 후보 시설별 부대시설, 비용, 주변 시설 등의 정보를 비교해 보고 해당 청소년프로그램에 필요한 조건 사항들을 점검하여 후보 시설 중 최적이라고 판단되는 곳부터 사전 답사를 실시한 후 최적의 교육장소를 선택한다.

교육장소가 선정되면 강의실, 식당, 숙소 등의 위치와 동선을 확인하여 안내함으로써 교육 편의를 제공하고 문제점이 발생할 경우를 대비하여 현지 연락처를 사전에 정리해 두는 것도 필요하다. 교육장소의 선정과 함께 기자재의 준비 및 배치도 중요하다. 프로그램에 참여한 청소년을 위한 바람직한 교육환경 구성을 위해 반영할 사항들은 다음과 같다.

첫째, 교육장소는 프로그램의 내용과 주제에 적합한 장소로도 이동하여 실행할 수 있어야 한다.

둘째, 교육장소는 학습목표와 계획된 학습활동이 최대한 실현될 수 있도록 설계된 시설이어야 한다.

셋째, 교육장소는 학습자의 규모에 적합한 크기와 용도에 맞아야 하며, 불편함을 느끼지 않도록 적절한 공간이 확보될 수 있도록 한다.

넷째, 책상, 의자, 음향·조명, 교실 내 설비, 부대시설, 전기설비, 교육용 기자재 등 세부항목을 정리하여 학습환경 구성에 이를 반영한다. 교수·학습활동에 가장 중요한 역할을 하는 음향시설 등은 직접 작동시켜 정상인지 확인하고, 최상의 상태가 유지될 수 있도록 사전에 설정값을 미리 파악하여 정리하는 것도 필요하다.

다섯째, 교육장소의 책상 및 기자재는 청소년의 학습을 촉진할 수 있도록 적절히 배치하여 분위기를 수용할 수 있어야 한다. 지도자가 더욱 효과적인 프로그램을 진행할 수 있도록 필요로 하는 기자재를 준비하고 청소년의 입장을 고려하여 학습자에게 편의를 제공할 수 있는 기자재 및 환경을 조성하도록 한다.

여섯째, 교육장소를 옮기고자 할 때는 프로그램 실시 예정일에 사용할 수 있는 시설이어야 하며, 대여비용 또한 저렴하거나 적정한 가격이어야 한다.

일곱째, 숙박이 필요한 집중 프로그램인 경우 식당, 잠자리, 샤워실, 휴게실, 외부 전화 등 부대시설이 잘 갖추어진 곳이어야 한다.

여덟째, 교육장소가 정해지면 프로그램 진행을 위하여 강의실의 모든 시설이 완벽하게 갖추어졌는지를 점검하고, 문제가 있으면 사전에 반드시 조치해야 한다.

### (2) 교육장소 선정의 기준

교육장소 선정 기준 시 고려해야 할 사항은 참석인원 수, 교육장 크기, 교육장 배열, 책상과 의자, 조명, 소음, 온도, 교통 및 주차시설, 부대시설, 음향시설, 전기시설, 교육용 기자재, 비품 등을 제시할 수 있다. 자세한 내용을 살펴보면 다음과 같다.

| 표 9-2 | **교육장소 선정 기준**

| 항목 | 교육장소 선정 기준 |
|---|---|
| 참석인원 수 | 정원을 초과한 교육 장소에 더 많은 인원을 억지로 수용해서는 안 된다. |
| 교육장 크기 | 책걸상 일체형: 학습자 1인당 2~2.5㎡, 책걸상 분리형: 학습자 1인당 2.5~3.5㎡ |
| 교육장 배열 | 어떤 자리 배치든 모든 사람이 정확하게 보고 들을 수 있도록 해야 한다. |
| 책상과 의자 | 책상은 폭 0.5m, 길이 1.8m 정도 |
| 조명 | 학습자들이 필기할 때 지장이 없도록 해야 한다. |
| 소음 | 작업장으로부터 멀리 떨어진 장소를 선정해야 한다. |
| 온도 | 섭씨 20~25도 정도 유지, 냉·난방을 철저히 한다. |
| 교통편의 | 대중교통시설, 주차공간, 장애인시설 등을 고려해야 한다. |
| 부대시설 | 휴게실, 자동판매기, 공중전화, 화장실, 비상출입문, 숙박시설 등을 고려한다. |
| 음향시설 | 교육 담당자와 지도자의 목소리가 주도적인 소리가 되어야 한다. |
| 전기시설 | 전기설비의 사용 가능 여부와 전원 코드의 위치를 점검해야 한다. |
| 교육 기자재 | 구비여부, 정상 작동, 대여 가능성 등을 점검해야 한다. |
| 여분의 비품 | 소모품의 여분을 구비하고 그것의 교체방법도 알고 있어야 한다. |
| 비품보관장소 | 여분의 교육용 장비, 배포 자료, 기자재 등을 보관할 공간이 있어야 한다. |

출처: 이복희 외. (2023). 평생교육 프로그램개발론(2판). 파주: 양성원.

| 표 9-3 | 교육장소 체크리스트

| 연번 | 항목 | 점검 | 점검 중 | 미점검 | 비고 |
|---|---|---|---|---|---|
| 1 | 참석인원 | | | | |
| 2 | 교육장 크기 | | | | |
| 3 | 교육장 배열 | | | | |
| 4 | 교육용 책상과 의자 | | | | |
| 5 | 교육장 내 가구배치 | | | | |
| 6 | 교육장 조명 | | | | |
| 7 | 교육장 내외 소음 | | | | |
| 8 | 교육장 위치 접근성 | | | | |
| 9 | 필요 설비(시설물) | | | | |
| 10 | 주의 산만한 요소 | | | | |
| 11 | 교육장 내 음향 상태 | | | | |
| 12 | 전기설비 | | | | |
| 13 | 전원 추가확보 가능 여부 | | | | |
| 14 | 프로젝트 | | | | |
| 15 | 화이트보드 및 마커 | | | | |
| 16 | 비디오 및 모니터 | | | | |
| 17 | 투사기 | | | | |
| 18 | 여분의 비품 | | | | |
| 19 | 확성 장치 | | | | |
| 20 | 비품 보관 장소 | | | | |
| 21 | | | | | |
| 22 | | | | | |
| 23 | | | | | |

출처: 이복희 외. (2023). 평생교육 프로그램개발론(2판). 파주: 양성원.

## 2. 재정자원

### 1) 재정자원의 정의

모든 조직이 운영되기 위해서는 자금이 필요하며 청소년기관도 예외는 아니다. 청소년기관의 경영자는 기관의 운영을 위해 필요한 자금을 확보하고 이를 효율적으로 사용하고 관리해야 할 책임을 진다. 이것이 곧 청소년기관의 재정관리(Financial Management)이다. 재정관리는 재무관리라고도 하며 어떤 조직이 목표 달성을 위해 필요한 재정자원을 합리적, 계획적으로 동원하여 배분하고 효율적으로 사용하고 관리하는 과정을 말한다. 프로그램 개발에 있어서 재정관리는 프로그램 활동내용을 금전적으로 판단하는 기술을 말한다(신용주, 2022). 즉, 청소년기관의 재무관리란 교육기관의 운영에 필요로 하는 자본을 조달하고, 운용, 투자하는 것과 관련된 일련의 활동을 계획하고, 지휘하고, 그 결과를 통제하는 것을 의미한다. 재무관리의 궁극적 목표는 청소년기관 자금의 흐름을 효과적으로 관리함으로써 청소년기관의 가치와 성과를 극대화하는 것이다. 기관은 재무관리를 통해 프로그램을 개발하고 운영하며, 필요한 지출과 수입의 균형을 맞출 수 있도록 필요한 자금의 흐름을 통제해야 한다(김창엽, 2012).

교육기관 예산은 기관의 자금 운용에 관한 것으로서 예산을 수립하기 위해서는 교육기관의 재정관리에 대하여 이해하고 지식을 갖는 것이 필요하다. 재정관리 구성요소는 자금의 조달과 운용인데 이는 수입과 지출로 표현할 수 있다. 수입은 교육기관을 운영하기 위해 투입된 금액으로 기관의 유형에 따라 수입원천도 다르다.

## 2) 재정자원의 목표와 중요성

### (1) 재정자원의 목표

재무관리란 기업의 자본 조달과 운용, 자본시장, 현금의 흐름, 운전자금의 관리, 배당 결정, 재무분석 등의 이슈에 대하여 어떻게 하면 효율적이고 효과적으로 관리하고 통제할 것인가에 대한 의사결정이라고 할 수 있다. 이러한 재무관리는 다음과 같은 목표를 가지고 있다(최은수 외, 2017).

첫째, 기관 가치의 극대화이다. 기관 가치란 현재의 기관이 미래에 벌어들일 수 있는 현금이나 가능성을 의미하는 것으로서 수익성과 위험(risk) 관리가 필수적이다.

둘째, 안전성의 확보이다. 재무적 안정성을 의미하는 것으로서 총자본 가운데 자기자본의 비율을 말하는 것으로서 그 비율이 높을수록 안전성이 높다.

셋째, 유동성의 확보이다. 유동성이란 기관의 지급능력을 의미하는 것으로서 높을수록 안정적이다.

### (2) 재정자원의 중요성

교육기관의 성격이 공익성을 강조하든 아니면 수익성을 우선시하든 재무관리는 필요하다. 교육의 중요성은 누구나 강조하면서 교육에 투자되는 공적자금은 아직도 미미하다. 또한, 수익성을 우선시하는 교육기관은 수요자 중심의 기관운영을 표방하면서도 자금조달을 수강료에만 의존하기 때문에 수강료가 너무 과다하여 많은 수요자의 접근을 어렵게 하고 있다. 또한, 후원금이나 기부금 또는 지원금에 의존하는 공익성이 강한 교육기관은 자금이 부족하거나 자금을 투명하게 집행하지 못하여 학습자의 교육적 수요를 충족시키지 못하거나 부실한 교육 프로그램을 운영하는 사례도 많다. 이러한 측면에서 교육기관의 재무관리의 중요성을 살펴보면 다음과 같다(김용현 외, 2018).

첫째, 자금조달과 운영 측면에서 투명성을 확보하기 위해 재무관리가 중요하다. 청소년기관도 하나의 교육기관이기 때문에 공익성이 더 강조되어야 한다. 그러한 측면에서 지원금이나 후원금 등은 물론이고 학습자의 수강료 등의 조달한 자금을 투명하게 운용하는 것이 매우 중요하며, 자금을 투명하게 운용하기 위해서는 재무관리를 철저히 해야 한다.

둘째, 교육기관 경영의 효율화를 통한 경쟁력을 확보하기 위해서 중요하다. 교육의 중요성이 강조됨으로써 교육에 대한 공적 투자가 확대되고 있고, 다른 한편으로는 학습자들이 부담하는 수강료 부담도 점차 커지고 있다. 이처럼 교육기관의 책무성을 강조한다는 것은 교육에 투자한 만큼의 학습효과가 있어야 한다는 것이다. 결국 교육기관의 자금이 학습자의 교육에 많이 투자되어야 하고 투자된 것만큼의 학습 성과를 내야 한다는 의미에서 재무관리의 중요성이 강조되지 않을 수 없다.

셋째, 교육 시장의 불확실성 측면에서 재무관리의 중요성이 강조된다. 경기가 침체하고 가정 경제가 어려워지면 정부나 민간부문 그리고 가정 모두 먼저 긴축하는 부분이 교육부문이다. 따라서 이러한 교육 시장의 불확실성을 극복하기 위해서는 교육기관이 평소에 재무관리를 철저히 해야 한다.

넷째, 교육기관의 경영기획 기능의 활성화를 위해 중요하다. 교육기관을 경영한다는 것은 결국 기관의 문제를 진단하고 환경변화 등을 분석하여 향후 기관의 비전을 모색하고 또는 경영의 새로운 방향을 설정하는 기획기능을 강조하는 것이다. 기획에는 반드시 재무분석이 포함되어야 한다.

### (3) 재정 확보

적절하게 쓰는 것도 중요하지만 다양한 방법으로 재정을 확보하는 것도 중요하다. 재정의 확보는 기관의 성격, 프로그램의 내용에 따라 다르다. 재정 확보 방법으로는 다음과 같이 제시할 수 있다(한국산업인력공단, 2016b).

첫째, 일반적으로 학습자에게 학습비에 의지한다는 수익자 부담원칙을 기본으로 한다.

둘째, 교육기관의 비전에 맞는 청소년프로그램 운영 시 기관 자체의 일반재정에서 충당하기도 한다.

셋째, 개인이나 기업체로부터 기부금을 획득할 수도 있다. 경제발전에 따라 기업의 사회적 책임은 1990년대 기업에서 질 좋은 제품과 일자리 제공이라는 임무 외에 사회 구성원으로서 사회적 책임을 기대하게 되었다. 기업의 사회적 책임이 이슈화되면서 기업의 사회공헌활동과 봉사활동이 활발해지고 있으며, 지역사회에 대한 책임까지 전략적 사회공헌활동으로 변화하고 있다. 또한 프로그램 홍보 과정에서 기업의 이미지를 함께 알릴 수 있다. 따라서 다양한 프로그램 개발이 기업 후원 형태로 이루어지고 있으며, 상호 협력관계로 발전해 나아갈 수 있다.

넷째, 기업뿐만 아니라 비영리재단 재정지원사업을 활용하는 것도 중요하다. 비영리재단은 영리가 목적이 아닌 사회적 공헌을 위한 재단을 말한다. 학술, 종교 등의 영리 목적이 아닌 사업을 목적으로 설립된 재단에서 지원하는 사업을 통해 자금을 조달할 수 있다. 비영리재단법인의 설립자는 재산을 법인에 출연하여 법인의 설립등기가 되면 그때부터 법인의 재산이 된다. 비영리재단법인은 다양한 목적으로 설립되는데 정관에 따른 기부사업을 할 수 있다. 사회에는 다양한 종류의 비영리재단이 있는데 이 같은 재단은 사회적 사업을 위하여 재원을 지원하고 있다. 지역사회에 소재하는 다양한 비영리재단법인을 조사하여 청소년교육 발전을 위한 자금원으로 활용할 수 있다.

다섯째, 국가나 지방자치단체 등의 공공기관에 사업제안서를 제출하여 청소년프로그램 운영 예산을 국가로부터 지원받을 수도 있다. 여러 정부 부처에서는 다양한 목적 아래에 여러 정부 보조금 지원사업이 시행하고 있다. 정부 보조금 지원사업이란 정부가 청소년프로그램 등에 대해 보조금을 지원하는 사업이다. 보통 정부 공모사업 형태로 진행되는데 주무 부처인 교육부뿐만 아니라 행정안전부, 고용노동부, 보건복지부, 문화체육관광부 등의 기관별 특성에 따라 다양한 사업이 시행되고 있어 어떤 사업이 발주되고 있는지와 소속 교육기관의 가치관과 이상에 부합하는지에 대한 조사를 통해 자금조달 리스트를 확보하는 것이 필요하다. 지원사업이 교육기관에서 운영하는 것이 타당하다고 판단될 경우, 공모신청서를 작성하여 사업제안, 입찰 등의 과정을 통해 자금을 조달할 수 있도록 해야 한다. 청소년프로그램 운영기금을 모금하여 자금을 조달하는 방법도 있다. 교육기관들은 기관의 운영을 위해 외부로부터 기금을 지원받아야 하는 경우가 있다. 직접적으로 지원을 요구하거나 지원에 대한 대가를 제공할 수 있으며 기금개발 등의 방법을 통해 기금 지원을 모을 수 있다. 이와 같은 기업이나 국가의 지원사업은 일반적으로 입찰을 통해 사업자가 선정되는 과제이기 때문에 확보에 어려움이 있을 수도 있다. 따라서 안정적인 교육기관의 운영을 위해 운영기금을 개발하는 것은 기관의 중요한 경영과제로 인식하고 체계적인 관리를 하여야 한다. 교육기관은 조달된 자금의 모든 재정상의 거래를 정확하게 기록하여 투명한 경영을 해야 하는 책임을 지닌다.

## 3) 예산관리

### (1) 예산 수립

예산이란 프로그램이 운영되는 기간에 교육목표를 달성하는 데 수반되는 수입과 지출에 관한 예상 계획이다. 예산이 투자 자금의 조달, 유동성 관리, 교육기관의 자체 경영활동이 완결구조의 성격을 가지는 데 비해, 재무관리는 투자의사결정과 자금조달의사결정을 통해 교육기관의 자금 흐름을 관리하는 것이다(김창엽, 2012). 교육기관의 예산은 조직이나 프로그램 운영에 관한 계획의 로드맵을 수립하는 데 활용된다. 예산은 교육목표 실행을 위한 지침이면서 교육기관의 재무 건전성을 판단하는 기준이 된다(김창엽, 2012). 효율적인 경영을 위하여 단위 개별 프로그램별로 재무구조를 파악할 필요가 있다. 프로그램별로 재정적인 효율성을 비교하고 이에 적절한 조정과 관리 조치가 필요하다. 교육기관의 단위 프로그램의 예산은 지출의 예산과 결산, 수입의 예산과 결산으로 구성된다. 지출에 해당하는 항목으로는 교수진 인건비, 시설비, 교수활동지원비, 홍보비, 간접경비 등이 있다. 수입으로는 기부금, 후원금, 수강료, 총수입, 전체이윤과 손실로 구성되어 있다. 교육기관의 수입에 해당하는 비용은 학습자들의 수강료와 외부지원금으로 구성되며, 외부지원금은 기부, 후원금으로 구성된다. 기부는 자선사업이나 공공사업을 돕기 위하여 돈이나 물건을 대가 없이 지원하는 것을 말한다.

교육기관의 지출에 해당하는 비용은 직접경비, 간접경비, 고정비용, 가변비용으로 구성된다. 여기서 직접경비는 개별 프로그램에 대한 직접원가를 파악할 수 없는 경비를 의미한다. 강사료 출장비, 교재 및 교구 구입비, 제작비, 광고비, 기관 외부 소유의 시설 사용료가 여기에 해당한다. 간접경비는 여러 프로그램에 공통으로 사용하여 개별 프로그램에 대해 직접적으로 원가를 파악할 수 없는 경비를 의미한다. 실무자 인건비, 교육시설과 설비 사용료, 유지비, 전기요금, 수도요금, 전화요금 등이 여기에 해당한다. 간접경비는 일상적으로 일종의 오버헤드(overhead)라고 한다(오혁진, 2021). 즉 프로그램 운영을 위해 지원하여 쓰이는 비용이라고 할 수 있다.

### (2) 예산 수립의 원리

예산은 장래 활동에 대한 재정 계획이므로 미래를 변화시키는 과정이다. 프로그램 예산 수립은 기업경영과 유사한 원리가 적용된다. 따라서 예산 수립은 원가 및 비용을 고려하여 경영적 마인드로 접근하는 것이 좋다. 프로그램은 예산에 따라 달리 운영되기 때문에 고려해야 할 사항이 있다. 예산 수립 시 유의할 사항을 정리하면 다음과 같다(이해주 외, 2015).

첫째, 프로그램 예산을 관리할 재정 담당자를 선정하고 프로그램 개발자와 원활한 소통과 이해가 이루어지도록 한다. 프로그램의 재정은 그것을 승인하는 사람이 프로그램에 대해 어느 정도의 신념을 가지고 있는가에 따라 달라지기 때문이다.

둘째, 프로그램 운영을 위해 확보할 수 있는 재원의 출처를 확인하고 전체 예산 배분에 대한 동의를 얻어야 한다. 프로그램 재정은 프로그램 비용이 어느 정도 소요될 것인지 그 한계를 미리 정해 두어야 한다. 그렇지 않으면 담당자의 편의에 따라 재정이 소요될 우려가 있어 처음의 프로그램 의도를 달성하기 어렵게 된다.

셋째, 다른 프로그램에서 간접적으로 비용을 충당하는 방법을 고려한다. 프로그램이 실시되기 위해 필요한 모든 경비를 리스트로 작성한 후, 다른 프로그램과 공동으로 사용되는 비용이 있는가를 확인하는 작업이다.

넷째, 재정의 충당금과 보조금을 고려한다. 프로그램의 재정은 어느 정도의 금액이 어디서 확보될 것인가를 고려해야 한다. 재정은 주로 참여자들의 수업료 납부와 조직의 보조금으로 충당되는데, 프로그램이 조직의 보조금을 받아야 하는 경우 조직의 요구에 대응하는 프로그램이 되어야 하고, 참여자들의 수업료로 충당된다면 프로그램은 자율적으로 운영될 수 있다.

다섯째, 회계처리 방법이다. 프로그램의 재정은 회계처리 방법을 고려하여 수립된다. 회계처리를 조직에서 직접 한다면 재정이 일찍 수립되어 시간을 충분히 허용하게 되지만, 프로그램 담당자가 재정을 자율적으로 수립한다면 프로그램 실행은 유연성을 가진다.

여섯째, 수강료를 결정할 때는 참여자가 부담을 느끼지 않을 수준으로 책정한다. 프로그램이 수업료로 충당되는 경우 납부금의 액수가 많아진다. 이 경우 개인이 납부할 수 있는 한계 액수가 설정되어야 하며, 외부의 유사기관이나 유사 프로그램의 수업료도 고려해야 한다. 수업료가 너무 많으면 참여자의 수가 적어질 것이므로 적정한 액수를 산정하는 것이 중요하다.

일곱째, 재정 충당금과 보조금을 파악하고 후원금 등 수업료 이외의 수입원을 개발해야 한다. 프로그램은 수업료, 보조금 외에 후원금으로 운영된다. 일반적으로 프로그램은 수업료만으로 충당하기는 어렵다. 그러므로 보조금이 지원되지 않는다면 프로그램 담당자는 후원금을 확보하는 방안을 고려해야 한다.

후원금은 출처가 정해져 있지 않으므로 프로그램 담당자는 지역사회와 관련 조직에 관한 정보를 입수하여 프로그램의 후원을 요청하는 방법으로, 예상외의 많은 재정을 확보할 수 있다.

### (3) 예산 수립의 절차

예산 편성을 위해서는 먼저, 교육기관의 예산 편성 지침을 확인한 후 개발하고자 하는 프로그램의 구체적 목표를 검토하는 작업이 필요하다. 목표설정을 할 때는 가능하면 과거 프로그램의 운영 실적을 고려하여 목표 달성의 정도를 측정할 수 있도록 제시하는 것이 좋다. 또한 재정의 원천을 파악하고 재정의 동원 가능성을 검토하여 수입을 확인하는 작업을 거치게 된다. 다음은 프로그램의 운영이 원활히 진행되는 데 필요한 요소들의 우선순위를 정한 후에 우선순위를 반영하여 수입과 지출 예산안을 잠정적으로 확정한다. 그리고 확인한 수입을 토대로 예산안을 수정·보완하여 확정한 후 승인을 얻어 재정을 배분하고 관리한다. 교육기관에서 프로그램 개발을 위한 예산 편성이 이루어지는 과정은 다음과 같이 요약할 수 있다(신용주, 2022).

첫째, 조직의 기본 목표에 따른 예산 편성 지침을 확인한다.

둘째, 프로그램의 구체적 목표를 설정한다.

셋째, 조직의 과거 및 현재의 프로그램 운영 전반에 관한 정보와 자료를 분석한다.

셋째, 조직 내·외의 재정 원천과 접촉하여 동원할 수 있는 재정 수입을 확인한다.

넷째, 확인한 수입을 근거로 우선순위에 따른 잠정적 예산안을 개발한다.

다섯째, 예산안을 수정·보완하여 확정한 후 승인을 얻는다.

여섯째, 재정을 배분하고 운영·관리한다.

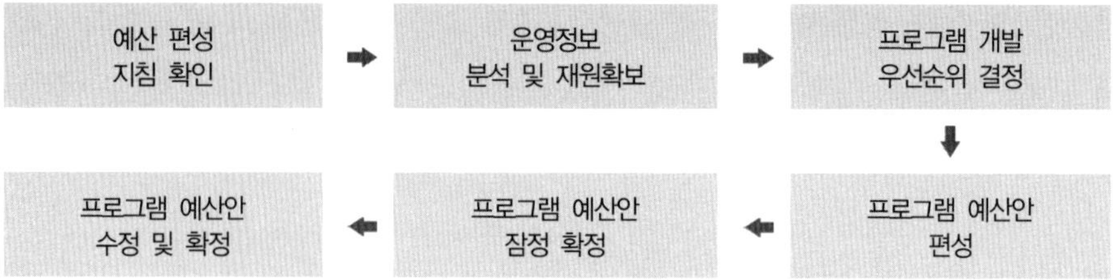


| 그림 9-1 | **프로그램 예산 편성 절차**

출처: 신용주. (2022). 평생교육프로그램 개발론. 서울: 학지사.

### (4) 예산 집행

예산은 다음과 같은 기본적인 원칙에 따라 집행된다. 우선 사전의결의 원칙에 의해 예산이 집행되기 전 교육기관마다 결제 또는 의결과정을 거쳐 예산계획을 면밀히 점검한다. 예산 운용 내용은 공개될 수 있으며, 출처 및 용도를 정확히 명시해야 한다. 소요예산과 사용예산을 증빙서류와 함께 빠짐없이 보관하고 기록하여야 하며, 예산 항목별로 구분하여 예산을 쉽게 이해할 수 있도록 하여야 한다. 예산 사용 후 결산과정을 거치는데 소요예산과 사용예산 그리고 잔여예산이 명확하게 일치하도록 집행한다. 또한 예산은 항목별 사용할 수 있는 한도가 있어야 한다. 한도가 없으면 예산의 낭비를 초래할 수 있다. 반면 물가현실을 반영하지 못하여 한도가 너무 낮게 책정된다면 교육의 질이 낮아지고 운영관리자의 불만을 초래할 수 있기 때문에 주의하여야 한다. 예산 항목에 대해 사용할 수 있는 명확한 기준과 최대 사용 한도를 정리한 자체 매뉴얼을 구비하는 것도 좋은 방법이다. 교육기관의 특성에 따라 예산집행 매뉴얼이 다를 수 있으나 일반적으로 예산집행에 대한 10대 원칙은 다음과 같다(권진하 외, 2022). 결국, 예산을 집행하는 데 있어서 투명성, 효율성, 준법성, 효과성, 합목적성, 책임성 등에 근거해야 한다.

| 표 9-4 | 예산집행 10대 원칙

| 구분 | 예산집행 원칙 |
|---|---|
| 1 | 교육기관 정책에 반하여 부당한 영향을 미치는 재정지출은 하지 않는다. |
| 2 | 재정관리 요령 등이 수록된 기관 내규를 제정한다. |
| 3 | 목적 외의 용도로 전용하여 사용하지 않는다. |
| 4 | 회계연도에 따라 집행한다. |
| 5 | 자금을 투명하게 관리하여야 한다. |
| 6 | 소요예산과 사용예산 그리고 잔여예산에 대해 명확하게 기록에 남긴다. |
| 7 | 관련 법령 및 규정 및 지침 등을 준용한다. |
| 8 | 특정한 집단이나 단체에 특혜를 주는 예산집행을 하지 않는다. |
| 9 | 예산집행 절차를 준수한다. |
| 10 | 비용 대비 효과성을 고려하여 예산을 집행한다. |

### (5) 예산서

예산서란 수입과 지출을 일목요연하게 파악할 수 있도록 정리한 서류나 파일의 양식을 의미한다. 모든 기관은 경영관리를 위해 예산서에 수입과 지출 내용을 작성한다. 예산 항목과 규모에 따라 개별 단위 예산서와 통합 단위 예산서로 구분될 수 있다.

예산서로는 기관의 재정 건전성을 판단할 수 없으므로 통합 단위 예산서를 작성·관리하는 것이 필요하다. 개별 단위 프로그램뿐만 아니라 사업예산 전체에 대한 수입과 지출을 정리하여 재정자원의 안정적인 관리와 개선 방안을 도출해 낼 수 있다. 또한 예산결산 계획에 따라 수입과 지출을 정리할 수 있도록 기간을 설정하는 것도 필요하다. 예산서는 재정관리뿐만 아니라, 유사한 프로그램 개발 시 필요한 소요예산을 산정하고, 필요한 경비 내용을 예측하는 데 활용할 수 있다. 이를 통해 더욱 개선된 프로그램을 개발할 수 있다.

| 표 9-5 | **개별 단위 프로그램 예산 작성 양식**

| 프로그램명 | | | | | |
|---|---|---|---|---|---|
| 지출 | 예산 | 결산 | 수입 | 예산 | 결산 |
| 교수진 인건비 | | | 기부금 | | |
| 외부 강사료 | | | | | |
| 직원 인건비 | | | | | |
| 시설비 | | | 후원금 | | |
| 강의실 임대료 | | | | | |
| 시청각기재 사용료 | | | | | |
| 장비 사용료 | | | | | |
| 숙박비 | | | = 총 지원금 | | |
| 교수활동 지원비 | | | | | |
| 교재 인쇄비 | | | | | |
| 자료수집/제작비 | | | | | |
| 행사비 | | | | | |
| 출장비 | | | | | |
| 현장 견학비 | | | | | |
| 수업보조물 제작·구입비 | | | | | |
| 식대 및 간식비 | | | | | |
| 홍보 | | | 총 수입 | | |
| 광고 | | | | | |
| 홍보물 | | | | | |
| 우편물 | | | | | |
| 총 직접경비 | | | | | |
| 간접경비 | | | 전체이윤(손실) | | |
| 행정비 | | | | | |
| 각종 공과금 | | | | | |
| 시설 유지비 | | | | | |
| 직무 연수비 | | | | | |
| 총 경비 | | | | | |

출처: 한국산업인력공단. (2016b). 평생교육 자원조사. 울산: 한국산업인력공단.

| 표 9-6 | **소요경비 예산산출 내용 예시**

| 사업명 | 지출항목 | 금액(천원) | 산출 |
|---|---|---|---|
| 자서전 쓰기 프로그램 | 강사비 | 1,850 | • 웰다잉교육 강사비:<br>70,000원×90분×5회기=350,000원<br>• 자서전 쓰기 강사비:<br>50,000원×2시간×15회기=1,500,000원 |
| | 홍보비 | 140 | • 현수막(개강식, 수료식): 50,000원×2식=100,000원<br>• 배너: 40,000원×1식=40,000원 |
| | 재료비 | 180 | • 웰다잉교육(교재 및 제본비): 12,000원×8명=96,000원<br>• 자서전 쓰기 교육(필기도구 등):<br>10,500원×8명=84,000원 |
| | 견학비 | 580 | • 추억나들이 중식비: 15,000원×10명×1회=150,000원<br>• 추억나들이 보험료: 5,000원×10명×1회=50,000원<br>• 추억나들이 다과비: 5,000원×10명×1회=50,000원<br>• 인솔 강사비: 40,000원×7시간=280,000<br>• 현수막: 50,000원×1식=50,000원 |
| | 운영비 | 2,700 | • 출판비: 2,000,000원×1회=2,000,000원<br>• 개강식 및 수료식 행사비: 100,000원×2회=200,000원<br>• 프로그램 기획 및 개발비: 500,000원×1식=500,000원 |
| 계 | | 5,450 | |

### (6) 평가

프로그램 개발에 있어서 예산관리는 예산안에 따라 분배된 재정이 효율적으로 집행되도록 관리하는 데 중점을 둔다. 재정관리에 대한 평가는 프로그램의 실행이 효과적으로 이루어졌는가를 재정적 차원에서 판단하는 것으로 다음의 사항들을 고려하여 진행된다(신용주, 2022).

첫째, 효율성의 원칙이다. 프로그램을 실시하는 데 있어서 비용과 노력을 최소화하려는 노력이 있었는가를 파악한다.

둘째, 효과성의 원칙이다. 프로그램의 목표 달성이 얼마나 효과적으로 이루어졌는지를 파악한다.

셋째, 보고의 원칙이다. 재정 활동이 반드시 보고되어야 하며 보고의 원칙에 대한 규정이 있어야 재정 관련 행위를 감시하고 통제할 수 있다. 특히 예산의 남용이나 항목 변경 등은 반드시 보고되어야 한다.

넷째, 환류의 원칙이다. 프로그램의 전반적인 재정관리에 대한 규칙, 기준, 소통 및 계약 등에 대한 기록 및 장단점에 대한 피드백을 확보하여 추후 프로그램 개선에 활용되도록 한다.

## 3. 정보자원

### 1) 정보자원의 이해

정보자원이란 프로그램을 경영하는 데 있어서 필요한 자원이 되는 모든 정보를 의미하며, 물적자원, 인적자원, 재정자원과는 다른 성격을 갖고 있다. 기관이 이미 확보하고 있거나 기관과 유관한 정보자원으로 청소년기관에서 보유하고 있는 정보자원은 다양한 청소년교육 자원이 정보의 형태로 가공된 것이라면 모두 정보자원이라고 할 수 있다. 교육기관의 교육과 관련된 기관이므로 정보와 지식이 중요한데 그런 의미에서 볼 때 정보자원은 청소년기관 운영에 있어서 매우 중요한 자원이라고 할 수 있다. 정보자원은 교육의 기획과 운영에 참고할 수 있는 자원도 있고, 교육 콘텐츠에 해당하는 교육자원으로 중요한 자원도 있다. 청소년기관의 주요과제가 프로그램을 운영하는 것이라고 볼 때 청소년프로그램의 내용은 정보자원이라고 할 수 있다. 그러므로 정보자원은 하드웨어와 소프트웨어 외에 휴먼웨어에 해당하는 내용이 자원인 것이다.

교육기관의 정보자원은 오늘날 정보화 사회에 있어서 중요성이 증가하고 있으며, 지식경영의 차원에서도 청소년기관의 정보자원은 적극적으로 활용해야 할 것이다. 정보자원은 기관의 기획과 운영의 측면에서도 중요한 자원으로, 프로그램의 내용에 해당하는 자원이며, 청소년들에게는 학습의 접근성을 좌우하는 자원이다.

### 2) 정보자원의 종류

교육기관 경영에 관련되는 정보자원은 매우 많은 종류가 있다. 기관의 경영과 관련되고 활용할 수 있는 자원은 모두 기관의 정보자원이라고 할 수 있다. 즉, 일반적 교육기관 정보자원은 기관의 프로그램에 관한 정보, 프로그램의 콘텐츠 내용, 청소년교육에 종사하는 강사에 대한 정보, 청소년기관의 자원봉사자에 대한 정보, 청소년기관의 직원에 관한 정보, 청소년기관의 교육 기자재에 관한 정보, 청소년기관의 교재와 교구에 관한 정보 등이다. 위와 같은 정보자원은 청소년기관의 운영과 관련된 정보자원이다. 한편으로 청소년프로그램의 기획과 개발에 활용할 수 있는 정보자원은 지역사회의 전통, 풍습, 전래놀이, 종교성지, 지역특산물, 지역의 설화, 지명의 유래, 축제문화, 향토음식, 지역의 마을 만들기 문화 등이 있다. 이런 정보자원은 기관의 프로그램과 사업을 기획하고 개발하는 데 있어서 유용하게 활용할 수 있는 정보자원이다. 더불어 지역의 교육기관 간 네트워크 관계와 기관의 교육이념을 담은 대표적인 교육프로그램의 정보도 중요한 정보자원에 해당한다.

**| 표 9-7 | 평생교육기관의 정보자원**

| 구분 | 조사항목 |
|---|---|
| 유형·무형 문화재 | 역사적 위인, 유적 및 유물, 전통풍습, 전래놀이, 사찰, 종교성지, 기념품, 전통구조물 등 |
| 지역 콘텐츠 | 지역축제, 각종 마을 만들기 성과, 특산물, 향토음식, 주말농장, 공동행사 등 |
| 민간단체 | NGO(Non Governmental Organization), NPO(Non Profit Organization), 마을조직(~회, ~계) 등 |
| 무형 지역자원 | 지명유래, 지역역사, 지역의 이미지, 어메니티, 지역(마을)이야기, 마을설화 등 |

출처: 이해주 외. (2016). 평생교육실습. 서울: 한국방송통신대학교출판문화원.

### 3) 정보자원의 조사

정보자원 조사를 위하여 조사 목적을 명확히 설정하는 것이 필요하다. 정보자원에 대한 조사는 무엇을 위해 하는지, 다양한 정보자원의 종류 중 조사하는 정보자원은 구체적으로 무엇을 조사할 것인지, 해당 정보자원을 조사할 경우 어떻게 조사할 것인지, 조사의 방법은 어떤 방법을 활용할 것인지, 개략적 조사 수행 일정계획은 어떠한지, 조사원은 누구를 투입할 것인지, 조사는 언제까지 완성할 것인지, 조사의 결과는 어떻게 기록할 것인지에 대한 구체적 계획수립이 필요하다.

정보자원의 조사에 있어서는 얻고자 하는 정보를 알고 있는 인사들에게 인적 네트워크를 활용하여 정보를 입수하는 것이 필요하다. 우리 기관과 협력기관이나 타 교육기관, 시설에 근무하는 이에게 인적자원에 관한 정보를 요청하여 조사하는 경우에는 조사의 목적을 분명히 밝히도록 하고, 본인이 조사하고자 하는 인적자원을 명확히 하여 조사하도록 한다. 인적자원에 관한 정보의 경우에는 최근 개인정보 보호가 강화되고 있으므로 개인정보 보호에 대한 약속을 분명히 하는 것이 조사에 대한 협조를 용이하게 끌어낼 방법이다.

조사가 끝나고 보유한 정보자원은 종류별로 기록할 양식을 작성한다. 정보자원은 인적정보에 관한 것, 물적정보에 관한 것, 재정정보에 관한 것, 프로그램 관련 정보, 교육 기자재와 교재 · 교구와 관한 것 등 다양한 정보가 있으므로 각 정보의 종류별로, 체계적으로 정보를 종합 정리할 수 있는 정보자원 종류별 목록을 작성하도록 한다. 이와 같은 정보는 정보자원이 어떤 것들이 있는지를 확인할 수 있도록 정리한 것을 말한다. 즉, 정보자원이 강사에 관한 것인지, 학습자에 관한 것인지, 지역 내 소재하는 교육기관에 관한 것인지, 지역사회 내의 교육 기자재에 관한 것인지를 정리한 것이다.

교육기관이 보유하고 있는 정보자원 목록을 작성한 이후에 상급자에게 결과를 보고하는 것이 필요하다. 상급자에게 구체적으로 어떤 조사를 하였으며 교육정보를 어떻게 작성하였고 관리는 어떻게 하고 있는가를 보고한다.

Chapter

10

# 청소년프로그램 마케팅

## 1. 관계와 마케팅

관계(關係)라는 단어는 국어사전에 의하면 다양한 의미가 있다. 그중 보편적인 의미는 '둘 이상의 사람, 사물, 현상 따위가 서로 관련이 있거나 어떤 방면이나 영역에 관련을 맺는다'라는 의미를 나타낸다(국립국어원 표준국어대사전, 2025). 이처럼 다양한 의미의 관계는 이미 우리 사회에서 흔하게 많이 사용하고 있다. 청소년기관에서 잠정적 학습자에게 관계는 '나와 너'의 관계로 우리(we)라는 관계(relationship) 속에 끌어들인다. 우리는 청소년기관과 청소년을 한 가족이라고 묶어 감정을 자극하는 것이다. 학습자를 제대로 알고 '우리'라는 관계 속으로 끌어들이고 좋은 관계를 지속하기 위해서는 더 많은 정보를 알고 있어야 하며, 더 나아가 청소년이 무엇을 원하는지 먼저 알아야 한다. 이러한 면에서 청소년의 관계를 관리할 필요가 있다. 청소년의 일반적인 정보를 획득하는 것이 아니라, 내면의 깊숙한 곳까지 이해하는 것이 청소년을 위한 진정한 '우리'라는 관계로 만들어가는 과정이라고 할 수 있다. 청소년과 강력한 관계는 학습자 만족에 대한 청소년기관을 보호하는 데 도움을 줄 수 있다. 만족의 증가, 애호도의 증대, 부정적인 구전 커뮤니케이션 감소 등의 편익을 제공한다. 관계를 지속할 것을 기대하는 청소년은 장기적 관점에서 공정성의 균형을 고려한다. 이러한 이유에서 청소년과 '우리'라는 감정적 관계를 맺기란 쉬운 일은 아니지만 그만한 가치는 충분하다. '우리'라는 감정적 관계를 맺게 된다면 더 큰 신용과 신뢰가 높이 쌓여 가게 되고 좀 더 단단하고 든든한 청소년이 확보되는 것이다. 이러한 관계 형성은 표적 세분시장을 선정하고 특정 집단 청소년의 요구를 경쟁사보다 더 잘 충족할 수 있는 곳에 서비스를 포지셔닝(positioning)하고 이를 달성할 수 있도록 구체적인 마케팅 믹서를 개발하는 과정을 거친다. 즉, 청소년의 프로그램관리, 프로그램 수강료, 프로그램 장소, 프로그램 광고 등을 말한다.

청소년은 프로그램의 독특한 특성을 고려한 프로그램의 의사결정을 내려야 한다. 그러나 청소년은 프로그램에 대해 직접 경험하기 전이라 이를 확인하기 어렵다. 그러므로 청소년기관은 프로그램을 보다 유형화하는 데 있어 매우 유용한 차별적 수단이다. 이러한 유형화는 경쟁우위를 확보하는 데 중요한 역할을 한다. 청소년은 흔히 서비스 질과 널리 알려진 프로그램을 제공하는 청소년기관을 함께 연상하는 경향이 있다. 어떤 청소년기관은 프로그램을 가능한 한 표준화하려고 노력한다. 그러나 프로그램의 표준화가 차별화된 서비스를 원하는 청소년의 요구를 충족시키지 못할 수 있다. 청소년들이 수강하여 얻는 것은 프로그램을 제공하는 편익이므로 청소년기관은 자사의 프로그램을 수강함으로써 얻게 되는 구체적 편익을 청소년들에게 강조하게 된다. 그러므로 청소년기관은 프로그램을 차별화시키는 데 무척 중요하다.

프로그램 개발에 있어서 중요한 다른 요소는 장소이다. 청소년기관의 위치이고 이것은 많은 프로그램의 접근 가능성이 큰 영향을 미치기 때문이다.

프로그램을 촉진하는 방법으로 광고, 홍보, 인적자원을 통해 촉진수단들을 이용한다. 청소년기관은 자사의 좋은 프로그램을 알리고 수강하도록 하기 위해 다양한 촉진수단을 활용해야 한다. 유형 제품 마케팅의 핵심 성공요인의 하나는 광고를 통해 추상적인 브랜드 이미지를 창출하는 것이다. 그러나 눈으로 보이지 않거나 손으로 만져 볼 수 없는 프로그램의 경우에는 추상적인 이미지를 창출하려는 촉진노력은 적절하지 않다. 그러므로 청소년기관은 광고활동을 통해 구체적 이미지와 증거를 제시함으로써 프로그램을 보다 유형적으로 보이도록 만들어야 한다. 가령, 청소년기관이 광고를 통해 학습하고자 하는 청소년에게 제공되는 실제적인 혜택을 제시하는 것은 유형화 노력의 하나이다. 의사나 변호사 같은 직업들이 지역사회활동에 대한 자원봉사를 통해 자신들의 프로그램을 일반 대중들에게 알리는 것도 간접적인 광고활동의 하나이다. 잠재적 청소년들은 자원봉사를 통해 명망을 얻는 청소년기관의 학습자가 될 것이다. 한편, 학습자의 신속한 반응과 수강을 유도하기 위해 판매촉진을 실시하는데, 수강료 할인, 수강료 분납, 쿠폰 등이 판매촉진의 대표적인 예이다. 현재 학습자들에 대한 보상을 통해 다른 프로그램의 수강 신청 증가와 기관이 충성도의 형성을 목적으로 한다. 이는 학습자들에게 눈에 보이는 형태를 만들어 보여 주거나 구체적인 편익을 강조하게 된다. 프로그램 진행 시 흔히 다른 사람들의 추천이 매우 중요한 구실이 되므로 구전효과가 증폭되는 방향으로 커뮤니케이션 전략을 세우는 것이 좋다.

## 2. 마케팅관리

### 1) 마케팅 개념

청소년의 요구가 다양해지고 청소년기관의 경쟁이 심화하면서 청소년 중심 체계로 바뀌고 있다. 청소년기관은 청소년이 단순히 프로그램에 참여하는 참가자로 인식하는 관점에서 벗어나 만족과 감동을 지향하게 되었으며, 청소년을 위해 프로그램이나 교육서비스를 제공하고자 한다. 따라서 청소년의 이해를 대변하지 못하는 청소년기관은 존재 근거를 상실하게 되므로 청소년의 접점을 이루는 마케팅의 기능이 더욱 중요해졌으며 청소년 지향적인 태도를 가져야 한다.

먼저 마케팅의 개념에 앞서 시장(Market)의 의미를 살펴보아야 한다. 시장이란 경제학적인 의미에서 특정 제품과 서비스의 수요와 공급을 통해 가치의 교환이 이루어지는 추상적인 공간을 말한다. 일반적으로 시장이 형성되기 위해서는 다음의 조건을 갖추어야 한다(오혁진, 2021; 최은수 외, 2017).

첫째, 거래를 위한 둘 이상의 당사자가 존재한다. 이는 곧 수요자와 공급자를 말한다.

둘째, 거래 당사자 간의 상호 가치 있는 것을 소유하고 있어야 한다. 만일 상대방이 가치 있다고 인식하는 교육적 자원을 소유하고 있지 않으면 교환은 성립되지 않는다.

셋째, 거래 당사자들이 의사소통과 함께 전달(delvers)할 수 있어야 한다. 교환이 이루어지려면 양자는 먼저 상호 의사전달이 가능해야 한다. 즉 무엇을 줄 수 있고, 언제, 어디서 그리고 어떻게 교환되는가를 기술할 수 있어야 한다. 이와 함께 서로에게 가치 있는 것을 전달할 수단을 발견해야 한다.

넷째, 거래 당사자들은 상대방이 요청하는 것을 수용하거나 거부할 자유가 있어야 한다. 교환은 서로의 자발적 행동을 전제로 한다. 이를 통해 거래는 서로에게 이익을 증대시킨다. 서로가 교환을 자유롭게 함으로써 거래 시작 전과 비교해서 더욱 가치 있는 것을 더욱 많이 획득한다.

청소년교육도 프로그램을 해야 하는 청소년과 이를 제공하는 청소년기관과의 만남을 통해 이루어진다. 청소년기관의 프로그램에 대해 금전적 비용을 지출하든지 아니면 무료이든지 간에 청소년들은 시간과 노력이라는 비용을 지출해야 하며, 청소년기관에 대한 관심과 호응이라는 가치를 제공할 수 있다. 그러므로 청소년기관이 청소년들에게 제공받는 가치는 존재하고 있다. 이러한 가치는 청소년기관의 존립을 위한 기본 근거이다. 따라서 경제학적인 관점에서 본다면 청소년교육의 경우도 일종의 시장으로서의 기본성격이 형성되어 있다고 볼 수 있다(오혁진, 2021).

마케팅(marketing)이란 사람들이 원하는 것이 무엇인가를 알기 위해서 연구하고, 사람들이 원하는 제품과 서비스를 창조하며, 그것에 대해서 효과적인 가격을 책정하고, 사람들이 그것을 구매하기 쉽게 하는 일이다. 이러한 의미에서 마케팅은 판매(sales), 광고(advertising), 그리고 유통(distribution)보다 넓은 의미를 내포한다(최은수 외, 2017). 마케팅이란 말 그대로 시장에 내다 팔아 이익을 극대화하기 위한 행동 또는 사고 체계, 방법을 말한다. 결국, 마케팅은 청소년들, 조직 구성원들, 그리고 더 나아가 지역사회에 가치 있는 것을 만들고, 알리고, 전달하고, 교환하기 위한 활동과 일련의 제도 및 과정이다.

마케팅이라는 용어는 20세기 초반에 미국에서 등장한 것으로 1960년대 전반까지 기업의 목적을 달성하는 하나의 기능으로, 생산자가 상품 또는 서비스를 소비자에게 유통하는 데 관련된 모든 체제적 경영활동으로 주로 경영학에서 사용되는 개념이다(황선영, 2015). 마케팅은 'Market'과 'ing'의 합성어로 시장에서 판매자와 구매자 사이에 교환이 일어나는 공간이며 진행형은 멈추지 않고 지속하는 의미를 담고 있다. 즉 마케팅은 판매자와 구매자 사이에 교환이 지속해서 이루어지게 하는 모든 활동을 의미한다. 그러나 1960년대 후반에 미국 마케팅협회(AMA: American Marketing Association)에서 "마케팅이란 생산자로부터 소비자나 사용자에게로 제품이나 서비스의 흐름을 다루는 영리활동의 수행이다"라고 정의를 내리면서 마케팅의 개념이 변화하기 시작했다.

코틀러(Kotler)는 "마케팅은 조직의 목표를 달성하기 위하여 표적시장(target markets)에서 자발적인 가치의 교환(voluntary exchanges of values)이 이루어지도록 만들어진 프로그램 분석, 계획, 집행, 조정이며, 마케팅은 크게 조직이 제공할 수 있는 물품을 표적시장의 욕구에 따라 결정하며, 사람들에게 알리고 동기를 부여하며 서비스를 제공하기 위해 효과적인 가격 설정과 홍보 그리고 유통경로를 사용하는 것에 달려 있다"라고 정의하고 있다(Kotler, 1982). 즉 마케팅을 개인과 집단이 제품과 가치를 타인들과 함께 창조하고 교환함으로써 그들의 욕구와 요구를 획득하도록 하는 사회적 및 관리적 과정이라고 하였다(김운걸 외, 2013).

1985년 미국 마케팅협회(AMA)에서 내린 마케팅의 정의는 개별 소비자와 조직 소비자의 목적을 만족시키기 위한 교환을 창조하기 위해 아이디어와 상품, 서비스의 개념, 가격, 촉진, 그리고 유통 등을 계획하고 집행하는 일련의 과정이라 한다(차진경, 2014).

미국 마케팅협회의 정의에서 나타나는 주요한 마케팅 개념 정의의 구성요소는 다음과 같이 다섯 가지로 정리될 수 있다(안병환 외, 2018).

첫째, 마케팅은 요구(wants)나 필요(needs)를 만족시킨다. 마케팅은 개별 소비자나 기업·조직 소비자의 당면해 있는 문제해결 능력, 즉 요구나 필요 충족 등을 가지고 있어야 한다. 따라서 마케팅은 기업과 소비자뿐만 아니라, 기업과 기업단위의 학습자(기업소비자)의 관계에서 파생되는 제반 마케팅 문제를 다룬다.

둘째, 마케팅은 가치의 교환활동(An Exchange of Value)이다. 오늘날 마케팅의 가장 중심적인 핵심을 이루는 부분은 기업과 고객 간의 가치의 교환활동이다. 예를 들면, 기업은 고객에게 필요로 하는 제품이나 서비스를 제공하고 그 대가로 고객은 일정 금액을 지불한다. 고객과 기업이 서로 가치교환을 통해 장기적으로 건설적인 관계를 유지·발전시켜야 한다는 것이 현대 경영학, 좁게는 마케팅적 사고의 핵심이다. 청소년기관은 고객의 요구에 맞는 프로그램들을 개발하여 개강함으로 교육기관과 가치교환을 만들어 냄으로써 교육기관 수입의 일정 부분을 담당하는 것이다.

셋째, 마케팅의 대상은 포괄적(Anything can be marketed)이다. 마케팅은 고객의 욕구를 만족시키기 위한 가치교환의 활동이라 했다. 그러면 가치란 무엇을 통해 실제로 고객에게 전달되고 소비되는가? 일반적으로 마케팅의 대상은 유·무형의 소비재와 서비스(음료수, 화장품, 정보서비스 등), 유·무형의 산업재(석유 중간제품, 기업 상대의 컨설팅 등), 유·무형의 공공재(조달청에 구입하는 물품들, 정부에 제공되는 정보서비스 등), 아이디어(창업, 제품, 광고, 아이디어 등), 사람(손흥민, BTS 그룹 등 스타 마케팅 전략), 시간(실시간 주가 정보서비스, 24시간 편의점 등), 장소(문화의 도시 ○○, 교육의 도시 ○○, 관광의 도시 ○○) 등으로 매우 다양하다.

넷째, 마케팅은 수단(Marketing Tools)이다. 마케팅은 기업의 목적을 달성하기 위해 행하는 기업활동이다. 예를 들어, 기업의 매출 증대를 단기적 목적으로 정한 경우 마케팅의 역량은 매출 증대에 공헌하기 위한 방향으로 모아져야 할 것이다. 마케팅 관리자가 이러한 목적을 달성하기 위해 사용 가능한 의사결정변수를 마케팅 믹스(Marketing Mix)라 하고, 이에는 제품(Product), 가격(Pricing), 판매촉진(Promotion), 유통(Place) 등이 있다. 맥카시(McCarthy)는 마케팅 믹스의 각 앞글자를 따와서 4P라고 이름 붙였다.

다섯째, 마케팅은 과정(Process)이다. '마케팅은 계획하고 집행하는 과정이다'

라는 것은 마케팅 활동이 일회성에 목적을 둔 것이 아니라, 지속적인 노력을 요구하는 것을 강조하는 의미이다. 이러한 맥락에서 현대 마케팅에서 중요시하는 개념이 관계 마케팅(Relationship Marketing)이며 기본적인 핵심은 고객과의 가치교환을 통해 장기적인 우호 관계 증대가 기업 성장의 지름길이 된다는 사고방식이다.

마케팅의 개념적 의미는 무엇을 강조하는가에 따라 시대와 함께 변화되어 왔다. 마케팅 개념이 처음 도입되었을 때는 생산지향적 관점을 가지다가 점점 판매지향적 관점으로 변화하였고, 이는 다시 고객지향적 관점, 시장지향적 관점으로 변화하고 있다(오세조 외, 2006).

생산지향적 관점 ➡ 판매지향적 관점 ➡ 고객지향적 관점 ➡ 시장지향적 관점

**| 그림 10-1 | 마케팅 개념의 변천**

초기의 마케팅 철학은 제품 및 서비스의 생산과 유통에 초점을 두는 생산지향적 관점이었다. 질 좋은 제품을 생산만 하면 수요가 창출될 것을 가정한 마케팅 개념이다. 그러나 아무리 좋은 제품이 생산되더라도 때에 따라서 잘 판매되지 않음을 경험하자, 제품생산도 중요하지만, 판매가 더 중요하다는 생각에서 판매기술의 개선에 초점을 두는 판매지향적 개념이 강조되었다. 1990년대 들어 판매도 중요하지만, 고객의 욕구에 초점을 맞추지 않으면 기업이 살아남을 수 없다는 생각에서 생산, 재무, 판매 등 기업의 모든 활동을 소비자인 고객의 욕구에 맞추자 마케팅 역시 고객지향적 관점으로 전환하게 되었다. 그러나 고객의 현재 욕구에 지나치게 초점을 두는 것은 새로운 수요를 창출하는 데 한계가 있다는 비판을 받게 돼 있으며, 이에 따라 최근에는 시장지향적 관점이 강조되고 있다. 시장지향적 마케팅이란 최종고객인 소비자들에게 최대한의 가치를 제공하기 위해 제품의 가치생산이나 가치생산 촉진과 관련된 기업 내외의 관련 고객들의 상호작용을 지속적으로 관리하는 것을 의미한다(오세조 외, 2006). 최근

에 '고객을 위한 가치 창출'을 기업의 비전이나 생산, 유통, 판매 등의 모든 과정에서 강조함은 시장지향적 마케팅과 같은 맥락이다.

| 표 10-1 | 마케팅 개념의 유형과 특성

| 개념 유형 | 고객 특성과 마케팅의 과제 |
|---|---|
| 생산지향적 | • 학습자는 프로그램 이용 가능성과 저가격에만 관심을 둔다.<br>• 학습자는 경쟁프로그램의 가격을 알고 있다.<br>• 비가격요인은 거의 중시하지 않는다.<br>• 프로그램 개발과 학습자 유치 과정을 개선하여 능률을 높임으로써 교육비 수준을 낮추는 것이 고객 확보 주요 수단이다. |
| 제품(프로그램) 지향적 | • 학습자는 최고의 프로그램을 선택하고자 한다.<br>• 경쟁프로그램의 품질이나 특성을 잘 알고 있다.<br>• 프로그램의 질 개선이 학습자 유지의 주요 수단이다. |
| 판매지향적 | • 학습자는 특정 프로그램의 등록에 대해 주저하는 경향이 있다.<br>• 여러 가지 자극으로 더욱 많은 등록을 유도할 수 있다.<br>• 학습자 유지, 확보를 위해 강력한 유치 조직이 형성되어 있어야 한다. |
| 고객지향적 | • 학습자는 각각 다른 요구를 하게 되므로 세분시장으로 구분할 수 있다.<br>• 자신의 욕구를 가장 잘 충족시킬 수 있는 프로그램을 구매한다.<br>• 목표시장을 선정하고 욕구 충족도가 높은 효과적인 프로그램을 개발하고 마케팅 계획을 세워야 고객의 유지나 확보가 가능하다. |
| 시장지향적 | • 고객의 현재 욕구에 지나치게 초점을 두는 것은 새로운 수요를 창출하는 데 한계가 있다.<br>• 소비자들에게 최대한의 가치를 제공하기 위해 제품의 가치생산이나 가치생산 촉진과 관련된 기업 내외의 관련 고객들의 상호작용을 지속적으로 관리하는 것을 의미한다. |
| 사회지향적 | • 학습자는 건강, 환경문제에 민감하며, 교육기관의 윤리적 측면 등을 고려하여 등록하게 된다.<br>• 교육기관은 좋은 환경을 제공하고 인간지향적인 사고와 함께 사회적 책임을 지는 방향으로 마케팅 활동을 전개할 수 있어야 한다. |

출처: 권두승 외. (2016). 평생교육경영론(2판). 파주: 교육과학사.

이처럼 마케팅의 개념이 조직의 이익을 위한 제품 판매에서 벗어나 조직의 본질적인 비전과 목적을 실현하는 수단으로 의미가 변화되면서 기업 외의 비영리조직이나 단체에서도 마케팅을 중요한 영역으로 다루고 있다(황선영, 2015). 따라서 마케팅은 '기업을 포함하여 모든 조직이나 기관에서 비전이나 목표를 달성하기 위해 시장 및 고객과 소통하면서 고객의 가치를 최대한 창출할 수 있는 상품 및 서비스를 제공하는 모든 활동'이라 정의할 수 있다(황선영, 2015). 이러한 관점에서 김신일은 마케팅 개념을 기업, 비영리조직 및 정부기관이 각 고객의 욕망을 파악하고, 그에 합치된 상품이나 서비스, 아이디어 또는 그 전체를 기획·개발하고 이에 관한 사실을 전달하며, 각 주체자가 최소비용으로써 최대의 고객만족, 최대의 가치를 창출할 수 있도록 해당 상품 및 서비스를 제공하는 행위 및 처리과정을 포함하는 것이라고 정의하기도 한다(김신일 외, 2009). 그렇다면 공급자중심, 교육자중심에서 수요자중심, 학습자중심으로 교육의 중심을 이동시켜야 함을 강조하고 있는 청소년기관에서도 마케팅은 중요한 영역으로 다루어져야 할 것이다(김용현 외, 2018).

마케팅에 대한 두 가지의 오해가 있다. 첫 번째는 제품을 팔기 위해 소비자를 현혹하는 교묘한 과정이다. 하지만 마케팅은 가치 없는 물건을 비싸게 파는 것이 아니라 오히려 소비자에게 어떻게 하면 그에 걸맞은 가치를 제안하고 전달할 수 있는지를 배우는 학문이다. 두 번째는 최종 목표가 시장에서 경쟁자를 이기는 데 있다는 생각이다. 그러나 마케팅의 목표는 '경쟁에서 승리하는 것'이 아니라 '고객의 마음을 사로잡는 것'이 되어야 한다. 오히려 경쟁에서 승리하는 것이 목표가 될 경우 고객의 마음을 사로잡는 데 부정적인 영향을 미칠 수 있으므로 주의해야 한다. 세계적인 경영학 분야의 권위자인 오마에 겐이치(大前研一)의 전략은 경쟁에서 승리하는 데 초점을 두기보다 새로운 고객 가치를 창출하는 데 초점을 두어야 한다고 하였다. 사실 좋은 전략은 가능한 경쟁을 피하는 것을 목표로 해야 한다(한국전산원, 2006; 김지헌, 2016). 이처럼 마케팅은 경쟁자가 제공하지 못하는 새로운 가치를 발견하고 이를 고객들에게 효과적으로 제안하고 전달하기 위한 방안을 모색한 과정으로써 수직적인 차별화보다는 수평적 차별화에 노력해야 할 것이다(문영미, 2011).

오늘날의 마케팅 개념은 지속적인 가치교환을 유발할 수 있는 관계를 기준으로 평가한다. 과거에는 판매가 마케팅의 핵심이었지만, 오늘날에는 고객과의 장기적인 관계 구축이 더 중요시되고 있다. 100년 이상을 운영하는 브랜드가 있는 기업들은 다음과 같은 전략이 있다. 소비자가 공감할 수 있는 가치를 기반으로 기업의 정체성을 구축한 후 원칙 있는 일관된 행동을 통해 소비자에게 전달하는 것이다. '가치-만족-관계'의 선순환 구조는 기업이 제공하는 가치의 중요성을 소비자가 공감하고 기업으로부터 이를 지속해서 제공받고 있다고 느낄 때 시작될 수 있으며, 그 결과가 브랜드 자산 증가로 나타나게 된다. 브랜드 전략의 중심에는 소비자가 '공감할 수 있는 가치'가 있어야 한다. 이는 가치의 교환 과정에서 고객 만족을 이끌어내고 긍정적인 관계를 구축해 준다. 긍정적 관계는 또 다른 가치교환의 무대로 소비자를 이끌고 더 큰 만족을 통해 더 확고한 관계를 구축하여 브랜드 자산 가치를 증가시킬 수 있다(김지헌, 2016).

## 2) 필요성

마케팅에서 중요하게 다루는 이론과 전략이 사람과 사람 사이의 관계에 관한 것이며 그 적용 분야는 참으로 넓고 다양하기 때문에 마케팅은 우리 사회에 없어서는 안 될 중요한 분야이다. 즉 상대방의 마음을 훔쳐 긍정적 관계를 맺고자 하는 사람이라면 누구에게나 필요한 분야이다. 사람은 누구나 제품이나 서비스에 선택과 구매의 주체가 되며 소비를 통해 자신을 표현하기 때문에 마케팅은 소비자로서 자신의 행동을 이해하는 데 도움을 줄 수 있는 분야이다.

사회의 다양한 영역인 비영리기관의 마케팅, 문화예술기관의 마케팅, 심지어 학교마케팅, 대학마케팅 등의 개념을 듣게 되면 그야말로 마케팅의 개념이 기업을 뛰어넘어 교육기관에 이르기까지 모든 기관과 조직에서 중요하게 다루어짐을 알 수 있다. 남정걸은 교육기관이 마케팅 개념을 적극적으로 도입할 때 얻을 수 있는 마케팅의 효과를 다음과 같이 제시하였다(남정걸, 2008).

첫째, 교육기관에 대한 진정한 이미지 형성이다. 교육기관에 대한 좋은 이미지(예: 교·강사의 질, 효과적인 프로그램, 건전한 운영)의 형성 결과는 국가적 차원에서 관련 부처, 지방자치단체로부터 예산지원과 지역사회와 공공기관의 신임과 여러 자원의 지원을 더 얻게 될 것이다. 그러므로 교육기관의 효과적인 마케팅은 미시적인 지역사회 차원에서만이 아니라 거시적으로는 국가적 차원에서 이루어져야 한다.

둘째, 대상별 특화된 프로그램의 개발과 보급이다. 효과적인 마케팅은 관심인사나 관련 인사, 공 · 사립의 관련 기관의 호의적이고 동조적인 참여를 유도할 뿐 아니라 교육의 질을 제공함으로써 학습자의 학습성과를 증진하게 된다. 교육에서 마케팅의 주요과제는 학습자의 성과를 제고하기 위하여 제한된 시간과 에너지를 어디에 투입할 것인가를 분간하는 것이다. 교육기관은 이처럼 대상별 특화된 마케팅을 전략적으로 치밀하게 전개하지 않으면 안 된다. 마치 기업이 특정한 소비자 집단의 욕구와 요구 및 수요를 규명하고 이를 충족시키기 위한 고객 위주의 제품을 생산하여 공급하는 방법을 찾는 것과 마찬가지이다. 이에 갈수록 치열해지는 경쟁 속에서 운영해야 하는 교육기관의 입장에서는 대상별 특화된 마케팅을 통해 프로그램의 차별화는 물론 잠재적 학습자에게 전략적으로 접근하는 방법을 강구해야 한다.

셋째, 자유시장에서의 경쟁력 강화이다. 교육기관에서의 마케팅은 한편으로는 생존의 문제이기도 하며, 다른 한편으로는 경쟁력 강화의 길이기도 한 것이다. 교육기관이 살아남고 이윤을 추구하려면 학습자를 찾아 나서고 그들의 수요에 맞는 프로그램을 실행해야 한다. 소비자인 학습자의 수요가 프로그램 개발자의 의사결정에 결정적인 영향을 준다. 학습자가 바라는 바를 스스로 충족시키지 못하기 때문에 프로그램 개발자에게 질 좋고 강의료가 적절한 재화나 서비스를 요구하게 된다.

공교육에 비해 청소년교육은 학습자의 선택권이 거의 개방된 가운데 자유경쟁의 시장원리가 지배하는 분야이다. 개인의 권리와 자유, 능력을 중시하여 공교육의 획일적이고 독점적인 지배를 거부하고 교육의 질적 향상과 수월성을 추구하는 교육에서는 학습자의 교육 선택의 기회를 보장하기 위한 자유시장의 원리를 도입하여 치열한 경쟁을 전개하고 있는 것이 세계적 추세이다. 종래 교육기관이 제공하는 프로그램은 고객인 학습자에게 이로울 것이나, 학습자가 스스로 찾아오리라는 안이한 사고는 바람직하지 않다. 예측하기 어려운 불확실성의 치열한 경쟁에서 도태되지 않고 유지, 발전하려면 표적시장의 요구에 적절히 대응할 수 있는 마케팅 믹스를 개발하여, 선택의 기회를 확보하는 데 관심의 초점을 두어야 계속 유지, 발전할 것이다.

## 3. 청소년기관의 마케팅

### 1) 특징

#### (1) 미시적 마케팅

충족되지 않은 고객의 욕구를 발견해 내고 그러한 욕구를 충족시켜 줄 수 있는 제품을 생산하고 중간상을 거쳐 고객에게 흐르도록 함으로써 조직의 목표를 효과적으로 달성하려는 활동이라 할 수 있다. 즉 마케팅을 학습자의 욕구를 충족시키기 위한 기관의 활동으로 정의하고 평가하는 관점을 미시적 마케팅이라고 한다. 이는 시장조사, 프로그램 개발, 판매촉진, 유통경로 설계 그리고 서비스 활동을 포함한다.

교육기관은 공적인 의무를 함께 가지고 있으며, 또한 청소년들에게 교육이라는 상품을 제공하기 때문에 청소년 요구 충족에 많은 관심을 기울여야 할 것이다. 따라서 청소년들을 상대로 하는 꾸준한 요구조사와 함께 현재 관심사는 무엇이며, 운영하는 교육기관에서 개설, 운영할 수 있는 프로그램에 대한 개발과 함께 프로그램을 어떻게 소개하며, 많은 청소년을 프로그램에 참여시킬 수 있는지 끊임없는 요구조사가 이루어져야 할 것이다.

### (2) 거시적 마케팅

거시적 마케팅이란 가치를 교환하려는 전체 구성원들의 욕구를 효과적으로 해결하기 위하여 한 사회 내에서 필연적으로 발전한 사회적 과정이다. 영리기관으로서 교육기관의 마케팅은 일반기업과 다를 것이 없으므로, 여기에서는 비영리기관으로서 교육기관의 마케팅 특징을 살펴보고자 한다(김신일 외, 2009).

첫째, 교육기관은 물적 상품보다는 서비스 성격의 상품을 제공한다는 점이다. 교육기관의 고객인 청소년들로부터 양질의 교육서비스를 제공받고 있다는 평을 받기 위해서는 광고나 홍보를 통해 무형의 교육 서비스를 유형화하는 과정이 필요하다.

둘째, 교육기관은 여러 가지 목표를 동시에 추구하고 있다. 이윤, 청소년 성장, 지역공동체, 시민의식 등 여러 가지 목표를 동시에 추구한다.

셋째, 비영리 조직으로서 교육기관은 마케팅 대상도 다양하다. 공공기관, 민간기관, 학습자 등 마케팅 대상도 다양하다.

이처럼 교육기관에서 거시적 마케팅이라는 관점은 교육기관이 지역사회에 어떤 목적으로 영향을 미칠 것인지를 고려한 운영을 말하며, 지역사회 발전을 위한 장기적인 목표설정을 통하여 일회성 청소년프로그램이 아닌 지속적인 프로그램의 개발 · 운영의 장기적인 마케팅 전략의 수립을 의미하는 것이다(안병환 외, 2018).

## 2) 마케팅 절차

마케팅은 청소년프로그램을 많은 사람에게 알려 잠재 학습자들이 교육의 기회를 알게 하여 참여할 수 있도록 유도하는 데 그 목적이 있다. 마케팅의 절차는 사명(mission) 성립, SWOT 분석(Strengths, Weakness, Opportunities, Threats), 마케팅

목표의 설정, 마케팅 전략의 형성, 실행계획 형성과 실행, 피드백과 통제의 과정을 거치게 된다(Kotler & Andreasen, 1991; 한국능률협회, 1994). 이러한 청소년프로그램의 마케팅 진행과정은 구체적으로 다음과 같다(김창현 외, 2024).

첫째, 미션은 비전을 가장 효과적으로 이루기 위한 방법을 의미한다. 미션을 선택하기 위해서는 프로그램에 대한 현재 가지고 있는 내·외적인 자원을 알아야 그것을 가장 효율적으로 활용할 수 있는 방법을 선택할 수 있다. 청소년들의 적성이나 성격에 대한 통찰, 성장환경, 교육환경, 가치관 같은 청소년들의 경험에 대해서도 잘 알아야 한다.

둘째, 기회 및 위협의 분석으로 청소년기관을 둘러싼 거시적 환경을 분석하는 것이고, 청소년들의 주변 환경을 분석하여 청소년들의 장점과 단점을 확인하기 위한 도구로써 프로그램 마케팅을 위해 유용하게 활용할 수 있다. 또한 조직의 강/약점 분석은 청소년기관 내부에서 관리 및 동원 가능한 인적·물적자원의 장단점을 분석하는 것이다. 즉, 기회 및 위협의 분석과 조직의 강/약점 분석을 통틀어 SWOT 분석이라고 칭한다.

셋째, 마케팅 목표의 설정은 이전까지의 분석을 토대로 청소년기관의 성장률, 청소년의 참여 증가율, 청소년의 만족도 증가율과 같이 성취해야 할 목표를 구체적인 수치로 설정하는 것이다.

넷째, 마케팅 전략이란 마케팅 목표를 달성하기 위해 청소년 표적집단을 어떻게 선정하고 어떤 수단을 활용할 것인가를 다루는 것이다. 마케팅 전략은 크게 'STP 전략'과 '마케팅 혼합전략(marketing mix strategy)'으로 구성되어 있다. STP 전략은 청소년집단을 '세분화(Segmentation)'하고, 거기서 특정 청소년기관이 주로 대상으로 삼고자 하는 청소년집단을 '표적집단으로 설정(Targeting)'하며, 표적화된 청소년 세부집단을 만족시켜 주기 위해 다른 청소년 관련 조직과 '차별된 위치(Positioning)'를 잡는 것을 'STP 전략'이라 한다. 먼저 집단세분화는 프로그램에 참여할 가능성이 있는 청소년집단을 세분화하는 것으로, 집단은 다양한 욕구와 상이한 구매능력을 가진 소비자들로 구성되어 있으며 이들의 니즈(needs)를 모두 만족시키는 것은 불가능하다. 마케팅 혼합전략은 STP 전략에 의해 설정된 표적집단으로부터 원하는 반응을 달성하기 위한 수단들을 어떻게 할 것인지를 결정해야 한다.

| 그림 10-2 | **청소년프로그램 마케팅 절차**

## (1) 청소년집단 세분화

청소년집단 세분화(segmentation)란 연령, 성별, 지역, 기타 개인의 특성에 의해 소집단으로 분류하는 행위를 말한다. 마케팅에서 세분화란 교육의 개별화 전략과 일치한다. 집단세분화를 통해 다음과 같은 유익을 얻을 수 있다.

첫째, 기관에 맞는 청소년집단을 선정할 수 있다.

둘째, 청소년기관의 자원을 효율적으로 배분하여 마케팅할 수 있다.

셋째, 청소년집단의 동향에 효율적으로 대처할 수 있다.

집단세분화는 다음과 같은 요건을 갖출 수 있을 때 실질적인 효력을 발휘할 수 있다.

첫째, 세분집단의 측정 가능성이다. 세분화된 청소년집단의 프로그램 참여 특성을 파악할 수 있어야 한다.

둘째, 세분집단에 대한 접근 가능성이다. 세분화된 청소년들에게 프로그램을 전달할 수 있어야 한다.

셋째, 세분집단이 실질적이어야 한다. 경제적인 관점에서 특별한 마케팅 활동을 해도 될 정도로 예산의 뒷받침이 충분히 보장되거나, 예산의 부족에도 불구하고 프로그램을 제공할 충분한 가치가 있거나 의미 있는 청소년 세분집단이어야 한다. 즉, 세분된 잠재적 청소년집단의 단위는 독자적인 마케팅 프로그램을 실행할 수 있을 정도로 가치가 보장되어야 한다.

넷째, 세분집단의 신뢰이다. 일정 기간에 걸쳐 일관성 있는 특성을 보여야 한다.

집단세분화의 기준은 크게 두 가지, 즉 정량적 기준과 정성적 기준이 있다. 먼저 정량적 기준은 성(性), 연령, 소득, 직업, 교육 수준, 지역 등이고, 정성적 기준은 가치관, 감각, 구매 습관, 구매 동기, 취미・기호, 라이프스타일 등으로 구분할 수 있다.

| 표 10-2 | 집단세분화의 기준

| 구분 | 주요 내용 |
|---|---|
| 지리적 자료 (geographic data) | • 지리적 분석은 집단을 세분화하기 위한 첫 단계<br>• 일정한 지역 내 유사한 프로그램을 제공하는 경쟁 청소년기관의 수 (경쟁기관에 접근하기 쉬운 청소년과 그렇지 못한 청소년은 평가 기준이 서로 다르다고 가정) |
| 인구학적 자료 (demographic data) | • 청소년기관의 경우 청소년의 연령, 성별, 가정의 경제적 수준, 종교, 가족 수 등이 중요한 인구학적 자료에 해당 |
| 심리적 자료 (psychographic data) | • 소비자를 그들의 활동, 관심, 의견, 라이프스타일을 통해 기술하는 것을 말함<br>• 인구학적 자료보다 좀 더 추상적이고 측정하기가 쉽지 않음에도 불구하고 집단에 대한 포괄적 접근을 개발하는 데 있어 인구학적 자료만큼 중요하다는 인식이 일반화<br>• 청소년프로그램 마케팅을 위한 심리학적 자료와 밀접한 관계를 맺는 것: 청소년의 성격유형, 청소년기관 참여동기, 자기 자신에 대한 태도, 가족관계의 안정성, 교우관계에 대한 만족도 등 |
| 행동적 자료 (behavioristic data) | • 청소년프로그램에 대한 참여 경향과 관련<br>• 청소년프로그램 마케팅과 관련된 청소년의 행동적 자료: 청소년이 참여하는 프로그램의 수, 참여하고 있는 프로그램 유형에 대한 청소년의 경험 정도 |

### (2) 표적집단 설정

청소년집단 세분화를 통해 확인된 잠재적 참가자들의 현황을 파악한 다음에는 실제로 어떤 잠재적 참가자들을 주된 대상으로 설정할 것인가를 판단해야 한다. 다른 청소년프로그램과 어떻게 차별화할 것인가에 대해 결정해야 한다. 참가하는 대상을 구분해 내고 프로그램의 유익성을 다각화한다. 표적집단 선택

(targeting)이란 의사결정을 통해 잠재적 참가자 집단을 선택하는 것이다. 표적집단 선택에는 세 가지의 전략이 있다. 비차별적 마케팅, 차별적 마케팅, 집중적 마케팅이다(김한별 외, 2010).

이러한 표적집단 선정을 통해서 프로그램의 주요 대상이 되는 청소년들을 결정하고 표적집단에게 마케팅을 하게 된다. 가장 반응이 좋은 집단과 수요가 가장 많은 집단을 선택한다.

### (3) 포지셔닝

청소년집단 세분화와 표적집단 설정이 이루어지고 나면 포지셔닝 활동을 통해 프로그램의 차별화된 위치를 부각해야 한다. 포지셔닝(positioning)이란 자리매김을 하는 것이다. 즉, 수요자인 청소년들의 생각 속에 자리를 차지하게 되는 것이다. 포지셔닝을 통해 다른 청소년기관과 구별되는 프로그램으로 명확하게 자리매김하는 것이다. 이를 마케팅에서는 '이미지'와 비슷한 용어로 사용된다. 그러나 포지셔닝은 이미지와는 달리 경쟁 프로그램과 비교되는 청소년 속에 자리 잡은 차별화된 인상을 의미한다. 해당 프로그램을 다른 청소년기관의 그것과 분리시킬 수 있는 한두 가지 특성을 찾아내는 작업을 전략적인 포지셔닝이라고 한다. 이러한 STP 전략 수립을 5단계로 나누면 다음과 같다.

1단계: 세분화 기준(segmentation base) 결정: 성별/연령/지역/시기 등 고려
2단계: 최적 세분시장(best segmentation) 선택: 2개 이상의 다수로 분류 후 선정
3단계: 최적 표적집단(target) 청소년의 요구 파악
4단계: 프로그램 개념 도출: 타 청소년기관, 트렌드, 청소년의 기호 등 고려
5단계: 목표시장에 대한 포지셔닝 설정

### (4) 마케팅 믹스

프로그램 목표들이 설정되고 적합한 시장 분할이 됐을 때 프로그램 개발자는 사용할 프로그램 마케팅 전략을 개발해야 한다. 마케팅 전략은 학습자에게 전

달될 프로그램의 세부내용에 대한 결정까지를 포함한다. 프로그램에 포함할 내용이 무엇인가? 어떻게 그리고 어디에 이것이 전달돼야 하는가? 어떻게 잠재적 학습자에게 이것에 대해 알도록 할 것인가? 그리고 어떻게 참석하라고 동기 부여할 것인가? 또 비용은 얼마나 할 것인가? 이러한 질문들은 소위 마케팅의 4Ps, 즉 마케팅 믹스를 의미한다. 그것은 생산물(product), 장소(place), 판촉(promotion), 가격(price)을 말한다.

**| 표 10-3 | 4P 마케팅 믹스 설계 항목**

| 마케팅 믹스 | 세부 항목 |
|---|---|
| 생산물<br>(product) | 종류(variety), 품질 수준, 디자인, 사양(features), 상표, 포장, 서비스 등 |
| 가격<br>(price) | 판매가(list price), 지불 기간, 지불 방법, 신용 조건, 요금제 등 |
| 장소<br>(place) | 유통 경로, 유통 범위, 상권 분석(location), 재고, 물류, 유통 매장설계 등 |
| 판촉<br>(promotion) | 광고(Ads), 홍보(PR), 개별 판매(personal selling), 판촉(sale promotion) |

출처: 김지헌. (2016). 가치를 사는 소비자 공감을 파는 마케터. 고양: 갈매나무.

또한 인터넷을 이용한 4C를 활용하여 상호 보완적 기능을 가지면서 인터넷을 활용한 마케팅의 효율을 극대화할 수 있다. 즉, 콘텐츠를 통해 방문 청소년들의 커뮤니케이션이 활발히 이루어짐으로써 자연스럽게 청소년들 간에 커뮤니티가 형성된다. 청소년단체는 이러한 커뮤니티를 대상으로 청소년들이 프로그램을 선택하도록 유도한다.

| 표 10-4 | 4P와 4C 이해

| 구분 | 내용 |
|---|---|
| 생산물<br>(product) | • 청소년기관의 프로그램이 여기에 해당<br>• 가시적 속성: 교재, 강사, 학습시설 등<br>• 핵심적 속성: 프로그램에서 궁극적으로 얻고자 하는 것 |
| 가격<br>(price) | • 개인 또는 정부/단체의 보조를 통해 지불됨<br>• 참가비는 참가자와 반비례함. 그러나 꼭 그렇지 않은 경우도 있음<br>• 프로그램의 지속성과 밀접한 관계가 있음 |
| 장소<br>(place) | • 물리적 편의성과 장소의 상징적 가치가 있음<br>• 장소의 선정은 프로그램의 내용과 밀접한 관계가 있음 |
| 판촉<br>(promotion) | • 홍보매체 선정하고 청소년에게 어떻게 무엇을 알릴 것인지 선정함<br>• 청소년들에게 필요한 정보를 제공<br>• 효과적인 홍보전략을 수립함 |
| 콘텐츠<br>(Contents) | • 홈페이지나 앱에서 제공하는 각종 내용물을 의미<br>• 홈페이지를 통해 참가자가 얻고자 하는 자세한 내용 검색 가능함 |
| 커뮤니티<br>(Community) | • 인터넷 사용자들이 온라인상에서 소속감을 느끼고 활동하는 동아리를 형성할 수 있음<br>• 이러한 네트워크는 등록률과 출석률을 높이는 기능함 |
| 커뮤니케이션<br>(Communication) | • 회원 간에 쌍방 의견교환을 통해 청소년기관의 프로그램과 서비스에 대한 정보를 얻을 수 있음 |
| 커머스<br>(Commerce) | • 온라인상에서 등록함<br>• 최근 많은 등록은 이러한 방법으로 진행함 |

출처: 마상욱. (2024). 청소년프로그램 개발 및 평가(2판). 고양: 공동체.

다른 경영학에서는 인적자원(people), 프로세스(process), 물리적 환경(physical evidence) 등을 포함하여 7P로서 마케팅 믹스에 대해 설명하기도 한다. 이렇게 생존하기 위해 다양한 마케팅 전략을 세우지만, 학습자의 수준은 점점 더 높아가면서 마케팅 믹스 4P의 진화단계도 변화하고 있다. 즉 전통적 '브릭엔모타(brick-and-mortar)' 방식에서 인터넷 기반 '클릭엔모뎀(click-and-modem)'의 형태를 거쳐서 감성서비스 기반 '서비스엔이모션(service-and-emotion)' 기관으로 진화하고 있다.

|표 10-5| 마케팅 믹스의 4P의 진화단계

| 구분 | 전통적 기업 (brick-and-mortar) | 온라인 기업 (click-and-modem) | 서비스 기업 (service-and-emotion) |
|---|---|---|---|
| 제품 (product) | • 유형 제품<br>• 물리적 제품 | • 물리적 제품<br>• 디지털 제품 위주<br>• MP3 등 | • 서비스 제품<br>• 감성 제품<br>• 콘텐츠 중시 |
| 가격 (price) | • 저가격<br>• 중가격<br>• 고가격 | • 저~고가격<br>• 무가격<br>• 인터넷 전화 등 | • 점심값보다 비싼 커피<br>• 월급보다 많은 입장료<br>• 브랜드 이미지 팔기 |
| 장소 (place) | • 시장<br>• 백화점<br>• 길고 복잡함 | • 단순하고 간결<br>• 다수의 중간상 생성<br>• 오픈 마켓 등 | • 서비스의 일관성 유지<br>• 프랜차이즈 기업화<br>• 스타 양성과 팔기 |
| 촉진 (promotion) | • 광고<br>• 인적판매 위주 | • 체험 마케팅<br>• 커뮤니티 & 블로그<br>• 토론문화 | • 감성 공간 만들기<br>• 우량 파트너와 제휴<br>• 좋은 관계 만들기 |

출처: 김승욱 외. (2016). 고객관계관리. 서울: 무역경영사.

## 4. 프로그램 마케팅 기법

청소년프로그램이 공공기관이나 학교에서 제작될 때는 마케팅보다는 정책 당국과 같은 공급자 중심으로 진행되었다. 그러나 이제 청소년프로그램은 다양한 주체들이 참여하고 있다. 마케팅은 프로그램 정보를 청소년에게 알리고 참여를 유도하기 위한 것이다. 따라서 효율적인 마케팅을 필연적으로 생각해야 한다. 청소년들을 대상으로 하는 마케팅 방법은 광고, 홍보, 홈페이지, 이메일, 리플릿, 전화, 문자메시지, 입소문, SNS 등이 있다.

### 1) 광고

광고는 프로그램을 알리기 위해 TV, 신문, 지역신문, 잡지 등에 게재된 광고란에 실리는 소식이나 우편물을 의미한다. 매체를 이용하기 때문에 매체에 따라 비용이 필요하다. 그러므로 한정된 비용으로 최대한의 광고효과를 내기 위해서 기획자는 여러 데이터를 활용하여 가장 효율적인 방법과 시기를 판단해야 한다. 광고의 가장 큰 기능은 보게 하는 것이다(attention). 많은 소식을 전하는 것보다 먼저 눈을 머물게 해야 한다. 그 후에 내용을 통해 관심(interest)을 두고 자신의 욕구(desire)를 충족해 줄 만한 내용을 찾게 된다. 또한 광고는 기억(memory)에 남아야 하고, 선택이라는 행동(action)까지 진행되어야 한다. 청소년들을 대상으로 하는 광고는 청소년들의 감각에 맞는 디자인이 중요하다. 정보의 전달만큼 중요한 것이 눈에 띄는 디자인을 통해 청소년들의 관심을 두게 하고 참여하는 행동으로까지 이끌어내는 것이다.

### 2) 홍보

홍보는 프로그램을 알리기 위한 행동이지만 광고와는 달리 비용을 지불하는 형태의 활동이 아니다. 즉, 홍보는 신문, 잡지, 방송 등에 기사나 인터뷰 형식으로 프로그램을 노출하는 것이다. 이를 위해서 기자나 방송담당 PD들과 지속적인 네트워크 형성이 필요하다. 지역사회 교육 관련 기자들의 명단이나 이메일을 확보하고 개발된 프로그램의 의미를 전달하는 일을 해야 한다. 이러한 홍보는 광고와 함께할 때 더 효과적일 수 있다.

### 3) 홈페이지/앱

홈페이지에 프로그램을 안내하는 것은 이메일과 더불어 청소년프로그램에 대한 상세한 정보를 기본적으로 활용하는 것이다. 오프라인에서 노출된 광고나 홍보를 통해 관심을 가졌다면 홈페이지에서 정확한 정보를 확인한다. 또한 홈페이지는 해당 프로그램만 홍보하는 것이 아니라 프로그램을 개발한 청소년기관도 동시에 홍보하는 것을 의미하며 마케팅 효과와 직접적인 연관이 있으므로 홈페이지 관리에 각별히 신경 써야 한다.

최근에는 청소년들이 스마트폰을 이용해서 자신들이 원하는 정보를 찾는다. 따라서 스마트폰에 적정화된 마케팅도 고려해야 한다.

### 4) 이메일

이메일 사용은 최근까지 많이 사용했던 방식이다. 메일주소를 확보하고 있다면 효과적인 정보전달 방식이 될 수 있다. 불특정 다수에게 보내는 이메일은 스팸으로 처리될 가능성이 많고 법적으로도 문제가 생긴다. 따라서 이메일을 이용할 때는 정확한 데이터 관리와 데이터를 수신하겠다는 동의를 받는 것이 필요하다. 이메일은 홍보대상이 명확할 때 매우 효과적이다.

### 5) 리플릿

일반적으로 가장 많이 사용되는 방법이다. 리플릿은 인쇄하기 때문에 비용이 발생하지만 프로그램에 대한 전반적인 것을 간명하게 알릴 수 있는 수단이다. 리플릿을 제작할 때는 정확한 정보 전달을 위해 프로그램과 일시, 장소, 연락처, 회비 지출을 위한 통장번호 등이 정확히 기재되어야 한다. 비용이 발생하기 때문에 전달할 대상과 수요를 정확히 계산하는 노력이 필요하다.

### 6) 전화 및 문자메시지

프로그램을 홍보하기 위해서 쉽게 사용하는 방법은 문자메시지를 보내는 것이다. 문자메시지도 회원중심으로 보내야 하기 때문에 전화번호 관리가 중요하다. 그러나 너무 많이 문자를 보내는 경우 불편을 초래할 수 있다. 좋은 방법은 문자를 보내고 며칠 후 통화 가능한 시간을 분석하여 직접 대화하는 방법이 가장 추천할 만하다.

### 7) 입소문

가장 정확하고 효과가 높은 방법은 직접적인 접촉을 통해 프로그램을 구두로 홍보하는 것이다. 기업들도 많이 사용하는 '입소문'을 통한 마케팅이다. 프로그램을 알릴 때 가장 쉬운 방식은 참여했던 사람들의 입소문일 것이다. 그러므로 프로그램을 선택할 때는 후기를 살펴보는 경우가 많다. 이렇게 후기를 관리하는 방법은 입소문을 이용하는 적극적인 방식이다. 참가했던 사람들을 통해 적극적으로 프로그램에 대한 소식을 전하도록 부탁하는 것이다. 이럴 경우 사람들과 많은 관계를 맺고 있는 청소년이나 부모의 도움이 필수적이다. 입소문은 효과성이 매우 높지만 비용이나 시간이 많이 소요되며 많은 인원을 대상으로 하기에는 한계가 있다.

### 8) SNS

신문이나 방송과 같은 매체를 통해 소식을 듣던 시대에서 이제는 직접 소식을 주고받는 방식인 소셜 네트워크 서비스(Social Network Service), 즉 SNS가 발전하고 있다. 특히 청소년들에게 친숙한 매체이다. 온라인을 통한 마케팅은 카페, 블로그, 페이스북, 유튜브, 트위터, 인스타그램, 틱톡 등이 있다. 최근에는 10대를 중심으로 한 메타버스 영역이라고 할 수 있는 제페토, 모여봐요 동물의 숲, 로블록스 등이 확장되고 있다. 이러한 매체는 집단의 성향에 따라 이용자가 세분된다. 향후 SNS는 더 많은 변화를 통해 발전할 것으로 보인다. 이렇게 네트워크 시대에 중요한 매체가 된 SNS를 어떻게 마케팅에 활용할 것인가가 많이 연구되고 있다. 기업들 역시 SNS를 통한 홍보에 노력을 기울이고 있다. 청소년프로그램은 청소년을 대상으로 하는 홍보를 해야 한다. 그러기 위해서는 청소년들이 가장 많이 사용하는 SNS 방식을 계속해서 연구해야 한다.

Chapter

11

# 청소년프로그램 실행과 운영

# 1. 청소년프로그램 실행

## 1) 프로그램 실행 개념

청소년프로그램의 실행은 기획과 설계된 프로그램을 체계적인 실시를 통해 설정한 목표를 달성하게 되는 과정으로 프로그램의 진행자와 청소년이 목표를 달성하기 위해서 직접 만나게 되는 하나의 과정이다. 프로그램 실행(program implementation)이란 기계론적 교육관 입장에서 기계의 작동과 같은 사전에 준비된 교육과정의 조작적 행위를 말한다. 실행은 지도자, 운영자(관리자), 청소년 등이 상호 협동적이고 의도적인 노력으로 가능한 실천행위(cooperative arts)가 전제되어야 가능하다. 즉 청소년프로그램 실행은 간단한 조작행위의 자동적 작동이 아닌 프로그램과 관련된 많은 사람의 통합적 상호작용의 노력으로 전개되는 것을 의미한다.

한편, 청소년프로그램은 단어 그대로 청소년을 대상으로 프로그램을 전개하는 활동을 의미한다. 즉, 프로그램 기획(planning)과 설계(design)의 과정을 통해 만들어진 프로그램을 청소년지도자가 프로그램 참여자인 청소년들을 대상으로 체계적으로 실시하여, 의도한 목표를 달성해 나가는 과정을 말하며, 프로그램 실행은 계획되고 조직화된 프로그램을 실제 행동으로 옮기는 것이다. 따라서 프로그램 실행단계는 프로그램 개발 과정에서 프로그램을 매개로 하여 지도자와 청소년 참가자가 만나는 접점이자, 프로그램의 매력성, 효과성, 효율성을 결정짓는 데 있어서 가장 중요한 과정이다. 프로그램 실행과 운영이 정상적으로 추진되기 위해서는 프로그램 참여자인 청소년의 확보와 관리, 지도자의 확보와 관리, 프로그램 자원의 확보와 관리 등이 필요하며, 이러한 맥락에서 청소년프로그램의 실행은 "청소년의 프로그램 활동을 지원·촉진·안내하고, 나아가서 그와 관련된 환경을 조성해 주는 전략"으로 개념화되기도 한다(권두승, 2005). 그러므로 청소년프로그램은 컴퓨터 프로그램처럼 자동적으로 작동되는 것이 아니라, 프로그램과 관련된 지도자의 지도행위, 청소년의 참여행위, 운영요원의 운영 및 관리행위의 통합된 인위적 노력에 의해 전개되며, 청소년의 바람직한 성장과 발달을 돕는 데 그 의의가 있다.

### 2) 프로그램 실행 유의사항

실행과정은 구체적인 활동단계로 조직된 프로그램 학습안과 실행형태가 결정된 후 실천에 옮기는 단계이다. 프로그램의 계획이나 조직이 실행단계를 거치지 않는다면 한낱 설계나 문서에 불과할 것이다. 프로그램 실행단계를 통해 프로그램 기획이 실천되는 것이므로 청소년지도사들의 역량이 구체적으로 발휘되는 단계이기도 하다. 프로그램 실행단계에서 다음과 같은 점을 유의하면서 실행하는 것이 좋다(남정걸 외, 1995).

첫째, 소집단활동, 자기 소개시간 등을 통해 먼저 지도자와 청소년 간에 그리고 청소년 상호 간에 친밀한 분위기 조성을 위한 라포(rapport)를 형성한다.

둘째, 활동 프로그램은 무엇보다도 과정 자체에 중점을 두어야 한다. 프로그램 전개과정 그 자체가 보람되게 진행되도록 하며, 즉각적 성과나 효과를 올리는 데 급급해서는 안 된다.

셋째, 지도자와 청소년의 의견을 존중하고 그들이 제안하는 여러 건의사항을 수용적 태도로 받아들이며, 청소년에게 문제의식을 일으켜 그들이 스스로 문제를 해결하도록 도와준다.

넷째, 프로그램 내용과 방법의 혼용프로그램은 어떤 지식내용의 전달보다는 태도와 기능의 변화에 목적을 두는 경우가 많기 때문에 어떤 것은 교육방법 자체가 프로그램의 내용이 될 수 있다.

### 3) 프로그램 편성 후 유의사항

한편, 권두승(2002)은 프로그램 개발자가 프로그램 편성 후와 운영상 유의해야 할 사항을 다음과 같이 정리하였다.

첫째, 프로그램 편성 후, 특히 실행안의 구상 시에 결정한 활동 대상자의 수준과 활동목표가 상정했던 바와 상당한 차이가 있다는 것이 명백한 경우, 목표를 변경하거나 내용·방법을 대체하는 등의 배려를 하는 것이 필요하다.

둘째, 프로그램은 예상외의 조건에 따라서 부득이하게 변경하지 않으면 안 되는 경우가 종종 생기게 마련이다. 이때에는 사전에 작성된 프로그램에 집착하지 말고 상황의 변화에 따라 유연하게 대처할 수 있는 자세가 중요하다. 그러기 위해서는 기상조건, 참가상황, 강사의 사정 등 예측할 수 없는 사태를 예상하고 만약의 경우를 대비하여 준비(영화, 필름, VTR 등을 예비적으로 확보해 두는 일 등)해 두는 것이 필요하다.

셋째, 프로그램의 실행안을 변경하지 않으면 안 될 상황판단을 하는 체계, 예컨대 언제 어떠한 상황에 누가 어떠한 근거로 어떻게 변경하는가를 판단하는 체제를 확립해 두는 것이 필요하다.

넷째, 운영상의 유의점으로서는 프로그램의 운영을 위한 조직들이 공통의 목표 달성을 위하여 상호 역할을 분담하고 연락·협력을 효과적으로 할 수 있도록 해야 한다. 또한 사전준비를 철저히 하고 최종적으로 점검하여 실행에 차질이 없도록 해야 한다.

다섯째, 프로그램을 실행하기 전에 점검해야 할 목록을 마련해 두고 이를 철저히 지키도록 하는 것이 필요하다. 프로그램 실행에 필요한 매체와 보조물들이 프로그램 운영 부서가 아닌 다른 관리 담당 부서가 관장하고 있으면, 종종 프로그램 진행에 차질이 있을 정도로 준비상에서 하자가 발생하는 경우가 있다. 이 같은 경우를 대비하여 프로그램 운영 담당자는 반드시 실시 전에 장소를 확인해 볼 필요가 있다.

여섯째, 프로그램은 실시기관의 모든 사람이 협력해서 하는 것이지 어느 한 사람의 노력만으로 운영되는 것이 아님을 염두에 두어야 한다. 물론 프로그램을 직접 담당한 자는 관계자 전원과 하나의 목표를 달성하기 위하여 협력해야 하며, 해당 기관의 모든 사람이 프로그램의 목표, 내용, 대상 등에 대해서 숙지하고 있어야 한다.

## 2. 청소년프로그램 실행과정

### 1) 도입단계

도입단계는 청소년들이 프로그램에 적극적으로 참여할 수 있도록 흥미를 유발하는 시간이다. 청소년들이 프로그램에 적극적으로 참여하기 위해서는 먼저 동기부여가 중요하다. 동기부여를 위해서 먼저 "왜(why)"라는 질문을 가정하여 프로그램을 설명해야 한다.

청소년이 주체적으로 참여할 수 있도록 오리엔테이션을 통해 시작단계에서 프로그램 전반적인 내용과 의미를 부여함으로써 참가자들의 자발적인 참여를 유도한다. 또한 청소년 참가자들의 서먹서먹한 관계를 개선하기 위해서 레크리에이션과 같은 프로그램을 통해 친밀감을 형성한다. 지도자와 청소년, 청소년과 청소년들이 함께 감성적으로 가까워질 수 있도록 지도한다. 이러한 친밀성은 청소년기의 특징인 또래집단의 긍정적인 상호작용을 위해서 꼭 필요한 시간이다.

청소년프로그램이 시작되고 초반 1~2시간이 프로그램에서 학생들의 태도를 결정하게 된다. 첫 만남에서 청소년들의 적극적인 태도를 이끌어 낼 수 있다면 50%는 성공한 프로그램이라고 말할 수 있다. 청소년은 초반에 프로그램에 참여할 자신의 태도를 결정한다. 참여자가 초반에 부정적인 태도를 보일 경우 프로그램 내내 힘든 진행이 될 것이다. 프로그램 도입단계에서 청소년지도자가 유의해야 할 사항은 다음과 같다.

첫째, 프로그램 목표, 내용, 방법, 평가 등 프로그램 전반적인 내용을 토대로 체계적이고 세밀하게 오리엔테이션을 준비해야 한다. 프로그램을 시작할 때 참여한 청소년들에게 프로그램의 큰 그림과 세밀한 그림을 동시에 모두 설명해야 한다. 뿐만 아니라 유의사항과 평가방법 등 다양한 정보를 제공해야 한다.

둘째, 프로그램 구성원, 즉 프로그램 지도자와 활동지도자들을 소개하고 친밀감을 조성할 수 있는 분위기를 형성하도록 노력해야 한다. 청소년지도자들은 시작단계에서 보다 적극적으로 자신을 표현하고 친밀하게 다가가려는 노력이 필요하다. 지도자의 눈높이를 청소년들에게 맞추면 훨씬 좋은 분위기를 만들 수 있다. 참가자들이 자신을 소개할 수 있는 시간을 갖는 것은 프로그램의 분위기를 형성하는 데 좋은 요소가 된다. 청소년들이 자신을 재미있게 소개할 수 있도록 프로그램 지도자들은 방법을 마련해야 한다.

셋째, 참가자 수준에 맞게 프로그램 전반적인 것을 설명하고 프로그램에 관한 반응과 의견들을 긍정적으로 수용한다. 뿐만 아니라 프로그램의 전체적인 목표만이 아니라 각각의 활동목표의 의미를 알려줌으로써 청소년이 더욱 주도적으로 활동에 참여하고 내면화할 수 있도록 돕는다. 청소년들에게 미리 준비된 시간표와 유의사항 등을 인쇄해서 나누어 주는 것도 효율적인 방법이다.

넷째, 프로그램이 시작되면 행정적인 활동은 가급적 피해야 한다. 프로그램을 진행하는 지도자와 모둠의 활동지도자는 행정담당 지도자의 도움을 받는 것이 좋다. 필요한 행정적인 업무는 프로그램 시작 전이나 종료 후에 하는 것이 프로그램 진행의 흐름을 끊지 않는 방법이다.

다섯째, 프로그램을 실행하는 지도자는 형식적이거나 경직된 내용을 피하는 것이 좋다. 청소년프로그램의 매력은 비형식적인 모습과 유연한 지도방식이다.

도입단계에서 프로그램에 대한 청소년들의 흥미를 유발하기 위한 전략은 다음과 같다(Wlodkowski, 1999).

| 표 11-1 | 도입단계의 지도전략

| 요인 | 목표 | 지도전략 |
|---|---|---|
| 태도 | • 지도자에 대한 적극적 태도 형성<br>• 과제 및 프로그램에 대한 적극적 태도 형성<br>• 프로그램에 대한 청소년의 적극적인 자아개념 개발<br>• 성공에 대한 기대 제공 | ① 참가자와 특정한 가치 공유<br>② 프로그램 과정을 돕기 위한 협조적인 의사를 밝힘<br>③ 참가자의 언어, 관점, 태도 반영<br>④ 과제 및 요구사항은 합리적인 이유와 함께 제시<br>⑤ 도입부문 설정<br>⑥ 과제와 관련된 부정적 상황 제거 및 극소화<br>⑦ 성공적인 참여를 확신시킴<br>⑧ 첫 번째 경험을 가능하면 적극적으로 참여하게 함<br>⑨ 참여활동에 대한 부정적 태도 및 신념을 지닌 자들을 가능하면 적극적으로 직면하게 함<br>⑩ 참가자를 그 주제에 대해 열성적인 자와 연결<br>⑪ 참가자를 격려<br>⑫ 전체 과정에서 참가자의 개인적 통제력 촉진<br>⑬ 프로그램 목표를 분명하게 제시<br>⑭ 평가 준거 명백하게 제시<br>⑮ 성공적인 프로그램을 위한 소요시간 제시<br>⑯ 결과에 대한 시범적 모델 제시 |
| 요구 | • 지도과정이 참가자의 요구에 부응한다 확신<br>• 지도과정이 참가자의 심리적 요구와 결합<br>• 참가자의 단계별 요구충족 | ⑰ 참가자의 요구수준을 찾아낼 수 있는 사정기법 사용<br>⑱ 참가자의 규범적 요구를 찾아낼 수 있는 기법 사용<br>⑲ 참가자의 심리적 요구에 적합한 내용 · 예제 제시<br>⑳ 지식 · 기술에 적합한 특정 과제 및 문제를 기억하도록 상상적인 기법 동원<br>㉑ 실패 · 두려움을 유발할 수 있는 프로그램 환경 제거<br>㉒ 안전 · 소속감 · 존경 · 자아실현 등을 위한 적절한 프로그램 기회 제공 |

## 2) 전개단계

전개단계는 구체적이고 직접적인 프로그램이 진행되는 단계를 말한다. 프로그램 실행 중 전개단계에서 가장 많은 활동이 이루어지는 중심 부분이다. 그동안 준비했던 활동내용, 활동방법, 활동자료를 모두 활용하여 구현되는 과정이며, 청소년지도자, 활동담당자, 강사, 자원봉사자, 참여한 청소년들은 목표를 이루기 위해 자신의 역할을 숙지하고 준비된 활동을 진행한다.

전개과정은 진행사항에 따라 계획을 수정하여 변화를 주기도 하고 긍정적 의견을 수렴하여 발전방안을 마련하기도 한다.

지도자는 청소년프로그램을 실행하면서 성과를 높이기 위해 지도방법의 기준이 되는 원리를 유념하여 청소년의 적극적인 참여분위기를 유도해야 한다. 전개단계에서의 청소년프로그램의 지도전략을 소개하면 다음과 같다(Wlodkowski, 1999).

| 표 11-2 | **전개단계의 지도전략**

| 요인 | 목표 | 지도전략 |
|---|---|---|
| 자극 | • 참가자의 주의 유지<br>• 참가자의 관심 형성<br>• 참가자의 적극적 참여 확대 | ① 모든 참가자에 대한 적절한 반응을 보임<br>② 참여과정에 대한 책무성 주지시킴<br>③ 지도과정을 참가자의 관심, 흥미와 연결<br>④ 참여활동을 통한 이익을 명백하게 제시<br>⑤ 적극적인 반응 및 참여 유도<br>⑥ 연속적인 경험을 위한 기회조건 창출 |
| 영향 | • 참가자의 정서 격려 및 통합<br>• 최적의 정서적 풍토 유지 | ⑦ 참여과정에 있어서 선택적으로 인간적 관점 강조<br>⑧ 물리적 · 정서적 수준에서 직접적 · 인지적 경험하도록 지원<br>⑨ 선별적으로 프로그램 내용 및 지도절차를 참가자의 관심과 일치시킴<br>⑩ 집단 내에 응집력 극대화를 위한 협동적 목표 사용 |

전개단계는 도입단계에서 공유한 프로그램 과제를 명확하게 하고 구체적으로 달성해 가는 노력을 해야 한다. 이를 위해 전개과정에서 청소년지도자가 필요한 어떤 과업을 수행해야 하는지 살펴보면 다음과 같다(Flash et al., 1995).

첫째, 청소년들에게 프로그램의 방향을 제시해 주어야 한다. 프로그램의 개요를 청소년들이 이해할 때 청소년들은 자신이 참여하고 있는 프로그램이 어느 방향으로 진행되고 있는가를 알고 있기 때문에 프로그램에 대한 의미부여가 더 잘 된다. 프로그램을 소개하는 유인물이나 PPT를 사용하여 안내할 수 있다.

둘째, 청소년들이 아무것도 모르고 있다거나 혹은 많은 것을 알고 있다고 가정하지 않도록 한다. 청소년들을 지도할 때 청소년들의 수준을 파악해야 한다. 청소년들이 모두 알고 있는 내용을 지도하면 지루해할 것이고, 너무 어렵게 지도하면 도중에 참여하고자 하는 의욕이 떨어뜨릴 수 있다. 따라서 청소년들의 수준에 맞는 지도를 해야 한다. 그러기 위해서는 사전에 프로그램 참여 청소년들에 관한 설문이나 심리검사 자료 등을 분석하면 도움이 된다.

셋째, 청소년들이 주제에 대한 방향을 설정하도록 도와주어야 한다. 청소년들이 프로그램에 참여하면서 질문들을 생각하고, 주제나 용어에 대하여 알고 있는 것을 브레인스토밍하여 목록을 만들도록 한다.

넷째, 논지에서 벗어난 질문과 논평을 따로 적을 곳을 두어야 한다. 프로그램과 관련 없는 질문을 할 때 질문을 무시하거나, 질문에 대답함으로써 논지에서 벗어나는 일이 없어야 한다. 그러기 위해서 칠판이나 메모지에 그 질문을 적어 둔다. 지금은 아니지만 프로그램이 끝난 뒤에 생각해 보기로 한다.

다섯째, 다음에 일어날 일에 대해서 언어로써 단서를 제공한다. 이를 위해 소개할 때 전체적인 맥락과 연결하여 설명하여야 한다.

여섯째, 청소년들에게 설명하기보다는 가능한 한 시범을 보이게 하거나 직접 시범을 보이도록 한다. 특별히 청소년활동에서는 하는 방법에 관한 설명보다 직접 시범을 보이는 것이 더 효과적이다.

일곱째, 기억에 남을 만한 예들을 제시한다. 청소년들에게는 이미지로 남을 수 있는 예화를 제시하는 것이 효과적이다. 스토리로 된 예시는 더 많이 이해하고 기억하는데 도움이 된다.

여덟째, 프로그램 실시 중에 청소년들의 이해도를 체크한다. 청소년들이 프로그램에서 다루고 있는 내용을 이해하고 있는가를 계속해서 체크해야 한다. 적절한 질문법을 활용하여 청소년들의 이해를 측정하고 그에 따라 융통성 있게 프로그램을 진행한다.

아홉째, 청소년들의 질문에 정확하게 답해야 한다. 청소년들의 질문에 성의 있게 답을 하고, 만일 모르는 내용이라면 솔직하게 말하고 함께 답을 찾아볼 수 있을 것이다.

열째, 프로그램 실시 중에 청소년들의 이해에 도움이 되는 과제를 제공한다. 과제를 함으로써 프로그램 내용을 내면화할 수 있고 심화할 수 있다. 뿐만 아니라 지도자 입장에서는 청소년이 제대로 이해하고 있는지를 확인하고 평가할 수 있는 계기가 되며, 전개과정에 관한 피드백을 제공할 수 있는 자료가 되기도 한다.

열한째, 프로그램 중 과제를 제시해 줄 때에는 정확하고 분명하게 말할 수 있도록 주의를 기울여야 한다. 청소년들에게 과제를 설명할 때는 정확하게 모두 알아들을 수 있도록 해야 한다. 제대로 이해했는지 확인절차를 통해 참가자 모두가 과제를 숙지하도록 노력해야 한다.

### 3) 정리단계

마지막 단계로 실시한 프로그램을 총괄하고, 조직하고, 결론짓는 결산단계이다. 프로그램에 참가한 지도자 및 강사와 청소년 모두가 활동을 정리하고, 평가하는 과정을 통해 프로그램 내용을 내면화하고 어떤 것들이 개선되어야 하는지 논의해야 한다.

정리단계의 기법으로는 평가를 통한 토론, 간단한 개방형 질문을 통한 평가, 평가지 작성 등이 있다. 이때 청소년지도자나 강사는 촉진자, 안내자, 조정자로서 청소년들이 자기주도적으로 정리활동을 할 수 있도록 돕는다. 정리단계에서 해야 할 지도전략을 제시하면 다음과 같다.

**| 표 11-3 | 정리단계의 지도전략**

| 요인 | 목표 | 지도전략 |
|---|---|---|
| 정리, 강화 | • 참가자의 내면화<br>• 참가자의 성취감<br>• 참가자의 결과공유 | ① 전개과정을 통해 습득한 개념, 기능, 경험을 적용하여 결과를 내면화 및 강화하도록 유도<br>② 자신의 변화 정도를 인식할 수 있는 기회 마련<br>③ 결과 공유를 통한 반성 및 성취감 유도<br>④ 일상생활의 파지 및 확신감 유도<br>⑤ 종결 감정 처리 |
| 평가 | • 보완점 및 개선점 | ⑥ 참가자 자신의 목표달성에 대한 자체평가 기회 제공<br>⑦ 자체평가에 대한 피드백 및 외적 보상 제공<br>⑧ 평가에 따른 건설적인 비판을 통한 보완점 마련 |

한편, 정리단계는 실시한 내용을 정확하게 기록·정리하고, 그를 통하여 체계적인 평가를 위한 자료로 활용할 수 있도록 관련 조치를 취할 필요가 반드시 있다. 아울러 청소년기관이나 단체에서 실시하고 있는 정리방법들을 크게 두 가지 측면에서 정리해 보면 “양적 처리형” 정리방법과 “내용 나열형” 정리방법으로 구분하여 제시하고자 한다.

첫째, “양적 처리형” 정리방법은 실적 보고서 등에 필요한 형식으로 사업명, 대상 인원, 실시 횟수 및 시간 수, 강사·자문가·자원봉사자의 수, 내용 항목, 경비 등을 중심으로 정리하는 방식이며, 주로 실적 정리를 위하여 많이 사용하는 방법이다. 이는 대부분의 기관에서 가장 빈번하게 활용하는 방법의 하나이다.

둘째, “내용 나열형” 정리방법은 강사의 지도내용, 참여자의 감상문, 질문지 조사결과표 등을 중심으로 정리하는 방식이다. 해당 기관의 연도별 정리 및 평가, 다음 연도의 사업 프로그램을 실시하기 위한 기초 자료로써 활용하는 데 주로 활용되고 있으며, 참가자의 목표 달성에 어느 정도 공헌하였는가를 중심으로 정리하는 경우도 있고, 주최자 측 사업 실시의 타당성 여부를 판단하기 위한 자료로 활용하기 위하여 정리하는 경우도 종종 볼 수 있다.

## 3. 청소년프로그램 운영

청소년프로그램 운영자는 프로그램의 효과와 효율적인 실행을 위해서는 학습에 적합한 환경을 조성하고 프로그램 진행에 관한 사항을 확인하면서 실행해야 한다. 실제로 운영하는 단계이므로 운영자가 운영을 잘못하면 그 교육은 실패하는 경우가 많다. 프로그램을 효율적으로 운영하기 위해서는 지금까지 준비해 온 계획이 원활하게 실행되도록 진행요소를 점검하고 관리하는 것이다. 각각의 요소를 점검하고 관리하여 원활하게 실행되도록 돕는 것이 중요하다. 이를 위해서 프로그램 운영의 준비단계, 실행단계, 정리단계로 나누어서 구분할 수 있다.

### 1) 준비단계

프로그램 실행이 계획에 따라 정확히 진행되는 것은 준비단계에서 얼마나 세밀하게 준비하느냐에 따라 그 결과를 예측할 수 있을 정도로 매우 중요한 단계이다. 실행은 청소년지도자의 행위와 청소년의 활동참여, 그리고 운영요원의 운영 및 관리행위가 있어야 가능하며, 이 단계에는 청소년 관리(등록·학습·참여), 지도자 관리(섭외·지도·촉진), 활동자료 관리(교재·매뉴얼·매체), 인적 · 물적 · 행정적 자원 확보 및 관리 등이 포함된다. 사전에 체크리스트를 준비하여 진행하는 과정에 어려움이 없도록 대비해야 한다. 프로그램이 본격적으로 실행되기 위해 사전에 준비해야 할 체크리스트는 다음과 같다.

| 표 11-4 | **준비단계 체크리스트**

| 항목 | 점검내용 |
|---|---|
| 장소 | • 장소예약을 확인했는가?<br>• 프로그램 진행을 위한 교구재(의자, 책상 등)를 배치했는가?<br>• 장소 안내는 잘 되어 있는가? |
| 교육 기자재 | • 마이크는 확인했는가?<br>• 컴퓨터와 포인터의 작동을 확인했는가?<br>• 스크린과 빔프로젝트는 준비되었는가?<br>• 칠판은 준비했는가?<br>• 음향은 준비되었는가? |
| 자료준비 | • 참석자들에게 맞게 자료가 준비되었는가?<br>• 교육에 필요한 교구재는 준비했는가? |
| 장소배치 | • 참석자들의 위치는 적당한가?<br>• 교구재(책상, 강대상, 마이크, 칠판 등)의 위치는 적당한가? |
| 참석자들에게 통지 | • 지도자나 강사에게 연락했는가?<br>• 참석자(강사, 지도자, 자원봉사자)들에게 자세한 교육준비물 안내를 했는가? |
| 기록준비 | • 영상녹화는 준비했는가?<br>• 사진촬영은 누가 하는가?<br>• 기록관리는 누가 어떻게 할 것인가? |
| 안전대책 | • 안전대책은 세웠는가?<br>• 안전책임자는 누구인가?<br>• 의약품은 준비되었는가?<br>• 대피로는 확인했는가? |
| 기타사항 | • 교육내용과 장소에 따라 특별한 준비가 필요한지를 확인했는가? |

## 2) 실시단계

실시단계는 프로그램 활동을 직접 전개하는 단계로 프로그램 실행에 있어 가장 중요한 단계이다. 이 단계는 계획된 청소년프로그램을 실행하고 목표를 달성하는 장이기도 하다. 마치 전쟁을 준비하는 군대가 정보를 모아 작전을 수립하고 직접 전투에 참여하는 현장과 같다. 이 단계의 주요 과업에는 역할분담, 프로그램 실행, 상황변화 대응이 있다.

첫째, 역할분담은 청소년과 지도자 그리고 자원봉사자의 역할을 구분하고 확인하고 점검하는 것이다.

둘째, 프로그램 실행에서는 도입, 전개, 정리의 단계를 시간의 배분과 각 단계별 반응을 보면서 내용을 평가하고 점검한다. 지도자, 강사, 운영요원, 자원봉사자, 청소년 등 프로그램 구성원이 서로의 상호작용을 확인하여 자신의 역할을 수행한다.

셋째, 상황변화에 대한 프로그램이 진행되는 시점에 기상조건, 지도자와 청소년의 상황변화, 장소 변경 등 돌발상황에도 상황에 맞게 유연하고 능동적으로 대처하는 것을 의미한다.

| 표 11-5 | **실시단계의 주요 과업**

| 구분 | 역할분담 | 프로그램 실행 | 상황변화 대응 |
|---|---|---|---|
| 중점처리 사항 | 1. 지도의 확인<br>• 지도자 확인<br>• 강사 확인<br>• 청소년 실태 파악<br>2. 운영의 확인<br>• 체크리스트 점검<br>• 자원봉사자 확인<br>3. 청소년 조직<br>• 그룹 편성<br>• 대표자 선정 | • 도입-전개-정리단계별 시간 배분<br>• 실행단계별 반응 파악 (청소년, 지도자)<br>• 내용, 방법, 평가의 점검 | • 기상조건의 변화<br>• 지도자의 사정 변화<br>• 청소년의 사정 변화<br>• 장소 변경 등에 대한 효과적인 대응 |

### 3) 종결 및 평가단계

종결 및 평가단계는 프로그램을 마치고 청소년들이 돌아간 후 활동과정 및 결과에 대해 정리하고 보고하는 단계이다. 프로그램을 정리하는 이유는 프로그램을 마무리하고 다음에 더욱 발전할 수 있도록 성과를 정리하고 보고하는 것이다. 정리단계는 기록, 정리, 평가의 과업으로 구분할 수 있다.

첫째, 프로그램의 실행과 관련된 부분을 상세하게 기록 및 정리한다. 기록 내용은 강사의 지도내용, 청소년들의 수행 결과, 프로그램 평가, 소감문, 질문지 조사결과표 등이다. 이러한 기록은 참가자의 목표 달성 정도를 확인하는 데 중요한 자료가 된다. 일반적인 기록방법은 문서, 사진, 영상 등이 있다.

둘째, 프로그램 실행이 끝나면 사용했던 장소, 기자재를 정리하고, 강사비 지급 등 경비를 정산한다.

셋째, 프로그램 목표를 기준으로 성과를 파악하고, 분석하여, 결과를 보고하는 과정이다. 프로그램에 참여했던 지도자, 강사, 운영요원, 자원봉사자들도 자신의 역할에 대한 자체평가와 더불어 프로그램 목표를 기준으로 자신의 위치를 평가하고 그 결과를 분석한다.

**| 표 11-6 | 종결 및 평가단계의 주요 과업**

| 구분 | 기록 | 정리 | 평가 |
|---|---|---|---|
| 중점처리 사항 | 1. 기록, 보고<br>• 내용 정리<br>• 참석자의 실태 파악, 기록의 방법<br>• 사진, 영상, PPT, 문서기록 등 | 1. 장소, 강의실, 기구, 게시물 점검 · 정리<br>2. 경비의 처리 | 1. 프로그램 성과 파악<br>2. 평가 실시 및 분석<br>3. 결과 보고 |

Chapter

12

# 청소년프로그램 평가

## 1. 평가의 변천 및 개념

### 1) 평가의 변천

프로그램 평가연구의 변천은 1800년대 전후, 산업혁명으로 인한 근대의 시작과 맥락을 같이한다. 정부 차원에서 학업성취도나 교육기관 인증을 위한 평가가 시작되었다. 19세기 말~20세기 초 미국 기업에서는 과학적 운동(scientific movement)이 일어났고, 행정분야도 능률적이고 합리적인 행정을 강화하려는 움직임이 있었다. 교육분야에서도 교과중심의 교육과정이 아니라, 학생들에게 의미 있는 학생중심의 교육과정을 운영할 수 있도록 개혁하기 위한 시도 중의 하나로 학교 조사연구가 강조되었고, 교육평가를 객관적으로 계량(計量)하려는 시도가 활발해졌다. 이는 교육 자체를 과학적으로 검토하여 교육의 효율을 높이려는 시도라고 할 수 있다(유진이 외, 2024).

1932년 프로그램 평가의 개념을 정립하는 계기는 타일러(Tyler)를 중심으로 '8년 연구(1933~1941)'이다. 이를 통해 타일러식 접근의 평가체계가 발달하였다. 타일러는 평가에 대해 '의도적 결과와 실제로 얻어진 산출 간의 비교'라고 정의함으로써 프로그램 평가의 개념을 구체화하였다. 하지만 타일러식 접근을 비판하고 극복하려는 노력으로 스터플빔(Stufflebeam), 스크리븐(Scriven), 스테이크(Stake) 등을 중심으로 제시되었다.

타일러는 '목표가 어느 정도 실현되었는지'를 결정하는 것으로 평가에 접근하였다면, 스터플빔은 '의사결정자가 의사결정을 하는 데 정보를 제공해 주기 위한 것'으로 보았다. 스크리븐과 스테이크는 '프로그램의 가치를 판단하는 것'이라고 설명하고 있다. 따라서 접근 방식에 따른 평가개념을 살펴보았을 때 청소년프로그램 평가는 목표 달성 정도를 제공, 의사결정을 위한 정보를 제공, 프로그램의 가치를 판단하기 위한 정보를 제공하는 측면을 모두 내포한다고 볼 수 있다(유진이 외, 2024).

### 2) 평가의 개념

평가는 사정하기(assess), 추정하기(estimate), 조사하기(gauge), 가치 부여하기(value) 등과 유사한 용어로 쓰인다. 월드론 등(Waldron & Moore)은 평가를 경험의 가치를 결정하는 하나의 과정으로 보았다. 그러므로 평가(evaluation)란 교육활동에 대하여 가치(value)를 부여하며 판단하는 것이다(Waldron et al., 1991).

프로그램은 다양한 목적과 목표를 위하여 기획되고 운영된다. 개인 및 조직적 차원의 지식, 기술, 태도의 지속적 변화에서부터 사회적 차원의 사회체제 변화에 이르기까지 다양하다. 프로그램의 설계부터 시작하여 목표 설정, 실행, 교육 결과에 이르는 과정은 물론, 평가 절차 및 결과까지 포함하는 모든 과정을 검증하는 일련의 의사결정 과정이다. 어떤 프로그램을 계속할 것인지, 수정 또는 종료할 것인지를 판단하기 위한 작업이다. 그렇기 때문에 평가는 가장 높은 지적 능력이 요구되는 일이며, 특히 평생교육의 평가는 지속적인 검증과 가치 부여 작업이 요구되는 복합적인 영역이다.

평가에는 '프로그램 평가'와 '기관 평가'의 두 가지 영역이 있다. 프로그램 평가란 프로그램의 목표가 성취되었는지, 그리고 그 설계와 실행이 효과적으로 잘 이루어졌는지를 파악하기 위한 과정이다(Caffarella, 1994). 이러한 의미의 평가는 계획된 프로그램을 실행한 다음, 신뢰할 만한 자료를 토대로 평가 기준을 설정하여, 프로그램의 기획과 실천이 얼마나 효과적으로 진행되었으며, 또 목표를 얼마나 달성했는지에 대한 모든 과정을 검증하여 그 가치를 판단하는 것이다(Boyle, 1981). 기관 평가는 교육기관이 교육을 실현하기 위해 어느 정도의 역량을 갖추고 있는가를 파악하는 것이다. 예를 들면, 강의시설, 교사·강사의 질, 그리고 운영여건 등을 진단한다.

### 3) 평가의 목적

평가의 목적은 어떤 프로그램의 목표가 성취되었는지, 또 어느 정도 성취되었는지를 측정하는 것으로 프로그램 현장에서는 반드시 이루어져야 한다. 또한 교육이 끝나고 학습자가 보여 준 변화를 판단하기 위한 것이므로 학습자나 교수자 모두에게 필수 불가결한 활동이다.

프로그램 평가는 주로 학습자의 성장과 프로그램의 개선에 그 목적을 둔다. 평가는 학습자에 대한 진단과 이해를 돕고, 교육 수행 관련 요인의 개선을 지원하며 프로그램 관련 의사결정을 위한 가치 있는 자료를 제공한다. 특히 기획에서부터 실행에 이르는 프로그램 개발의 전 과정에 대한 피드백을 제공함으로써 어떤 프로그램에 대한 최선의 결정을 내리도록 하는 데 평가의 목적이 있다. 프로그램 평가의 목적은 다음과 같다.

첫째, 평가는 시행하고 있는 교육이 원래의 계획대로 잘 진행되고 있는지를 확인하기 위함이다. 실시하고 있는 교육에 대해 학습 전, 학습 중, 학습 후 등 세 단계에 걸쳐 처음에 계획된 목표에 얼마나 도달하였는가를 파악하는 것이다.

둘째, 지도를 위한 근거자료를 제공한다. 다시 말하면 학습활동의 평가를 통해 프로그램의 내용, 방법 등을 다음 학습을 개선하여 계획할 수 있으며, 학습자 측면에서 보면 자신의 발전 정도를 가늠해 볼 수 있으므로 학습동기를 부추기는 계기가 될 수 있다.

셋째, 프로그램이나 활동이 관련 지역사회나 국가 발전에 얼마나 공헌하고 있는지를 밝혀 앞으로의 지역사회 개발정책이나 국가정책 결정 시 판단자료로 사용된다.

교육의 현실적인 성과는 계획의 수행에 따라 결정된다. 수행평가 과정은 교육의 계획과 수행을 비교하는 과정이라고도 할 수 있다. 평가과정은 계획(plan), 수행(action), 평가(reflection)의 최종단계를 의미하고 있지만 이러한 세 가지 과정은 반복적으로 계속되는 것이기 때문에 평가과정은 최종단계를 의미함과 동시에 다른 교육의 최초단계를 의미하기도 한다. 이러한 순환적 과정을 갖는 프로그램 평가는 다음과 같은 점에서 그 의의를 찾아볼 수 있다(권두승 외, 2016).

첫째, 평가는 학습자들의 학습동기를 촉진해 줄 수 있다. 즉, 학습결과와 과정에 대한 정기적·비정기적 평가는 학습자들이 자신의 상태를 진단할 수 있게 하여 학습의욕을 촉진한다.

둘째, 평가는 학습자에 대한 이해, 진단, 치료의 역할을 한다. 즉, 학습자의 성취 정도를 정확히 파악하여 그것에 대처하게 해 준다.

셋째, 교육을 수행하는 데 영향을 미치는 여러 요인의 개선에 도움을 준다. 평가자료는 교수자, 교수법, 수업방법 등을 평가하고 개선하는 유효한 증거를 제공한다.

넷째, 평가는 의사결정에 필요한 자료를 제공한다. 즉 평가를 통하여 프로그램의 개혁, 수정, 폐기를 결정할 수 있다.

따라서 청소년프로그램 평가의 개념을 교육활동이나 프로그램과 관련해서 다음의 네 가지 방식으로 평가가 정의되고 있다. 첫째, 프로그램의 가치나 장점을 판단하거나 결정하는 일이며, 둘째, 프로그램의 효과 및 영향을 파악하고 판단하는 일이며, 셋째는 프로그램의 목적달성 정도를 확인하는 일이다. 마지막으로 프로그램에 대한 의사결정을 보조하는 일이 네 가지의 프로그램을 평가라 할 수 있다(김창현 외, 2024).

평가가 중요하다고 하여 지나치게 평가를 강조하다 보면 마치 평가하기 위해 프로그램이 존재하는 것 같은 착각을 할 수도 있다. 그러나 분명한 것은 평가를 통해 학습자의 문제를 진단하고 개선하며, 나아가 올바른 프로그램을 만들어 학습자에게 도움을 주기 위함이 주목적이다.

## 2. 평가의 종류와 준거

프로그램 평가는 크게 프로그램의 개발 과정 혹은 프로그램 실시 도중 프로그램의 개선을 위해 시행되는 형성평가(formative evaluation)와 프로그램 실시 후 프로그램의 효과성 및 효율성을 측정하고자 시행되는 총괄평가(summative evaluation)로 나눌 수 있다. 따라서 프로그램 평가의 목적도 형성평가와 총괄평가에 따라 구분해 볼 수 있으며, 다음과 같이 기술될 수 있다(전주성 외, 2016).

### 1) 형성평가

형성평가는 결과보다는 과정에 초점을 둔 평가로서 학습목표의 달성 정도나 프로그램의 문제점을 파악하기 위하여 프로그램의 진행 중에 실시하는 평가이다. 교수자와 학습자에게 피드백을 주고, 프로그램의 내용과 교수 방법 등의 개선을 목적으로 하는 지속적인 대안 탐색 과정으로서 프로그램의 개선을 주목적으로 교육프로그램에서 많이 활용된다(신용주, 2021). 형성평가는 어떤 활동을 개선하거나 그 강점을 유지하고 약점을 보완하기 위한 증거를 수집하고 이를 평가하는 과정으로 프로그램 개발의 기획단계에서부터 시작된다(Waldron et al., 1991). 형성평가의 주요 목적은 다음과 같다.

① 개발하려는 프로그램이 요구분석으로 도출된 문제를 해결해 줄 수 있는 최선의 솔루션인지를 확인한다.

② 프로그램 개발에 관여하는 이해관계자 및 이들의 역할과 권한, 이해를 파악한다.

③ 프로그램 개발의 방향, 개발일정, 관리계획 등의 타당성을 검증한다.

④ 프로그램 이해관계자의 프로그램에 대한 요구가 제대로 분석되었는지를 검증한다.

⑤ 교육요구의 우선순위가 바르게 설정되었는지를 검증한다.
⑥ 프로그램이 실행되는 환경(물리적·심리적) 및 맥락을 분석한다.
⑦ 프로그램의 목표가 바르게 설정되었는지를 검증한다.
⑧ 프로그램에 대한 마케팅 계획 및 실행이 효과적 · 효율적인지를 검증한다.
⑨ 프로그램이 실행되는 동안 프로그램 활동들에 대한 개발, 전달방법, 관리, 평가과정 등을 수정한다.
⑩ 프로그램 평가를 위한 평가 준거, 수단 등을 갖추고 있는지 그리고 이들이 적절한지를 판단한다.
⑪ 수집한 데이터가 적합하고, 신뢰할 만하며, 유효한지를 검증한다.
⑫ 메타평가를 위한 체계와 수단을 갖추고 있는지 그리고 이들이 적절한지를 판단한다.
⑬ 프로그램의 실행과정과 결과에 영향을 미치는 정치적, 경제적, 사회적, 조직적 맥락을 분석한다.
⑭ 프로그램 시행 전 혹은 시행 중 취소 여부를 결정한다.

### 2) 총괄평가

총괄평가는 프로그램 실시 후 프로그램의 효과성 및 효율성을 측정하고자 시행된다. 즉 프로그램의 최종 종결단계에서 프로그램의 효과에 대한 총체적인 판단을 하는 것이다. 학습자가 배우기를 원하는 것을 배웠는지, 교수자가 가르치고자 했던 것을 가르쳤는지를 파악하기 위하여 실시하는 평가이다. 따라서 학습자 요구 충족 여부, 문제해결 여부, 투입 비용에 대비한 산출 결과의 가치 등을 측정하는 '산출평가'이다(신용주, 2021). 총괄평가의 주요 목적은 다음과 같다.
① 프로그램이 효과성 및 효율성 측면에서 성공적이었는지를 검증한다.
② 프로그램이 계획된 대로 수행되었는지를 검증한다.
③ 프로그램에 영향을 끼친 의도되지 않은 정치적, 경제적, 사회적, 조직적

맥락을 분석한다.
④ 현 프로그램을 수정 · 보완한다.
⑤ 프로그램의 지속 여부를 결정한다.
⑥ 프로그램의 실패 원인을 분석한다.
⑦ 향후 개발될 필요가 있는 교육프로그램에 대한 요구 및 아이디어를 제공한다.
⑧ 교육프로그램 이외의 다른 솔루션을 제안한다.

**| 표 12-1 | 형성평가와 총괄평가 비교**

| 구분 | 형성평가 | 총괄평가 |
|---|---|---|
| 실시 시점 | 프로그램 실행 중 실시 | 프로그램 최종 단계에서 실시 |
| 의미 | 프로그램의 개선 및 변화 추구에 중점 | 프로그램 결과에 중점 |
| 목적 | 교수-학습활동 개선 | 프로그램의 향후 지속 여부 의사결정 |
| 평가자 | 교수자나 프로그램 조직자 | 객관적이고 공정한 제3자 |

출처: 신용주. (2021). 평생교육 방법론. 서울: 학지사.

### 3) 평가의 준거

프로그램 평가를 성공적으로 실시하기 위해서는 우선 평가를 위한 준거의 개발이 이루어져야 한다. 이러한 프로그램 평가를 위한 준거에는 효과성, 효율성, 적정성, 형평성, 대응성, 적절성 등이 있다.

**| 표 12-2 | 프로그램 평가의 준거**

| 평가준거 | 평가문항 | 평가영역 |
|---|---|---|
| 효과성 (effectiveness) | 가치 있는 프로그램 결과가 성취되었는가? | 프로그램 효과 평가 |
| 효율성 (efficiency) | 프로그램을 위해 어느 정도 노력과 비용이 투입되었는가? | 프로그램 비용 대 수익률 평가 |
| 적정성 (adequacy) | 프로그램이 문제해결에 도움이 되었는가? | 문제해결능력 평가 |
| 형평성 (equity) | 비용과 효율이 집단 간에 공평히 배분되었는가? | 프로그램 참여 기회 및 자원 배분 근거 평가 |
| 대응성 (responsiveness) | 교육기관의 목표 및 참여자의 요구 충족 등이 프로그램을 통해 만족할 수준으로 달성했는가? | 교육기관 및 참여자 요구에 대한 목표 달성 평가 |
| 적절성 (appropriateness) | 도출된 프로그램의 결과가 실제로 가치가 있는가? | 모든 준거에 검증 |

출처: 김진화 외. (2012). 평생교육프로그램운영과 자료개발. 고양: 서현사. 재구성.

## 3. 평가모형

프로그램 평가모형은 기본전제와 각기 다른 특성을 바탕으로 평가모형에 대한 세부적 이해가 필요하다. 또한 프로그램의 효율적이고 효과적인 평가를 위해 프로그램이 갖고 있는 목적에 타당한 평가모형을 적절하게 활용해야만 한다. 한편, 프로그램 평가영역은 프로그램 목적, 프로그램 내용, 참여자 반응, 프로그램 운영의 네 가지 영역으로 구분할 수 있다(권일남 외, 2016).

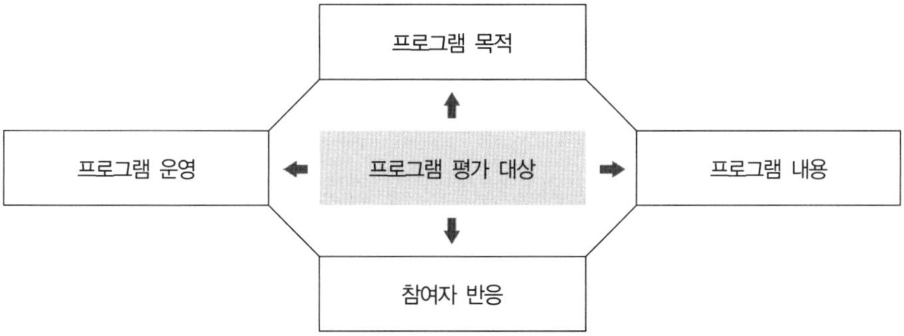


| 그림 12-1 | **프로그램 평가영역**

출처: 권일남 외. (2016). 청소년활동론(2판). 고양: 공동체.

프로그램 평가에서 자주 사용해 온 평가모형에는 타일러(Tyler)의 목표중심 평가모형, 스터플빔(Stufflebeam)의 의사결정 평가모형, 커크패트릭(Kirkpatrick)의 4수준 평가모형, 카파렐라(Caffarella)의 평가수준모형, 스테이크(Stake)의 가치판단중심 평가모형이 있다.

## 1) 타일러의 목표중심 평가모형

타일러(Tyler)의 교육과정 평가모형은 전통적 교육과정 개발 및 평가의 대표적 모형으로 목표중심 평가모형을 제시하였다. 그는 평가의 준거를 네 가지 질문을 통해 대답하고 있다. '달성해야 할 교육목표가 무엇인가', '목표를 달성하기 위하여 어떤 학습경험을 제공해야 하는가', '학습경험을 효과적으로 조직하는 방법은 무엇인가', '목표가 달성되었는가를 어떻게 알 수 있는가'이다. 이러한 네 가지 질문의 접근으로 교육목표 설정, 학습경험의 선정, 학습경험의 조직, 평가라고 불리는 타일러의 원리가 교육과정의 평가모형을 정립시킨 것이다.

[그림 12-2]는 교육목표의 설정부터 평가까지 그리고 다시 평가의 결과가 교육목표 설정으로 이어지는 순환과정을 개념화한 것이다.

교육목표 설정 ➡ 학습경험의 선정 ➡ 학습경험의 조직 ➡ 평가

| 그림 12-2 | **목표중심 평가모형 과정**

교육목표란 교육과정의 순환과정에서 먼저 결정되어야 한다. 그 후의 절차를 밟아 나가는 기준이 되어야 하므로 타일러의 교육 평가모형에서는 교육목표를 가장 중요한 요소로 보았다. 학습경험의 선정에서는 학습자와 그를 둘러싼 외부의 학습환경 간의 상호작용으로서 교사의 입장이나 교육과정 개발자의 입장이 아닌 학습자 중심으로 학습경험을 선정해야 한다. 학습경험이 학습자를 둘러싼 외부 학습환경과 어떻게 상호작용이 일어나는지에 따라 교육결과가 달라질 수 있다. 타일러는 학습자의 입장에서 교육목표 달성에 유용한 학습경험 선정 원칙을 ① 지식과 이해를 함양하기 위한 학습경험, ② 사고 능력을 개발하는 데 필요한 학습경험, ③ 정보 습득에 도움이 되는 학습경험, ④ 사회성 함양에 도움이 되는 학습경험, ⑤ 흥미를 계발하는 데 필요한 학습경험, ⑥ 감상력을 함양하기 위한 학습경험, ⑦ 기능 습득을 위한 학습경험 일곱 가지로 압축하였다.

학습경험의 평가(evaluation)단계는 교육과정의 개발에 있어 매우 중요한 절차로, 교육목표가 교육과정이나 학습지도를 통해 어느 정도 실행되고 있는지를 확인하는 과정이다. 학습자의 학업성취도를 측정하고 평가하는 학업성취도평가와 학업성취도평가를 통해 교육과정과 프로그램의 장단점을 파악하는 교육과정의 평가 두 가지 차원으로 이해할 수 있으며, 평가 자체가 학습경험의 변화를 알아보는 것이므로 한 번 이상 이루어져야 한다. 학습을 시작하기 전과 학습을 끝낸 후 평가가 이루어짐으로써 변화 정도를 알 수 있다. 때로는 수업 중에 그리고 목표 달성의 지속 여부를 확인하기 위하여 추후연구(follow-up study)도 필요하다. 평가 결과는 교육목표를 수정할 수 있도록 환류 과정(feedback)이 이루어져야 하며, 평가기법은 지필 검사 이상의 매우 다양한 방법과 영역을 포함하여 이루어져야 한다.

## 2) 스터플빔의 의사결정 평가모형

스터플빔(Stufflebeam)의 의사결정 평가모형은 CIPP(Context-Input-Process-Product) 모형이라고도 한다. CIPP 모형은 상황평가(Context evaluation), 투입평가(Input evaluation), 과정평가(Process evaluation), 산출평가(Product evaluation)로 구성되어 있다(Stufflebeam, 1971). 1960년대 미국의 초·중등교육법의 실행과정에서 교육지원 사업을 평가하기 위해 개발된 평가모형으로 교육자나 교육행정가들이 교육적인 결정을 할 때 정확하게 판단할 수 있도록 돕는 정보제공형 의사결정모형이다. 프로그램을 계획하고 실행하는 연속적 활동으로 순환적으로 진행되어 산출평가 후 다시 상황평가의 대상으로 재투입되는 시스템을 의미한다.

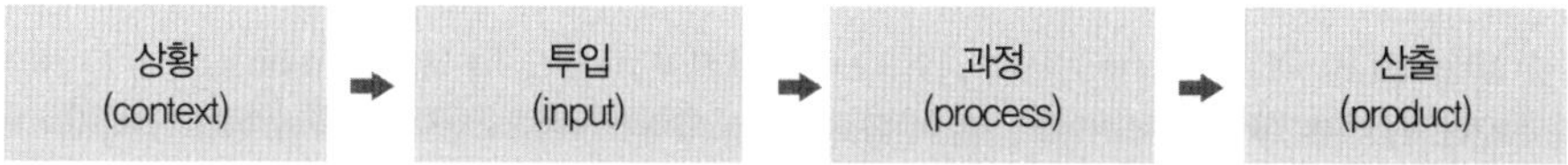


| 그림 12-3 | **의사결정중심 평가모형 과정**

CIPP 평가모형에서 가장 중심에 위치한 원은 핵심가치로 평가의 기초가 된다. 가치를 둘러싸고 있는 원은 프로그램과 관련된 네 가지 평가 초점인 목적, 계획, 실행, 결과로 나누어져 있으며, 각 초점에 따라 적절한 평가 유형이 가장 외부 원에 제시되어 있다. 의사결정에 필요한 정보 제공을 위한 네 가지 형식의 평가 틀을 살펴보면 다음과 같다.

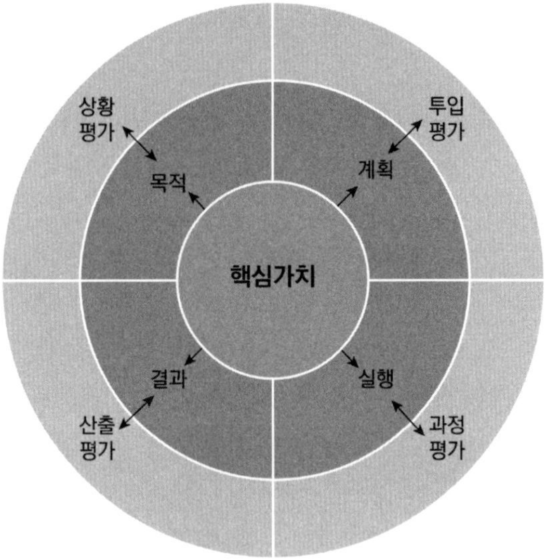


| 그림 12-4 | CIPP 평가모형의 핵심요소

출처: Stufflebeam, D, L. (2004). The 21st century CIPP mode, In M, C, Alkin (Ed.), Evaluation root: Tracing theorists' views and influences. Thousand Oaks, Calif.: Sage Publications.

### (1) 상황평가

상황평가(Context evaluation)는 배경평가라고도 하며 프로그램의 목표 결정을 위해 정당한 근거를 제공하기 위한 목적으로 이루어지는 가장 기본적인 평가유형이다. 바람직한 환경의 기술, 잠재된 요구와 기회, 그 장애를 진단함으로써 상황에 대하여 평가한다. 상황평가는 목표를 결정하고, 요구를 파악하며, 참여 전략을 구체화하기 위한 이론적 근거와 관련된 환경적 상황을 파악하는 데 기여한다. 이때 학습자의 요구분석, 문제점 및 장애요인 등에 대한 평가 준거 설정은 조사, 면담, 문헌분석, 체계분석 등의 방법이 활용된다.

### (2) 투입평가

투입평가(Input evaluation)는 프로그램의 목표 달성을 위한 자원 활용과 관련된 의사결정에 필요한 정보를 제공한다. 프로그램의 목표가 무엇이고, 그것이 어떻게 결정되는가에 대한 문제가 포함된다. 평가내용에는 담당 기관의 적절한 잠재력, 프로젝트 목표 달성전략, 선정된 전략의 실천방안 등을 확인하고 사정하는 일이 포함된다. 문헌분석 등의 방법이 투입평가 단계에서 주로 활용되며 투입요소에 대한 구체적인 분석을 하고 전략을 수립하는 데 도움이 된다.

### (3) 과정평가

과정평가(Process evaluation)는 실행에 책임을 지고 있는 사람들에게 피드백을 제공하기 위한 평가로서, 프로그램 설계와 절차를 개선하고 실천하는 데 중점을 두고 실시된다. 그리하여 프로젝트 실천단계에서 어떤 과정과 범주가 필요하며, 실천계획을 어떻게 실행할 것인가를 구체화한다. 즉, 실천과정과 절차방안상의 결점을 파악하고, 이미 결정된 프로그램에 필요한 정보를 제공하며, 절차적 사안과 활동을 기록하고 판단한다. 평가의 방법은 개선절차를 파악하기 위해 주로 면담이나 관찰을 진행한다. 또한 프로그램 운영자들과 지속적인 상호작용은 실천과정의 효과적 통제를 위한 프로그램 설계 및 절차 개선이다. 과정평가는 수립된 계획과 실행의 결과물을 비교한 뒤 발생 가능한 문제점들을 기술하고 그 문제점에 대한 처리결과를 평가하는 것으로 상황평가와 투입평가 해석에 매우 중요한 역할을 한다.

### (4) 산출평가

산출평가(Product evaluation)는 프로그램의 종료단계에서 목표 달성의 여부를 측정하고 해석한다. 그리고 이를 기초로 프로그램을 지속시킬 것인가, 종료시킬 것인가, 아니면 수정할 것인가의 문제를 결정한다. 목표와 연계된 준거를 조작적으로 정의하고 측정하며, 측정결과를 사전에 결정된 기준이나 준거와 비교하여 산출결과를 상황, 투입, 과정 정보와 관련지어 해석하는 방법론을 활용한다. 예를 들면 프로그램이 참여자의 욕구를 충족시켰는가, 학습자들이 가지고 있던 문제는 해결되었는가, 이전의 프로그램보다 더 좋았는가, 아니면 왜 그런가 등의 질문을 통해 프로그램의 결과를 평가하는 것이다.

| 표 12-3 | CIPP 평가모형의 단계별 평가내용 및 평가질문 예시

| 단계 | 의사결정 | 평가내용 | 평가질문 예시 |
|---|---|---|---|
| 상황단계 | 계획 | 목표와 이를 위한 우선순위를 정의하고 요구, 문제, 기회를 평가함 | 프로그램은 어떤 목표를 가지고 수행하고 있는가? |
| 투입단계 | 구조화 | 프로그램을 설계하고 자원을 배분하기 위한 수단으로써 필요에 부합하는 대안적인 방안을 평가함 | 프로그램에 투입되는 자원은 적절한가? |
| 과정단계 | 실행 | 계획에 대비하여 활동들을 이끌 수 있는 실행 수준을 평가함 | 프로그램이 의도대로 실행되고 있는가? |
| 산출단계 | 순환 | 의도되거나 의도하지 않은 결과물이 무엇인지 그리고 효과적인지를 평가함 | 프로그램 산출 결과물은 무엇인가? |

출처: 김혜숙. (2014). 교육프로그램평가의 이론과 실제. 파주: 교육과학사.

## 3) 커크패트릭의 4수준 평가모형

커크패트릭(Kirkpatrick)의 4수준 평가모형은 간결하고 실용적인 특성 때문에 널리 활용하고 있으며, 1수준 반응평가, 2수준 학습평가, 3수준 행동평가, 4수준 결과평가 등의 네 가지 차원으로 이루어져 있다(Kirkpatrick, 1959). 커크패트릭은 어떤 수준도 우회하여 건너뛸 수 없음을 지적하면서 1수준부터 평가를 시작하여 시간과 기회가 닿는 한 다음 수준으로 나아갈 것을 주장한다(Kirkpatrick et al., 2006).

| 그림 12-5 | 커크패트릭의 4수준 평가모형

출처: Kirkpatrick, et al. (2006). Evaluating training programs. San Francisco: BK.

### (1) 반응평가

반응평가(reaction evaluation)는 학습자만족도 평가로도 불리며 교육 프로그램 참여자들이 자신이 참여한 프로그램의 교육내용, 강사, 강사가 이용한 방법, 교육기자재 및 시설 환경, 교육일정 및 시간, 교육지원서비스 등에 얼마나 만족했는지 묻는 반응평가이다.

### (2) 학습평가

학습평가(learning evaluation)는 학습자가 실제로 획득한 것이 무엇(태도의 변화, 지식의 증가, 기술의 향상)인가를 평가하는 것이다. 즉 프로그램의 목표 달성 여부를 평가하는 것이다. 참여자를 대상으로 지필검사, 문답시험 및 직무 시뮬레이션 등의 방법으로 평가하며, 평가 시기는 프로그램의 전·후, 진행 중 또는 일정 시간이 지난 후에도 가능하다.

### (3) 행동평가

행동평가(behavioral evaluation)는 프로그램에 참여한 결과 얻어지는 학습자들의 행동변화를 평가하는 것이다. 프로그램을 통해서 학습한 지식과 기술이 현직에 돌아와서 그들의 실제 직무에 얼마나 기여했는지를 평가하는 것으로 전이평가(Transter Evaluation)라고도 한다. 교육 실시 후 어느 정도의 시간이 지난 뒤에 평가를 실시하는데, 대체로 3개월 정도의 시간이 지난 후에 평가하는 것이 일반적이다.

행동평가는 학습한 내용을 직무현장에서 적용하는 정도를 평가한다는 점에서 학습자 자신이 평가하는 것보다는 주변의 상사, 동료, 부하 직원, 학습자 등이 전방위적으로 평가한 결과를 수집하는 것이 보다 타당한 자료로 인정된다. 평가방법은 학습자 자신의 자기보고서와 주변인들을 대상으로 실시하는 다면평가 설문지를 주로 활용하고 있다.

행동평가는 반응평가나 학습평가보다 더 어렵다. 왜냐하면, 프로그램 참여자들이 행동변화를 보일 기회를 얻을 때까지 행동변화를 나타낼 수 없다는 것이다. 그리고 행동변화가 발생할 시기를 예측할 수 없다는 것과 학습결과를 실제에 활용하려 할 때 여러 여건으로 인해 학습자가 다른 판단을 내릴 수 있다는 점 때문이다. 이에 관찰이나 통계적 비교 등을 통해 평가한다.

### (4) 결과평가

결과평가(result evaluation)는 프로그램 운영결과로 발생하는 효과에 대하여 평가하는 단계이다. 프로그램 참여결과가 조직의 개선에 얼마나 긍정적 영향을 미쳤는가를 파악하는 것이다. 프로그램 실행결과가 기관의 발전과 개선에 미치는 영향을 중시하고 기관 유지와 기관의 산출 면에 관련된 변화에 초점을 둔다. 특히, 비용절약, 근무결과 개선, 수월성 향상의 정도 등을 파악함으로써 기관의 발전에 기여한 정도를 판단한다. 결과평가는 교육 프로그램을 실시하는 이유에 대해 명백한 결과를 보여 줄 수 있어야 한다는 것을 의미한다. 그러나 문제는 확증적 증거가 거의 불가능하므로 지지적 증거에 만족해야 한다는 점이다. 왜냐하면 교육 프로그램 이외의 요인이 결과에 미치는 영향력을 완벽하게 배제할 수 없기 때문이다.

**| 표 12-4 | 커크패트릭의 평가모형**

| 평가차원 | 측정내용 | 측정방법 |
|---|---|---|
| 반응<br>(만족도) | 참여자들의 프로그램에 대한 반응 측정 | 반응 평가지 |
| 학습<br>(성취도) | 무엇을 배웠는지를 측정 | 지필 테스트, 기술 실습, 직무 시뮬레이션 등 |
| 행동<br>(적용도) | 직무수행과 관련된 행동 변화 측정 | 프로그램 전·후 비교, 관찰, 통계적 비교, 장기적 추적 등 |
| 결과<br>(기여도) | 프로그램 참여가 조직에 긍정적인 영향을 미쳤는가를 측정 | 비용 절약, 학습결과 개선, 수월성 향상 등 |

출처: 신용주. (2006). 평생교육의 이론과 방법. 서울: 형설출판사.

커크패트릭의 4단계 평가모형은 교육프로그램에 대한 학습자의 만족이 학습자의 태도 및 지식의 변화를 가져오며 이렇게 학습된 내용이 학습자의 행동을 변화시켜 궁극적으로 조직의 성과 향상을 가져온다고 가정하고 있다. 또한 평가모형은 교육의 효과를 개인 수준에서 집단 수준까지 확장하여 단계적으로 평가하므로, 현장에 바로 적용될 수 있는 실용적인 결과를 도출하기 위한 교육프로그램을 평가하는 데 알맞은 모형이라 할 수 있다(권진하 외, 2022).

### 4) 카파렐라의 평가 수준 모형

카파렐라(Caffarella, 1994)의 평가 수준 모형 역시 현장에서 보편적으로 많이 사용되는 평가 유형으로 평가방법과 자료수집 방법의 예를 구체적으로 제시하였다. 이 모형에서는 프로그램 종료 후의 참여자들의 반응에 초점을 둔다. 참여자들은 프로그램의 수업 내용, 교수 기법, 시설이나 프로그램의 장단점 등에 관한 자신의 견해를 제시함으로써 프로그램에 대한 피드백을 제공한다. 카파렐라가 제시한 평가수준 모형의 진행 과정은 다음과 같다(신용주, 2021).

① 목표 점검: 프로그램 진술 목표의 충족 여부 결정
② 체제 평가: 프로그램 결과와 관련 자원 활용의 효율성, 교육 기능의 구조, 기획 및 실행 과정의 효과성에 대한 피드백 제공
③ 사례연구법: 참여자 · 교수자 · 후원자의 관점에서 프로그램의 장점 기술
④ 준 법적평가: 자문가의 의견 청취를 통한 프로그램의 질 평가
⑤ 전문가 평가: 미리 결정된 범주 및 전문가로 구성된 패널에 의한 평가, 대규모 교육 프로그램의 지원 · 과정 · 평가에 초점
⑥ 평가 수준 점검: 참여자 반응 · 학습 · 행동 변화 · 결과에 대한 수준 측정

### 5) 스테이크의 가치판단중심 평가모형

가치판단중심 평가모형은 1967년 스테이크(Stake)에 의하여 제안되었다(배호순 2008). 스테이크에 의하면 평가를 구성하는 가장 중요한 요소는 기술과 판단이다. 특정 프로그램에 대한 적합한 평가를 위해서는 프로그램에 대해 충분하게 기술하고 판단할 필요가 있다는 것이다. 그에 의하면 평가는 평가의뢰인을 중심으로 이루어져서 의뢰인의 요구에 답하는데 중점을 두어야 하고, 평가대상인 프로그램에 관련된 선행조건, 진행과정, 산출결과를 기술해야 하며, 의도한 결과뿐만 아니라 부수적인 효과나 우발적인 결과에도 관심을 가져야 한다. 또한 평가자는 최종적인 결론을 독자적으로 내리지 않고 평가대상 프로그램 관련자들의 판단을 수집·분석·반영하는 데 비중을 두며, 간혹 실험법이나 표준화 검사의 사용이 부적절할 수도 있으므로 주관적이고 기술을 묘사한 다양한 자료를 활용할 필요가 있다고 주장한다. 그는 특히, 형식적(공식적)인 평가가 평가자들의 훈련 및 경험 부족이나 행동적 자료의 한계, 학교의 외형적인 면에만 치우친 애매모호한 점검 목록, 학생의 분류목적만을 강조하는 표준화 검사 등으로 신뢰할 수 없다고 주장한다. 따라서 형식적인 평가의 부실함을 보완하기 위해서는 교사가 비형식적 평가에 관심을 두어야 한다고 주장한다. 일상생활을 통하여 수시로 교사가 인과관계를 관찰하고 직관적이며 주관적인 판단을 통하여 도달하는 비형식적 평가의 중요성을 강조한다.

스테이크(Stake)의 가치판단중심 평가모형은 평가를 거시적인 관점에서 종합적으로 접근하고 있으며, 기술적 자료와 판단자료를 구분하고 그 관계를 중시하는 한편 평가에서 판단의 역할을 부각했다는 점에서 긍정적 평가를 받고 있다. 그러나 지나치게 이상적인 측면이 있어서 평가 실행 상 적합한 자료수집방법을 개발하기 어렵고 충분하게 기술하고 판단하기 위해서는 지나치게 복잡한 과정과 막대한 비용이 소요된다는 단점을 지니고 있다.

Chapter

13

# 청소년프로그램 인증과 관리

## 1. 청소년수련활동인증제의 이해

### 1) 추진배경

청소년수련활동인증제는 「청소년활동 진흥법」 제35조 내지 제38조에 따라 시행된 제도로서 청소년수련활동이 청소년의 균형 있는 성장에 기여할 수 있도록 국가 및 지방자치단체 또는 개인·법인·단체 등이 실시하고자 하는 청소년수련활동을 인증하고, 인증된 수련활동에 참여한 청소년의 활동 기록을 유지·관리·제공하는 청소년수련활동 프로그램에 대한 국가인증제도이다.

청소년수련활동인증제는 글로벌·다문화 시대의 흐름에 발맞춰 청소년의 활동환경을 조성하고 지원하는 제도로 청소년의 다양한 요구에 부응하고, 청소년들의 사회문화적 역량을 개발·강화하는 데 목적이 있다. 또한 청소년활동 기반 확립과 학교 교육과 연계한 활동 지원 확대의 요구에 대한 사회적으로 공감대가 형성되면서 2004년 2월 「청소년활동 진흥법」 제35조에 근거 규정을 마련하고 2006년부터 운영하고 있다.

청소년수련활동인증제의 특징은 청소년활동프로그램에 대한 사전인증으로 양질의 활동기회 및 프로그램을 제공할 수 있게 하고, 수요자인 청소년의 욕구가 반영된 활동 프로그램을 제공하여 유용성, 공공성, 안정성을 강조한다. 또한 인증받은 활동에 참여한 청소년의 활동실적을 기록·관리함으로써 청소년들의 자기계발과 진로탐색에 필요한 자료로 활용될 수 있도록 지원하고 있다.

### 2) 개념

청소년수련활동인증제는 「청소년활동 진흥법」 제35조에 따라 시행되고 있는 제도이다. 청소년활동에서 수련활동이 가지고 있는 일정한 기준 이상의 형식적 요건, 질적 특성이 있는 청소년활동이 정당한 절차로 성립되었다는 것을 공적 기관에서 증명하는 제도이다.

### 3) 의의

인증제도는 청소년활동을 운영하는 자의 자율 신청에 따라 인증하는 제도로 인증기준을 충족하지 못하는 활동이나 프로그램 제공자에게 제재하고자 하는 제도가 아니다. 안전을 확보해야 하는 활동이나 일정 규모 이상의 활동은 인증기준에 맞춰 인증을 신청하고, 모든 활동은 전문인력을 배치함으로써 위험요소를 최소화하고 안전한 활동환경을 마련하고자 한다.

### 4) 목적

청소년수련활동인증제도는 다음과 같은 목적이 있다.

첫째, 청소년이 안전하고 유익한 활동을 선택해서 참여할 수 있도록 양질의 프로그램을 제공하는 데 있다.

둘째, 청소년에게 안전하고 질적 수준이 담보된 다양한 청소년활동 정보를 제공한다.

셋째, 참여한 활동내용을 국가가 기록 · 유지 · 관리하여 자기계발과 진로 모색에 활용하도록 자료를 제공한다.

넷째, 건전한 청소년활동 선택의 장을 조성하고 청소년활동 전반에 대한 국민적 신뢰를 확보한다.

### 5) 주요 특징

청소년수련활동인증제의 주요 특징은 다음과 같다.

첫째, 청소년의 눈높이에 맞는 다양하고 재미있는 인증수련활동에 참여할 맞춤형 특징이다.

둘째, 안전한 활동환경을 갖추고 전문성을 지닌 지도자와 함께하는 특징이 있다.

셋째, 인증신청, 수시점검, 사후관리 등 인증수련활동의 시작부터 끝까지 꼼꼼하게 체계적 관리를 한다.

넷째, 인증수련활동 참여 후 여성가족부장관 명의 참여 기록확인서를 발급받을 수 있고 포트폴리오를 작성하여 관리함으로써 다양한 분야에서 경험을 활용할 수 있다.

## 2. 청소년수련활동인증제도 절차 및 법적 요건

### 1) 인증절차

청소년수련활동인증제도는 여성가족부에서 한국청소년활동진흥원과 각 지역의 청소년활동진흥센터를 통해 행정적인 지원을 하고 있다. 청소년수련활동 인증제도를 통해 각 프로그램 제공기관의 공공성, 신뢰성, 적합성을 확보하고 프로그램의 질적 향상 및 다양한 활동기회를 제공하기 위한 제도이다. 인증제도를 통해 청소년들은 안전하고 유익한 프로그램을 선택하고, 자신의 활동기록을 확인·발급 받을 수 있다.

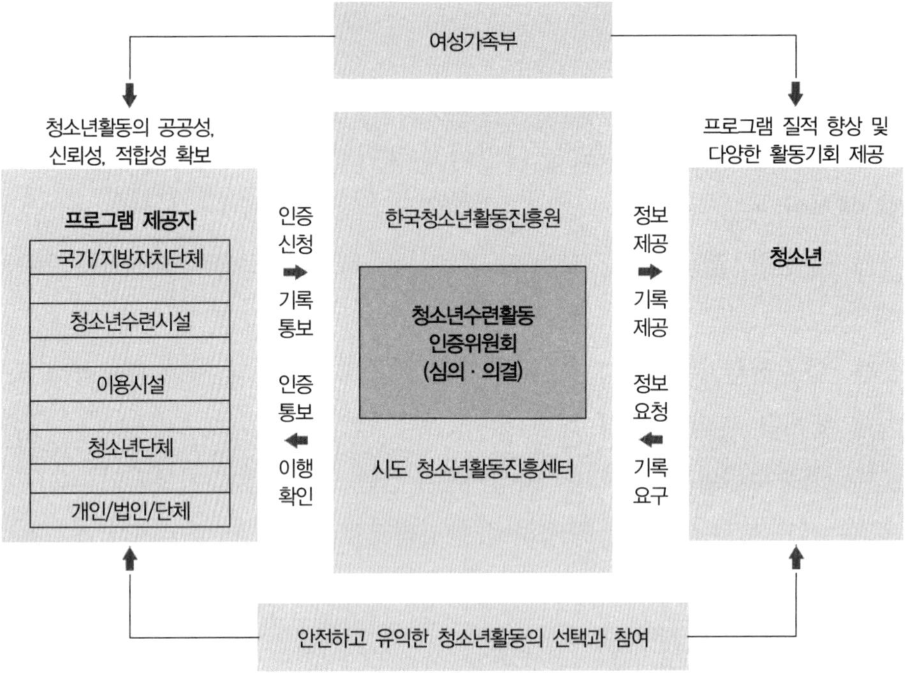


| 그림 13-1 | **청소년수련활동인증제 추진체계**

인증유형은 사전인증, 서면인증, 프로그램 인증이 있다. 내용은 다음과 같다.

첫째, 사전인증으로 프로그램 실시 전이나 참가자 모집하기 전 인증을 신청하여 인증 여부가 결정된다. 즉, 프로그램을 시행하고자 하는 기관이나 단체는 참가자를 모집하기 전에 인증을 받아야 한다.

둘째, 서면인증은 인증을 신청하려는 자는 관련 자료를 서면으로 작성하여 제출한다. 서면 제출 후에 인증철차에 의해서 인증이 진행된다.

셋째, 프로그램 인증은 운영하고자 하는 수련활동을 개별적으로 인증하고 관리한다. 즉, 프로그램을 인증받았다는 것은 기관 전체가 인증받은 것이 아니라 기관이 운영하는 특정 프로그램이 인증을 받았다는 의미이다. 각 기관은 기관 내에 운영하는 프로그램을 각각 인증을 받아야 한다.

참가자 모집 혹은 활동 개시 45일 이전에 기준별 증빙서류를 구비하여 인증신청을 접수해야 한다. 인증절차는 먼저 인증신청 후 형식 요건의 검사, 인증신청 접수, 인증심사원 배정, 필요시에 제3심사원을 배정하고 현장 방문한 후 인증심사 결과의 분석, 인증위원회 심의, 의결, 인증 여부 공고 순으로 진행된다. 이때 불인증된 경우에는 재심사를 요청하거나 인증심사 자료를 보완하여 차기 회차 인증신청을 할 수 있다. 인증이 되면 청소년수련활동인증서를 발급하고 프로그램을 운영하게 된다.

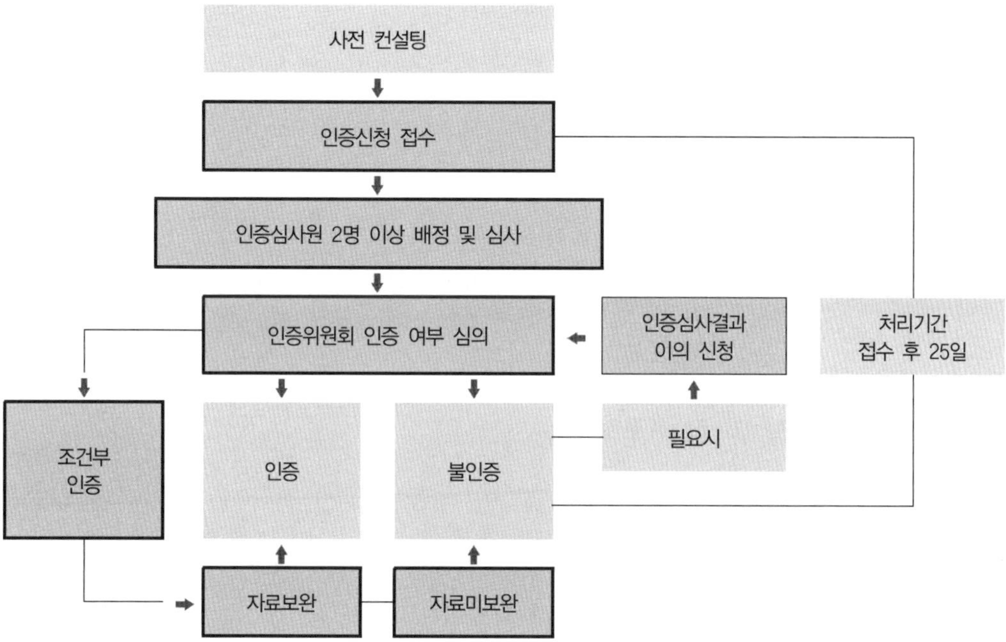


| 그림 13-2 | **인증절차**

## 2) 법적 요건

### (1) 청소년수련활동인증제

국가에서는 청소년수련활동이 청소년의 균형 있는 성장에 이바지할 수 있게 내용과 수준의 향상을 위해 인증제도를 운영해야 하며 인증제도 운영을 위해 인증위원회를 활동진흥원에 설치 · 운영한다(청소년활동 진흥법 제35조). 또한 제36조에 따라서 인증받은 청소년수련활동 공개와 활동기록의 유지 및 관리를 하며 청소년이 정보를 요청하면 제공해야 한다.

### (2) 청소년수련활동의 인증 절차

국가, 지방자치단체, 개인, 법인, 단체 등은 프로그램 개발과 실시할 때 관련 내용 작성을 인증위원회에 제출할 수 있으며 참가 인원, 위험도에 따라서 관련 내용을 미리 작성해서 제출해야 한다. 또한 청소년지도자, 안전에 대한 전문인력을 갖추어야 한다(청소년활동 진흥법 제36조).

### (3) 인증신청 및 절차 방법 등

인증을 받으려고 하는 사람은 모집이나 활동 실시 시작 45일 이전에 인증을 요청하며 필요 자료를 제출해야 한다. 또한 보완이나 개선의 요구는 10일 이내에 관련 사항을 제출하고 응시하지 않으면 인증요청서를 반려할 수 있다(청소년활동 진흥법 시행령 제21조).

### (4) 인증수련활동의 운영

청소년수련활동 위탁은 신고, 등록, 인가, 허가를 받은 법인과 단체, 개인에게 위탁할 수 있고 이때 청소년활동의 전부 또는 여성가족부령으로 정하고 있는 프로그램은 위탁할 수 없다(청소년활동 진흥법 제39조). 또한 참여 청소년에게는 안전교육을 실시해야 한다(청소년활동 진흥법 시행규칙 제8조의3).

### (5) 인증수련활동의 결과통보 등

인증수련활동을 실시하면 활동종료 후 인증위원회에 결과를 통보해야 하며 인증위원회에서는 활동 결과를 유지하고 관리할 수 있도록 기록한다(청소년활동 진흥법 제37조).

### (6) 인증수련활동의 사후관리

인증위원회에서는 인증 유효기간을 4년 이내로 설정할 수 있고 연장이 필요하면 인증위원회를 거쳐서 기간의 연장이 가능하다(청소년활동 진흥법 시행규칙 제15조의5). 인증수련활동 실시에 대해 인증사항 이행 여부 확인을 할 수 있고 활동 내용과 실제 내용에서 차이가 발생하면 이를 시정하도록 요구할 수 있다(청소년활동 진흥법 제36조의2).

### (7) 참여청소년의 활동기록 유지관리

국가는 인증수련에 참여하는 청소년활동기록의 유지 및 관리와 청소년이 요청하면 이를 제공하고 효율적 제공을 위해 종합관리체계를 구축해야 한다. 실시한 곳에서는 청소년 인적사항, 일자, 시간, 장소, 활동내용 등을 15일 이내에 기록하고 활동기록 확인 등의 절차를 통해 끝나고 20일이 지난 날부터 기록을 제공한다(청소년활동 진흥법 시행령 제20조, 제23조).

### (8) 인증의 취소 등 행정처분

인증위원회에서는 청소년수련활동을 인증받은 사람이 부정한 방법으로 인증받은 경우, 정당한 사유 없이 인증수련활동을 1년 이상 시행하지 않은 경우, 인증내용과 실제 활동내용에서 중요한 차이가 있는 경우에는 취소 또는 6개월 이내 기간을 정해 인증 정지를 명할 수 있다. 또한 인증활동 시행 결과를 거짓으로 통보할 경우, 인증이 축소된 경우, 인증받은 사항이 아닌 다른 청소년활동을 시행하면 5년 이내 청소년수련활동 인증을 신청할 수 없다. 또한 인증이 취소

되거나 인증위원회 인증을 받지 않은 경우에는 인증수련활동 또는 인증받았다는 표시를 하거나 유사한 표시를 해서는 안 된다(청소년활동 진흥법 시행규칙 제15조의6, 제15조의7).

**| 표 13-1 | 청소년수련활동인증제 역할과 법적 근거**

| 구분 | 역할 | 법적 근거 |
|---|---|---|
| 여성가족부 | • 인증제도 추진, 인증위원 위촉<br>• 활동기록 유지 · 관리 · 제공, 운영예산 지원 | 활동진흥법<br>제35조 |
| 지방자치단체 | • 지방청소년활동진흥센터 설치 및 운영<br>※ 지방청소년활동진흥센터의 운영에 필요한 경비의 전부 또는 일부를 지원 | 활동진흥법<br>제7조, 제35조 |
| 한국청소년활동진흥원 | • 인증제도 · 인증위원회 · 인증심사원 운영<br>• 그 외 인증제 발전에 필요하다고 판단되는 사항 운영 | 활동진흥법<br>제35조 |
| 시·도<br>청소년활동진흥센터 | • 인증제 운영지원(컨설팅, 사후관리 교육 등)<br>• 인증받은 청소년수련활동의 홍보와 지원 | 활동진흥법<br>제7조 |
| 인증위원회<br>(여성가족부 위촉,<br>임기 3년) | • 인증기준 제 · 개정<br>• 인증신청 내용의 확인 심의 의결<br>• 인증의 취소, 인증신청 제한 조치 | 활동진흥법<br>시행령 제21조,<br>인증제 운영규정<br>제4조 |
| 인증심사원<br>(인증위원회 위촉) | • 서류심사(인증신청, 유효기간 연장 등)<br>• 이행 여부 확인 심사 등 현장 심사 | 활동진흥법<br>시행령 제22조 |
| 인증신청기관 | • 청소년 수련거리를 개발하여 인증을 신청<br>• 인증을 받을 시 인증받은 사항에 맞춰 운영<br>• 인증수련활동 운영결과 통보(활동기록 포함) | 활동진흥법<br>제35조 등 |

### 3) 인증신청 대상

인증신청을 할 수 있는 주체는 국가 및 지방자치단체, 수련시설을 설치·운영하는 자 및 위탁운영단체, 청소년이용시설, 개인·법인·단체 등 청소년수련활동 등에 필요한 프로그램을 개발하여 실시하려는 곳이다. 인증을 신청해야 하는 대상(의무)은 청소년 참가 인원이 150명 이상인 청소년수련활동 또는 위험도가 높은 청소년수련활동으로 위험도가 높은 프로그램은 다음과 같다.

| 표 13-2 | 위험도가 높은 프로그램

| 구분 | 프로그램 내용 |
|---|---|
| 수상활동 | 래프팅, 모터보트, 동력요트, 수상오토바이, 고무보트, 수중스쿠터, 레저용 공기부양정, 수상스키, 조정, 카약, 카누, 수상자전거, 서프보드, 스킨스쿠버 |
| 항공활동 | 패러글라이딩, 행글라이딩 |
| 산악활동 | 암벽타기(자연암벽, 빙벽), 산악스키, 야간등산(4시간 이상의 경우만 해당한다) |
| 장거리 걷기활동 | 10km 이상 도보이동 |
| 그 밖의 활동 | 유해성 물질(발화성, 부식성, 독성 또는 환경유해성 등), 하강레포츠, ATV 탑승 등 사고위험이 높은 물질·기구·장비 등을 활용하여 이루어지는 청소년수련활동 |

출처: 청소년활동 진흥법 시행규칙 제15조의2제2호 관련, 별표7

한편 단순 체험(견학)활동, 단순 기능 습득을 위한 훈련 내지 강좌, 운영시간 최소기준 미충족 활동(최소 2시간), 불특정 다수를 대상으로 하는 행사나 축제 등의 활동은 인증신청 제외대상이 된다.

## 3. 인증신청 주요 내용

| 단계 | 내용 |
|---|---|
| 1단계<br>인증신청양식 및 기준검토 | • 신청할 프로그램의 유형을 확인(기본형, 숙박형, 이동형)한다.<br>• 인증받아야 하는 대상인지, 인증신청 가능 대상인지를 확인한다.<br>• 청소년수련활동 인증신청을 위해 인증기준을 확인하고, 인증신청 양식을 확인한다.<br>• 활동유형과 인증신청 대상유형에 따른 인증기준을 확인한다. |
| 2단계<br>인증신청서류 작성 | • 인증신청서: 인증제 운영규정 별지 제10호를 참조한다.<br>• 인증신청서 작성 및 접수처: 인증정보시스템(http://yap.youth.go.kr)에서 작성 후 제출한다. |
| 3단계<br>인증신청 기준별 증빙서류 작성 | • 인증기준별 요소에 대한 증빙서류를 작성한다.<br>• 통계자료, 사진자료, 설문자료, 증명서, 양식 등 다양한 자료를 기반으로 하여 작성 가능하다. |
| 4단계<br>신청서류 제출 | • 인증신청 방법: 인증신청은 상시로 하며 심사 및 심의의 효율적 운영을 위해 인증신청 접수일을 별도로 지정한다.<br>• 인증신청 후 소요기간: 인증접수로부터 25일이다.<br>• 인증신청서 및 관련 첨부자료를 인증정보시스템의 각 항목에 작성하여 등록한다. |

## 1) 인증기준

청소년수련활동 인증기준은 다음과 같은 사항을 고려해야 한다.

첫째, 프로그램은 청소년 발달 특성과 욕구의 반영을 통해 프로그램의 개발과 평가체계를 마련하여 자원의 효율적 운영계획을 수립한다.

둘째, 프로그램의 운영과 관리에 적합한 사람을 선정하여 청소년 참여 인원수 대비 지도자 배치와 위험도가 높은 청소년수련활동의 경우 유자격자 등을 배치한다.

셋째, 활동환경은 청소년들에게 안전하면서 적합한 활동환경의 제공이 가능하도록 공간, 설비, 사용여건, 보험가입 등의 계획을 철저히 수립한다.

청소년수련활동 인증신청은 상시적으로 청소년활동정보서비스를 통하여 이루어지며, 접수된 청소년수련활동은 1개 프로그램당 2명의 인증심사원이 심사를 하고, 인증위원회가 최종심의를 하게 된다.

인증기준은 국내 청소년활동과 국제 청소년활동 영역으로 구분되어 있으며, 각 영역별 인증기준은 공통기준과 개별기준 및 특별기준을 갖는다. 공통기준은 활동 프로그램, 지도력, 활동환경 등 3가지 영역, 개별기준은 숙박형과 이동형으로 구성되어 있으며 반드시 인증을 받아야 하는 프로그램과 학교단체 숙박형 활동, 비대면방식 청소년활동은 특별기준을 추가로 적용한다.

| 표 13-3 | **청소년수련활동 인증기준**

| 영역/유형 | | | 인증기준 | 확인요소 |
|---|---|---|---|---|
| 공통 기준 | 1. 활동 프로그램 | | 1. 프로그램 구성<br>2. 프로그램 자원 운영 | 9 |
| | 2. 지도력 | | 3. 지도자 전문성 확보 계획<br>4. 지도자 역할 및 배치 | 8 |
| | 3. 활동환경 | | 5. 공간과 설비의 확보 및 관리<br>6. 안전관리 계획 | 7 |
| 개별 기준 | 활동유형 | 숙박형 | 1. 숙박관리<br>2. 안전관리인력 확보<br>3. 영양관리자 자격 | 5 |
| | | 이동형 | 1. 숙박관리<br>2. 안전관리인력 확보<br>3. 영양관리자 자격<br>4. 휴식관리<br>5. 이동관리 | 7 |
| 특별 기준 | 위험도가 높은 활동 | | 1. 전문지도자의 배치<br>2. 공간과 설비, 안전관리 | 4 |
| | 학교단체숙박형 | | 1. 교단체 숙박형 활동 관리 | 3 |
| | 비대면방식 실시간 쌍방향 | | 1. 실시간 쌍방향 활동 운영 및 관리 | 5 |
| | 비대면방식 콘텐츠 활용중심 | | 1. 콘텐츠 활용중심 활동 운영 및 관리 | 6 |
| | 비대면방식 과제수행중심 | | 1. 과제수행중심 활동 운영 및 관리 | 5 |

| 표 13-4 | **청소년수련활동 유형**

| 활동유형 | 내용 |
|---|---|
| 기본형 | 전체 프로그램 운영 시간이 2시간 이상으로서, 실시한 날에 끝나거나 또는 2일 이상의 각 회기로 구성되어 있으며, 숙박 없이 수일에 걸쳐 이루어지는 활동 |
| 숙박형 | 숙박에 적합한 장소에서 일정기간 숙박하며 이루어지는 활동 |
| 이동형 | 활동 내용에 따라 선정된 활동장을 이동하여 숙박하며 이루어지는 활동 |
| 학교단체 숙박형 | 학교장이 참가를 승인한 숙박형 활동<br>*개별 단위 프로그램: 학교단체 숙박형 활동을 구성하는 각각의 프로그램 |

## 2) 인증수련활동의 자격유지

인증신청 시 인증신청기관에서 자율적으로 유효기간을 4년 이내로 설정한다. 인증 유효기간을 자율적으로 적용하는 것은 빠르게 변화하는 다양한 청소년들의 활동욕구를 수시로 수용하고, 사회적 여건 변화에 따라 기대되는 운영 여건 개선요구를 반영하여 청소년활동 프로그램이 지속적으로 향상되도록 하기 위한 것이다. 인증자격을 유지하는 동안 인증마크 사용과 인증 여부 표기가 가능하다.

- 운영기관은 인증받은 인증수련활동에 사용해야 한다.
- 운영규정 제49조제1항에 따라 기관 및 단체가 전반적으로 인증받은 것으로 오인하지 않도록 인증번호, 인증수련활동명, 참가대상 범위를 표시한다.
- 인증마크가 명확하게 식별할 수 있도록 최소규격(높이 12㎜)을 준수해야 한다.
- 인증마크를 오용할 경우 청소년활동 진흥법 제72조제1항 및 제2항에 따른 과태료부과 대상이 될 수 있다.

| 그림 13-3 | **인증마크 활용 방법**

Appendix

# 부록

## 청소년프로그램의 사례

# 1. 다문화가족 청소년의 심리·정서지원프로그램

## 1) 프로그램 개발의 필요성과 목적

### (1) 필요성

순수한 혈통만을 우선시하는 폐쇄적 순혈주의를 자부해 온 우리나라가 급속한 사회변화로 인해 다양한 인구집단의 현실적으로 인정하게 되었다. 다문화가족은 결혼이민자, 새터민(북한이탈주민), 우리 사회에 거주하고 있는 외국인 노동자, 그 밖에 외국인 거주자 및 외국인과의 결혼으로 태어난 자녀들로 구성된 가족을 비차별적으로 부르는 용어이다. 이러한 다문화가족 중 한국 남성과 외국 여성의 결혼으로 이루어진 가족이 우리 사회에 큰 비중을 차지하고 있다. 국제결혼이 증가하면서 이들의 조기정착을 위한 정부의 지원 및 안정적인 가족생활을 위한 정책적 요구가 증가하게 되었다. 여러 민간단체도 결혼이민자들을 우리 사회의 구성원으로서 받아들이고, 사회 적응을 돕기 위해 한국어교육, 가족상담, 한국문화체험, 취업지원, 멘토 연결 등 다양한 사업을 실행하고 있다. 국제결혼이 우리 사회 출산율 저하의 대안으로 주목받았고, 근로 이민자의 증가와 함께 다문화사회로 진입하게 되면서, 문화의 다양성과 타문화에 대한 이해의 필요성을 높이고 있다. 이러한 다문화사회로의 발전 속에서 다문화가족의 자녀는 이중 언어와 다문화에 대한 감수성을 갖춘 글로벌 역량을 가진 인재로 성장할 것으로 기대된다. 그러나 단일민족, 단일문화의 신념 체계가 지배적인 우리나라의 결혼이민여성들은 언어 소통의 차이, 현실적 삶 속에서 사회적 차별, 가정폭력, 문화차이 등에서 어려움을 겪고 있다. 이와 더불어 국제결혼으로 태어난 다문화가족 청소년들은 혼혈인에 대한 선입견과 사회적 편견으로 인해 소외의 대상이 되었고, 청소년들이 잠재역량을 충분히 발휘할 수 없는 부정적 현상이 발생하고 있다. 이러한 다문화가족 청소년의 어려움에 대한 인식과 함께 이들의 적응과 관련된 연구들이 다양하게 이루어지고 있다. 다문화가족 청소년은 정체성 문제를 가지고 있으며, 사회·정서표현에서 위축된 행동을 한다는 부정적 결과를 보였지만, 일반가정의 청소년들과 같이 다문화가족의 청소년도 긍정-친사회적 행동 수준이 높게 나타나기도 하였다. 다문화가족 학령기 청소년에 관한 연구는 주로 학교생활에 초점을 두고 학습부진 및 자신감과 사회성 부족 등의 심리·사회적 부적응과 학교 적응의 영향요인을 규명하고자 하였다. 청소년의 초기 사회적 관계는 부모, 형제 등의 가족 구성원과 밀접한 관계를 형성하지만, 연령의 증가에 따라 가족 이외의 성인들이나 또래 친구들과 새로운 사회적 관계를 형성하면서 사회적 지지자원을 확대하게 된다.

### (2) 목적

청소년들의 적응역량은 사회적 지지 대상과의 관계를 통해 발달하며, 사회적 지지는 청소년의 적응역량을 예측할 수 있는 중요한 요인 중 하나이다. 사회적 지지는 개인이 처한 환경에 대응하는 데 필요한 지식과 방향을 제공해 주며, 적응능력을 향상하고, 다양한 변화와 스트레스를 극복해 가는 데 많은 도움을 준다. 그리고 청소년에게 애정적이고 편안한 분위기를 제공하는 부모, 친구, 교사의 지지는 청소년의 우울을 감소시키는 보호 요인이며, 문제행동을 예방하는 데에 중요한 기능을 한다. 우리나라 연구에서도 개인과 가족의 특성, 교육기관 환경, 지역사회자원 등이 학교 적응, 사회적 능력에 영향을 미치는 것으로 보고하고 있다. 또한 사회적 지지의 긍정적인 경험은 성인기의 사회적 관계 형성 능력에 중대한 영향을 끼치는 것으로 밝혀졌다. 따라서 심리·정서지원프로그램을 개발하고 다문화가족 청소년에게 적용함으로써 자기표현 및 또래관계와 사회적 기술에 미치는 효과를 검증하여 향후 청소년의 사회관계 증진 연구와 프로그램 개발에 기초자료로 하는데 본 연구의 목적이 있다.

### (3) 목표

청소년의 심리·정서지원프로그램을 통해 중요 변인으로 작용될 자기표현, 사회적 기술, 또래관계의 효과를 목표로 한다.

## 2) 프로그램 내용

| 단계 | 회기 | 주제 | 활동내용 |
|---|---|---|---|
| 자신감부여 | 1 | 나를 소개 | • 참여 동기 유발, 친밀감 형성<br>– 자신의 별칭을 정해 자기 소개 |
| | 2 | 나도 할 수 있어 | • 자아 존중감 형성, 미술 활동 흥미 유발<br>– 사포 그림을 통해 자신감이 없던 그림 그리기가 '나도 할 수 있다'라는 자신감 부여 |
| | 3 | 내가 살고 싶은 곳 | • 미술 활동 흥미 유발<br>– 내가 살고 싶은 곳을 골라 OHP 필름에 그리게 하고 이야기 나누기 |
| 자아존중감향상 | 4 | 나의 추억 | • 성장 과정 이해하기<br>– 나의 추억 속의 장소를 서로 이야기해 보고 그림으로 표현해 보기 |
| | 5 | 내 마음은? | • 내 마음의 피자<br>– 가장 많이 화가 났을 때, 가장 기뻤을 때, 가장 미웠을 때, 가장 고마웠을 때, 가장 슬펐을 때, 가장 죽고 싶었을 때를 그림으로 표현하고 이야기 |
| | 6 | 자아 존중감 높이기 | • 스크래치기법<br>– 숨겨진 그림처럼 철심으로 도화지를 긁어내어 자신의 내면세계를 표현하게 하기 |
| 타인인식 | 7 | 특별한 나 | • 소금 파스텔 인형<br>– 소금과 파스텔을 섞어 색소금을 만든 후 유리병에 넣어 그 유리병으로 자기 모습을 꾸미기 |
| | 8 | 더불어 사는 세상 | • 타인의 특징을 알고 이해하기<br>– 내게 소중한 사람의 특징과 비슷한 동물 찾아 오려서 붙이기<br>– 동물과 비슷한 점 적고 발표하기 |
| | 9 | 감정 이야기 | • 타인의 다양한 감정을 인식하고 이해하기<br>– 좋아하는 색과 싫어하는 색 붙이고 이유 말하기 |

| 단계 | 회기 | 주제 | 활동내용 |
|---|---|---|---|
| 또래관계 | 10 | 우리 공간 | • 환경판 꾸미기<br>– 서로 주제를 정하고 환경판을 협동하여 꾸미기 |
| | 11 | 친구 맺기 | • 타인 배려하기<br>– 친구에게 해주고 싶은 것 |
| | 12 | 진실한 우정 | • 친구에게 편지 쓰기<br>– 화선지에 예쁘게 염색하여 친구에게 편지 쓰기 |
| 협동 | 13 | 행복한 세상 | • 투명 비닐우산 꾸미기<br>– 투명한 우산에 아름답고 행복한 세상을 만들 수 있다는 메시지 꾸미기 |
| | 14 | 행복한 우리 | • 냅킨아트<br>– 함께 사용하는 물건 꾸밈으로 협동심, 사회성 향상 |
| | 15 | 우리가 바라는 세상 | • 협동화 그리기<br>– 우리가 꿈꾸는 세상 그리기 |

### 3) 프로그램 성과 및 향후 과제

#### (1) 프로그램 성과

| 성과목표 | 성과지표 | 평가결과 |
|---|---|---|
| • 심리 · 정서지원프로그램을 통해 자기표현, 사회적 기술, 또래관계의 증진 향상 | • Rakos 등(1980)의 자기표현 척도<br>• Gresham 등(1990)의 사회적 기술 척도<br>• 양윤란 등(2005)의 또래관계 척도 | • 다문화가족 청소년을 대상으로 심리 · 정서프로그램을 적용하여 자기표현 및 사회적 기술, 또래관계 향상에 미치는 유효성을 증명 |

#### (2) 참여자의 변화

- 심리 · 정서프로그램의 결과에서 나타난 청소년들의 긍정적인 변화는 협동화 작업이 가지는 특성으로 인해 얻게 되는 사회적 기술과 미술 작품을 통해 갖게 되는 성취감, 만족감 등으로 설명할 수 있다.
- 프로그램을 통해 작품을 만드는 동안 각자의 역할을 수행하고, 완성된 작품

을 통해 성취감과 만족감을 느낄 수 있으며, 이러한 성취감과 만족감을 함께 공유하면서 더욱 친밀감을 느낄 수 있게 해주어 또래관계 증진에 도움을 준 것으로 볼 수 있다.

- 프로그램을 실행하는 과정에서 자신의 의견을 표현함과 동시에 타인의 의견을 듣고 타인을 이해하며 타인의 입장에서 생각하는 태도를 가지는 경험을 할 수 있었다. 이러한 태도와 함께 타인과 긍정적 관계를 맺기 위한 노력이 타인에 대한 공감으로 나타나는 것이다.

#### (3) 프로그램의 제한점

표집의 한계로 인해 본 평가의 효과성을 일반화시키기에는 어려움이 따른다. 따라서 참여자 수를 늘려 많은 대상으로 하여 효과성을 검증할 필요가 있다. 또한 장기간에 걸쳐 체계화된 프로그램을 개발하여 실시한다면 더욱더 긍정적이고 지속적인 효과가 있을 것으로 생각되며, 참여자의 변화에 대한 지속성도 관찰할 수 있을 것으로 생각된다.

## 2. 학업중단 예방프로그램

### 1) 프로그램 개발의 필요성과 목적

#### (1) 필요성

'학업중단(school dropout)'은 어떤 이유에서든 정규 학교 교육과정을 마치지 않고 중단하는 것을 말하며, '학업중단 위기 청소년'은 학교에 재학 중이지만 실질적으로 학업을 중단한 상태에 있어 학업중단으로 이어질 가능성이 높은 청소년을 말한다(김혜미 외, 2016). 학업중단 위기 청소년은 학교 부적응 등 다양한 사유로 학업 생활을 지속하려는 실질적인 의사가 부족하므로 학업을 중단하고 학교 밖 청소년이 될 가능성이 높다(이주연 외, 2015). 각 국가에서는 공교육(public education)시스템을 채택하여 국민교육을 운영해 오고 있으며 고등학교 이전의 학업중단이 개인뿐만 아니라 사회와 국가 모두에게 부정적인 결과를 초래한다고 인식하고 다양한 예방정책을 추진하고 있다.

학업중단 위기 청소년이 충분한 고민과 계획 없이 학업을 중단하는 경우 향후 성인기로 성장하면서 다양한 심리적, 경제적 어려움을 경험할 가능성이 높다(임아람, 2020). 학업중단의 이유 중 하나인 심리·정서적 문제는 학업중단 후 학교에 다니지 않으면서 더욱 악화되고(조아미 외, 2018), 학교 부적응으로 인한 학업중단의 지속은 낮은 자기 존중감, 자기조절 능력 저하, 낮은 자아탄력성, 우울감 등 심리·정서적 어려움을 초래할 수 있다(김혜미 외, 2016). 사회의 부정적 시선은 학업중단 청소년의 심리적 어려움을 강화하고 비행 또래와의 접촉을 증가시키며(박동진 외, 2019) 학교를 그만두는 청소년은 사회적 지원의 사각지대에 놓일 가능성이 있다(박하나 외, 2022). 최근에는 학업중단을 개인, 가정, 학교 등 다양한 요인이 작용한 결과로 보고(최지연 외, 2016) 사회적·교육적 예방과 지원이 필요한 현상으로 바라보는 시각이 강조되었다(허민숙, 2021).

학업중단 위기 청소년은 심리적으로 취약한 상태로 스트레스 상황에 노출될 때 위기를 극복하기 어려워하는 것으로 나타났으며, 이러한 문제 해결과 적응적 생활을 위해 회복탄력성이 중요한 요인으로 작용한다(오민숙 외, 2016). 즉, 학업중단 위기 청소년이 부적응적 상태에서 회복하고 긍정적으로 성장하도록 하기 위한 내적 자원으로서 회복탄력성 등 심리역량이 필요하다(하서인, 2023).

학교에서 학업중단 위기 청소년은 비예측적으로 발생하며 이에 따른 즉각적인 개입이 필요하다는 점을 고려했을 때, 상시적인 개입의 주체가 될 수 있는 학교 교사 역시 적용할 수 있도록 프로그램의 다각화가 논의되어야 한다. 학업중단 예방프로그램의 속성상 학교 현장의 특수성이 민감하게 반영되는 것이 중요하며 대상자의 필요에 부합하는 이론적 접근과 더불어 현장의 요구를 반영한 실제적 실행 측면이 균형 있게 반영된 프로그램의 개발이 필수적이다.

### (2) 목적

학업중단 위기 청소년은 자신에 대한 이해가 부족하며 이로 인해 낮은 자존감 및 자기효능감을 갖는 경우가 많아지고 있다. 이러한 특성은 학업중단 위기 청소년이 학업 및 교우관계 형성을 어렵게 만들며 위축된 학교생활을 하는 데 영향을 미치고 있어 학업중단 위기 청소년이 내면의 힘을 발견하고 장점을 찾아 자신이 가치 있는 존재임을 깨달을 수 있도록 한다.

### (3) 목표

청소년들이 긍정적 자기를 탐색하고 자신을 발견하여 자존감을 높이고자 한다. 또한 타인을 이해하고 함께 사는 삶의 중요성을 인식하며, 긍정적 자기이해를 통해 또래와 또래, 또래와 교사 간의 긍정적인 관계를 형성하게 한다.

## 2) 프로그램 내용

| 회기 | 주제 | 활동내용 |
|---|---|---|
| 1 | 내 이야기를 들어 볼래? | • 놀이를 통해 프로그램에 대한 흥미 갖기<br>• 나와 닮은 사물 소개하기 및 에세이 |
| | | • 우리를 알아가기<br>• 타인에 대한 이해로 긍정적 대인관계 형성 |
| 2 | 내 인생의 키워드 | • 내 인생의 키워드를 통해 자신을 이해하고 타인과 소통의 중요성을 인식함 |
| | | • 학급에서 내 맡은 역할에 대한 책임감 향상<br>• 마시멜로 탑 쌓기를 통해 공동체 의식 고취 |
| 3 | 필요한 역량 발견하기 | • 마인드맵을 활용하여 자신의 역량, 성격 등 필요한 역량 확인하기<br>• 롤링페이퍼를 작성하여 타인을 칭찬하고 격려하며 미래에 대한 희망을 발견하기 |
| | | • 자신의 강점과 흥미를 찾는 과정을 통한 자기이해 꿈을 실천할 의지 갖기 |

### 3) 프로그램 성과

프로그램을 통해 자신에 대해 성찰하고 긍정적인 자아를 발견하고 자아 존중감을 높이며, 타인의 중요성을 인식하여 교우 및 교사와의 관계가 증진된다. 뿐만 아니라 긍정적 자기이해 및 학교 구성원과의 관계증진을 통해 학교생활 적응력이 향상된다.

| 성과목표 | 성과지표 | 평가결과 |
|---|---|---|
| • 청소년 학업중단 위기 청소년이 지각하는 학업중단 위험성 감소<br>• 회복탄력성, 학교적응유연성에 미치는 효과<br>• 학업중단 위기 청소년의 정서와 행동의 변화 | • 노승현 등(2015)이 개발한 학업중단 위험성 척도<br>• 신우열 등(2009)이 개발한 청소년 회복탄력성 척도<br>• Hernandez(1993)가 사용한 학교적응유연성 척도 | • 긍정적 정서 증진<br>• 신체적 · 심리정서적 · 인지적 · 사회적 발달 및 정신건강 증진<br>• 학업동기 및 지속의지, 적응력 향상 |

## 3. 청소년의 긍정적 의사소통프로그램

### 1) 프로그램 개발의 필요성과 목적

#### (1) 필요성

교류분석(Transactional Analysis: TA)을 기반으로 학교생활에서 경험하는 심리적 갈등에 대한 나눔을 통해 해결방안을 찾고 자신의 교류방식을 이해함으로써 긍정적 의사소통을 향상하여 학교생활의 적응력 향상과 청소년의 건강한 성장발달을 도모할 수 있는 집단상담프로그램이다.

저소득층 청소년의 사회성 요인으로, 정상적인 일반가정의 청소년들보다 저소득가정 청소년들은 또래 집단 내에서 원만한 대인관계를 형성하기가 어렵고, 공격적인 행동으로 나타날 가능성이 높다(이유미, 2006). 따라서 저소득층의 취약한 가정환경은 청소년의 건강한 성장발달에 역기능적인 경향을 초래할 수 있다. 저소득층 청소년발달 과정에서의 문제는 가족 간의 부적절한 관계로 인한 상호 간의 조정 능력 결여, 반사회적 성격, 적대감 등 복합적인 사회심리 문제들을 초래할 수 있다. 농경시대에는 자연에서 채취한 것으로 생활이 유지되었지만, 현대사회는 도시화로 인한 금전이 필수적인 생활의 도구가 된다. 청소년의 양육환경은 경제적인 측면이 많이 작용하고 있는 조건이다. 저소득층은 교육적인 부문에서 관심의 대상이 될 수 있다. 이에 따라 저소득층 청소년의 역기능적인 태도와 정서 및 사회성 요인의 문제점을 개선하고 학교 적응력과 학업 성취도를 향상해 줄 수 있는 프로그램이 필요하다.

### (2) 목적

교류분석(TA) 집단상담프로그램을 통해 저소득층 청소년의 정서 및 사회성 요인에 대한 효과를 검증하고자 하며, 정서적 안정을 통한 학교생활의 적응을 돕고, 원만한 또래 관계 유지와 사회적 효능감을 향상하여 사회적 문제 상황에 잘 대처할 수 있도록 하는 것을 목적으로 한다.

### 2) 프로그램 내용

| 회기 | 주제 | 내용 |
|---|---|---|
| 1 | TA 심리검사 | • 심리검사 |
| 2 | 나는 누구입니까? | • 나에 대한 질문 10가지<br>• 이상적 자아상 |
| 3 | 혼자가 아니에요 | • 기차수첩<br>• 궁금한 내 친구<br>• 인간관계 분석 |
| 4 | “I'm ok, You'r ok” | • 나의 교류방식(P.A.C 이해하기)<br>• 내가 자주 사용하는 의사소통 방법<br>• 나의 성격적 특성이 상대에게 미치는 영향 |
| 5 | 날 울리지 마 | • CP, NP, A, FC, AC의 의사소통 이해하기<br>• 주로 사용하는 단어, 목소리 톤의 전달이 상대에게 미치는 영향 |
| 6 | | • 내가 전달한 교류가 제대로 전달되고 있는지 알아보기<br>• 쌍방향 통행으로 가는 의사소통 방법은?<br>• 내가 성장시켜야 할 의사소통 요소 찾기 |
| 7 | 교실 속 감정의 파노라마-회복적 써클 | • 감정카드를 뽑아 그 감정의 경험 나누기<br>• 힘든 감정의 순간! 해결방안 탐색 및 방법 소개하기<br>• 모두가 소중한 존재임을 알기 |
| 8 | 자기변혁과 윈-윈(win-win) | • 꿈을 가꾸는 멋쟁이 표현하기<br>• 20년 후 나의 명함<br>• 희망을 전달하기 |

### 3) 프로그램 성과

관계망을 통해 자신의 지지자원을 인식하고 서로 돕고 지지하는 또래관계를 형성한다. 또한 나의 교류방식과 성격적 특성에 대한 이해를 통해 나와 타인을 지키는 삶을 살아갈 수 있다. 뿐만 아니라 회복적 대화모임을 통해 서로의 마음을 나누며, 자기변화의 중요성을 인식하고 희망찬 미래를 설계하여 학교 적응력을 향상시킨다.

| 성과목표 | 성과지표 | 평가결과 |
|---|---|---|
| • 교류분석 집단상담프로그램이 저소득층 청소년의 긍정적 정서 변화<br>• 교류분석 집단상담프로그램이 저소득층 청소년의 사회성 변화 | • 조수철 등(1989)의 불안척도<br>• 조수철 등(1990)의 우울척도<br>• 이호선(2001)의 또래관계 척도<br>• 홍혜영(1995)의 사회적 효능감 척도 | • 저소득층 청소년의 불안과 우울 감소<br>• 저소득층 청소년의 또래 관계와 사회적 효능감 증진 |

# 참고문헌


가영희, 성낙돈, 안병환, 임성우. (2017). **성인학습 및 상담**. 서울: 동문사.

강충열, 김경철, 신문승, 한상우. (2017). **창의·인성 교육의 이론과 실제**. 서울: 학지사.

곽진현. (2012). 초등학생 직업인식 교육프로그램 효과 분석. 단국대학교 대학원 박사학위논문.

권두승, 김미숙. (1997). **사회교육프로그램 개발론**. 서울: 교육과학사.

권두승, 최운실. (2016). **평생교육경영론(2판)**. 파주: 교육과학사.

권두승. (2002). **성인학습 지도방법의 이론과 실제**. 서울: 교육과학사.

권두승. (2005). 청소년프로그램 실행 및 운영. 한국청소년개발원 편. **청소년프로그램 개발과 평가**. 서울: 교육과학사.

권일남, 오해섭, 이교봉. (2016). **청소년활동론(2판)**. 고양: 공동체.

권진하, 고근영, 김한준, 서보람, 이석진. (2022). **뉴노멀, 초연결, 플랫폼시대의 평생교육프로그램 개발**. 서울: 동문사.

기영화. (2001). **평생교육프로그램 개발**. 서울: 학지사.

기영화. (2002). **평생교육프로그램 개발 매뉴얼**. 서울: 학지사.

김동일, 신선애, 김예경. (2024). **평생교육프로그램 개발론**. 서울: 동문사.

김동호. (2016). 중등교육과정에서 효율적인 관악합주 지도방법. 원광대학교 교육대학원 석사학위논문.

김선희, 박성민, 권정언. (2010). **기업교육 프로그램 개발의 실제**. 고양: 서현사.

김성곤. (2002). 체육 수업의 목표 설정 방법에 관한 대안적 접근. **한국스포츠교육학회지, 9**(1), 25-43.

김성이, 조학래, 노충래, 신효진. (2013). **청소년복지학**. 파주: 양서원.

김승욱, 강기두. (2016). **정보기술과 마케팅의 융합을 위한 고객관계관리(CRM)**. 서울: 무역경영사.

김신일, 김재웅, 정민승. (2009). **평생교육경영학**. 서울: 한국방송대학교 출판부.

김애순, 윤진. (2001). **청년기 갈등과 자기 이해(4판)**. 서울: 중앙적성출판사.

김영화, 최영진. (2017). **오늘의 청소년, 그들은 누구인가?: 청소년복지론(2판)**. 파주: 정민사.

김용현, 김종표, 문종철, 이복희. (2010). **평생교육프로그램 개발론**. 파주: 양서원.

김용현, 성낙돈, 윤여각, 이상오, 정기수, 강무섭, 송병국, 양병찬, 김진한, 김노마, 이정희, 심의보, 하광호, 정찬남. (2018). **평생교육경영론(2판)**. 파주: 양서원.

김운걸, 이정교. (2013). 고객만족을 위한 공간디자인 마케팅 현황분석 연구: 상업 공간을 중심으로. 한국공간디자인학회. 한국공간디자인학회논문집, 8(2), 59-69.
김익균, 김흥식. (2003). 사회복지행정론. 서울: 교문사.
김종명, 구재관, 김성철, 김명근, 김재원, 신기원, 이순호, 현영렬. (2014). 사회복지 프로그램 개발과 평가. 파주: 양서원.
김지헌. (2016). 가치를 사는 소비자 공감을 파는 마케터: 남다른 가치를 찾아내는 마케팅 두뇌 만들기 프로젝트. 고양: 갈매나무.
김진화, 김소현, 전은선. (2012). 평생교육프로그램운영과 자료개발: 평생교육기관을 위한 매뉴얼. 고양: 서현사.
김진화, 김한별, 고영화, 김소현, 성수현, 박새봄. (2008). 평생교육사 직무모델 개발 및 타당화 연구. 평생교육학연구, 14(1), 1-31.
김진화. (2011). 평생교육프로그램 개발론. 파주: 교육과학사.
김창엽. (2012). 평생교육경영: 평생교육기관의 경영과 전략. 서울: 청목.
김창현, 이남, 이영희, 고경자. (2024). 현장체험 중심의 청소년프로그램 개발과 평가. 파주: 정민사.
김창현. (2023). 청소년지도방법론(2판). 파주: 정민사.
김한별, 박소연, 유기웅. (2010). 평생학습을 위한 프로그램 개발 및 평가. 파주: 양서원.
김향은, 류경희, 주석진. (2016). 청소년복지론. 파주: 정민사.
김현준. (2016). 기독교 청소년의 영성교육: 캠핑활동을 중심으로. 장로회신학대학교 교육대학원 석사학위논문.
김혜미, 오인수. (2016). 학업중단 위기 청소년의 학교적응 향상을 위한 집단상담 프로그램 개발과 효과성 검증. 중등교육연구, 64(4), 951-977.
김혜숙. (2014). 교육프로그램평가의 이론과 실제. 파주: 교육과학사.
남정걸, 권이종. (1995). 사회교육 및 청소년프로그램 편람. 서울: 교육과학사.
남정걸. (2008). 평생교육경영학(개정판). 파주: 교육과학사.
노승현, 정재민, 최은지, 김한나. (2015). 청소년의 학업중단위험성 척도개발에 관한 연구. 한국산학기술학회, 16(10), 6584-6594.
마상욱. (2024). 청소년프로그램 개발 및 평가(2판). 고양: 공동체.
마혜영. (2014). 피부미용 실기 워크북에 관한 학습자 요구분석. 호남대학교 교육대학원 석사학위논문.
문영미. (2011). 디퍼런트: 넘버원을 넘어 온리원으로. 파주: 살림출판사.
박동진, 김나연. (2019). 학교 밖 청소년의 사회적 낙인감이 우울에 미치는 영향에서 자아존중감의 매개효과. 한국청소년활동연구, 5(3), 71-87.
박정임. (2015). SF 청소년소설 연구: 2000년대 이후 SF 청소년소설을 중심으로. 건국대학교

대학원 석사학위논문.

박진규, 윤여승, 조승희, 최용환, 최희선, 하중래. (2024). **청소년문화(2판)**. 서울: 학지사.

박하나, 김영지. (2022). 학업중단 예방 사업 운영 현황 분석: 사업 개선 방안을 중심으로. **열린교육연구, 30**(3), 273-297.

배호순. (2008). **교육프로그램 평가론**. 서울: 원미사.

백사인, 배양자, 박병훈, 염영미. (2015). **청소년복지론**. 서울: 창지사.

서미숙. (2003). 암환자의 교육정보요구에 관한 문화기술적연구: 항암화학요법암환자를 중심으로. 아주대학교 교육대학원 석사학위논문.

소경희. (1996). 현대교육과정이론에 나타난 지식관의 문제. 이화여자대학교 대학원 박사학위논문.

송병국. (1999). 청소년학 연구방법론의 동향과 과제. **청소년학연구. 6**(1), 1-21.

송영희. (2002). 여성 인력개발과 직업교육훈련에 관한 연구. 아주대학교 교육대학원 석사학위논문.

신덕상, 서문진희, 권정언, 이수천. (2024). **사회복지 프로그램 개발과 프로포절 작성의 실제**. 서울: 동문사.

신용주. (2006). **평생교육의 이론과 방법**. 서울: 형설출판사.

신용주. (2021). **평생교육 방법론**. 서울: 학지사.

신용주. (2022). **평생교육프로그램 개발론**. 서울: 학지사.

신우열, 김민규, 김주환. (2009). 회복탄력성 검사지수의 개발 및 타당도 검증. **한국청소년연구, 20**(4), 105-131.

신원식, 신근화. (2016). **사회복지 프로그램 개발과 평가: 제안서 작성의 실제**. 고양: 공동체.

신유근. (2011). **경영학원론: 시스템적 접근(제3판)**. 서울: 다산.

안병환, 가영희, 임성우, 조현구. (2018). **평생교육경영론**. 서울: 동문사.

양윤란, 오경자. (2005). 또래관계기술 척도의 개발. **한국 임상심리학 저널, 24**, 961-971.

양윤옥. (2003). 프러젝트 접근법이 유아의 창의성에 미치는 영향. 남부대학교 교육대학원 석사학위논문.

여성가족부. (2014). **2014 청소년백서**. 서울: 여성가족부.

여성가족부. (2024). **2023 청소년백서**. 서울: 여성가족부.

오만록. (2021). **교육과정론(제6판)**. 서울: 동문사.

오민숙, 이은하. (2016). 학업중단 숙려제 상담에 대한 고찰. **사회복지경영연구, 3**(1), 73-90.

오세조, 김동훈, 박충환. (2006). **고객중심과 시너지 극대화를 위한 마케팅**. 서울: 박영사.

오혁진. (2021). **평생교육경영론: 공익적 평생교육기관을 위한 경영의 실제(2판)**. 서울: 학지사.

위형철. (2004). 교수기법의 효과적 활용을 통한 기업교육성과 제고 방안. 부산대학교 경영대학원 석사학위논문.
유진이, 윤혜순. (2024). 청소년프로그램 개발과 평가(2판). 파주: 양서원.
윤옥한. (2017). 평생교육프로그램 개발론. 파주: 양서원.
이경아. (2007). 지역평생교육정보센터 운영 매뉴얼(RM2007-114). 한국교육개발원.
이복희, 김윤아, 김종표. (2018). 청소년지도자와 평생교육사를 위한 청소년교육론. 서울: 학지사.
이복희, 유인숙. (2023). 평생교육 프로그램개발론(2판). 파주: 양성원.
이봉주, 김기덕. (2008). 사회복지 프로그램 기획의 이해와 적용. 서울: 신정.
이성호. (2010). 교육과정론. 파주: 양서원.
이승일, 박유진, 김우정, 이종욱, Ratje, B., 한창훈, 우지은, 조미경, 허은아, 이지윤. (2011). 프리젠테이션 코칭 북. 서울: 길벗.
이유미. (2006). 공격성 감소 프로그램의 개발 및 효과 검증: 저소득층 아동을 대상으로. 이화여자대학교 대학원 석사학위논문.
이재현, 정민재, 이재훈, SKY lab. (2016). 강파워포인트: 작업의 7원칙. 서울: 영진닷컴.
이주연, 정제영. (2015). 학업중단에 영향을 미치는 보호요인과 위험요인 간의 '힘겨루기'에 대한 질적 연구. 교육학연구, 53(3), 89-118.
이진규. (2009). 전략적·윤리적 인사관리. 서울: 박영사.
이하은. (2018). 청소년방과후아카데미 중등 실무자의 프로그램 기획 경험 연구. 동아대학교 대학원 석사학위논문.
이해주, 윤여각, 이규선. (2016). 평생교육실습. 서울: 한국방송통신대학교출판문화원.
이해주, 최운실, 권두승. (2015). 평생교육프로그램 개발. 서울: 한국방송통신대학교출판문화원.
이현규. (2009). 정신지체인을 위한 평생교육프로그램 개발에 관한 연구. 공주대학교 특수교육대학원 석사학위논문.
이현아. (2012). 마을 살리기를 위한 기독교평생교육의 역할: K시 YMCA 등대생협의 사례를 중심으로. 한신대학교 대학원 석사학위논문.
이호선. (2001). 아동의 또래관계가 학교생활 적응에 미치는 영향. 충남대학교 교육대학원 석사학위논문.
임아람. (2020). 학업중단위기 청소년의 학교적응 향상을 위한 프로그램에 대한 체계적 문헌고찰. 고려대학교 교육대학원 석사학위논문.
임창희. (2010). 신 인적자원관리. 서울: 명경사.
임형택, 권재환, 김경열, 김경태, 김민, 박병훈, 박찬원, 박희석, 오상봉, 오선아, 윤은종, 이두휴, 이용교, 정민, 천정웅. (2013). 청소년교육론: 희망세대와 함께 하기. 고양: 공동체.
전경원. (2000). 동·서양의 하모니를 위한 창의학. 서울: 창지사.
전인기, 이종호, 왕연중, 강충인. (2017). 친절한 과학사전: 기술발명 편. 서울: 북카라반.

전주성, 임경미, 김미자. (2016). 교육복지 프로그램 개발의 이론과 실제. 고양: 공동체.
정무성. (2005). 사회복지프로그램 개발론. 파주: 학현사.
정옥분. (2015). 청소년발달의 이해(3판). 서울: 학지사.
정주영. (2012). 평생교육교수자의 교수역량 강화를 위한 핵심역량개발 연구. 수산해양교육연구, 24(2), 210-223.
조기숙. (2020). 교회학교 유치부 교사양성 교육과정 개발 연구. 고신대학교 대학원 박사학위논문.
조동성. (2010). 21세기를 위한 경영학(2판). 서울: 서울경제경영.
조수철, 이영식. (1990). 한국형 소아우울 척도의 개발. 신경정신의학, 29(4), 943-956.
조수철. 최진숙. (1989). 한국형 소아의 상태 · 특성불안척도의 개발. 서울의대정신의학, 14(3), 150-157.
조아미, 임정아, 이지연, 김남은. (2018). 학교 밖 청소년 지역사회 지원모델 개발을 위한 기초조사. 세종: 한국청소년정책연구원.
조정기. (1991). 산업교육과정 편성과 교수안작성 연구. 신라대학교 논문집, 32(1), 83-102.
중앙교육연수원. (2018). 4차 산업혁명 대비 진로교육 선도교원 역량강화과정. 대구: 중앙교육연수원.
지식경제공무원교육원. (2008). 현업업무전문가(SME)과정. 천안: 지식경제공무원교육원.
차갑부. (2002). 사회교육방법의 탐구: 성인교육방법의 새로운 지평. 서울: 양서원.
차진경. (2014). SNS 특성이 주얼리 제품 및 온라인 쇼핑몰에 대한 태도형성에 미치는 영향에 관한 연구. 경기대학교 서비스경영전문대학원 석사학위논문.
천정웅, 김경준, 김세광, 김윤나. (2015). 청소년프로그램 개발과 평가. 서울: 신정.
천정웅. (2021). 청소년복지론: 발전적 관점(2판). 파주: 양서원.
최돈민, 이희수, 윤여각. (1999). 평생교육요구분석. 서울: 한국교육개발원.
최윤진. (2008). 청소년호칭의 역사에 관한 연구: 청소년호칭 유형과 의미변화를 중심으로. 청소년학연구, 15(7), 369-386.
최은수, 배석영. (2017). 평생교육경영론(개정판). 파주: 양서원.
최지연, 김현철. (2016). 학업중단 청소년의 특성 및 지원 방안 연구. 청소년학연구, 23(3), 103-132.
최혜은. (2022). 주민의 지역사회애착과 마을공동체 참여지속의 관계. 광주대학교 대학원 박사학위논문.
하서인. (2023). 학업중단위기 고위험군 청소년의 회복탄력성 증진을 위한 순환형 집단미술놀이치료 프로그램 개발 및 효과. 명지대학교 대학원 박사학위논문.
한국능률협회, (1994). 기업경영과 마케팅. 서울: 한국능률협회.
한국산업인력공단. (2016a). 평생교육프로그램설계. 울산: 한국산업인력공단.
한국산업인력공단. (2016b). 평생교육 자원조사. 울산: 한국산업인력공단.
한국산업인력공단. (2016c). 평생교육 인적자원관리. 울산: 한국산업인력공단.

한국전산원. (2006). 2006년 기관별 국내외 전망: McKinsey quarterly "2006년 주목해야 할 10대 트렌드를 중심"으로. 서울: 한국전산원.

한국청소년개발원(1997). 청소년지도론. 서울: 도서출판 서원.

한준상. (2009). 청소년학 연구. 서울: 연세대학교 출판부.

허민숙. (2021). 학업중단숙려제의 입법영향과 개선과제. 교육문화연구, 27(1), 5-21.

홍봉선, 남미애. (2018). 청소년복지론(5판). 고양: 공동체.

홍혜영. (1995). 완벽주의 성향, 자기효능감, 우울과의 관계연구. 이화여자대학교 대학원 석사학위논문.

황선영. (2015). 학습자의 참여지속과 확대에 영향을 미치는 평생교육기관의 마케팅 전략요인 분석. 공주대학교 교육대학원 석사학위논문.

황철하. (2016). 도널드 위니캇의 '중간대상' 이론을 중심으로 한 청소년연구. 장로회신학대학교 목회전문대학원 석사학위논문.

安本幸次郎, 辻功. (1980). *社会教育の方法*. 東京: 第一法規. 이용환 역. (1983). 사회교육의 방법. 서울: 빅벨.

Apps, J. W. (1979). *Problems in continuing education.* New York : McGraw-Hill.

Bloom, B. S., Engelhart, M. D., Furst, E. J., & Krathwohl, D. R. (1956). *Taxonomy of educational objectives: the classification of educational goals.* handbook 1, Cognitive domain. New York: McKay.

Boone, E. J. (1985). *Developing programs in adult education*. North Carolina State University, Englewood Cliffs, N.J.: Prentice-Hall. 권두승, 김미숙 역. (1997). 사회교육프로그램 개발론. 서울: 교육과학사.

Boone, E. J., Safrit, R. Dale., & Jones, J. (2002). *Developing programs in adult education: a conceptual programming model* (2nd ed). Long Grove, IL: Waveland Press.

Boyle, P. G. (1981). *Planning better programs.* New York: McGraw-Hill.

Brookfield, S. (1986). *Understanding and facilitating adult learnning: a comprehensive analysis of principles and effective practices.* San Francisco: Jossey-Bass.

Burns, B. M. (1978). *Leadership.* New York: Harper & Row.

Caffarella, R. S. (1994). *Planning instruction for adult learners*. San Francisco: Jossey-Bass.

Caffarella, R. S. (2002). *Planning programs for adult learners: a practical guide for educators, trainers, and staff developers (2nd ed)*. San Francisco: Jossey-Bass.

Cervero, R. M., & Wilson, A. L. (1994). *Planning responsibly for adult education.* San Francisco: Jossey-Bass Publishers.

Cranton, P. (1992). *Working with adult learners.* Toronto: Wall & Emerson.

Curzon, L. B. (2004) *Teaching in further education: an outline of principles and practice* (6th ed). NY: Continuum Publishing.

Dick, W., & Carey, L. (1996). *The systematic design of instruction (4th ed)*. New York: HarperCollins College Publishers.

Dror, Y. (1967). The planning process: A facet desing. In F. Lyden & E. Miller (Eds.). *Planning-programming budgeting.* Chicago: Markham Publishing Co.

Elkind, D. E. (1967). Egocentrism in adolescence. *Child Development, 38*, 1025-1034.

Elkind, D. E. (1978). Understanding the young adolescent. *Adolescence, Spring,* 127-134.

Flash, P., Tzenis, C., & Waller, A. (1995). *Using Student Evaluations to Increase to Classroom Effectiveness.* Minneapolis: University of Minnesota.

Gallagher, J. J. (1975). *Teaching the giftes child(2d ed.).* Boston: Allyn and Bacon.

Gilbert, N., & H. Specht. (1977). Process versus task in social plannin. *Social Work, 22*(3), 178-183.

Gresham, F. M., & Elliott, S. N. (1990). *Social skills rating system manual.* Circle Pines, MN: American Guidance Service.

Guilford, J. P. (1950). Creativity. *American Psychologist, 5*(9), 444-454.

Houle, C. (1996). *The Design of Education (2nd ed.).* San Francisco: Jossey-Bass Publishers.

Kirkpatrick, D. L. (1959). Techniques for evaluating training programs. *Journal of American Society of Training Development, 13*(3), 21-26.

Kirkpatrick, D. L., & Kirkpatrick, J. D. (2006). *Evaluating training programs: The fourlevels (3rd ed.).* San Francisco: BK.

Knowles, M. S. (1970). *The modern practice of adult education: Andragogy versus pedagogy.* New York: Association Press.

Knowles, M. S. (1989). *The making of an adult educator: a autobiographical journey.* San Francisco: Jossey-Bass.

Knox, A, B. (Ed.). (1979). *Assessing the impact of continuing education.* San Francisco, CA: Jossey-Bass.

Kotler, P. (1982). *Marketing for non-profit organizations*(2nd ed.). Englewood Cliffs, NJ: Prentice-Hall.

Kotler, P., & Andreasen, A. (1991). *Strategic Marketing for Nonprofit Organization.* New Jersey: rentice Hall.

Kowalski, T. J. (1988). *The Organization and Planning of Adult Education.* State University of New York Press.

Lauffer, A. (1997). *Grants, etc.* Thousand Oaks, CA: Sage.

Lerner, R. M., & Steinberg, L. (Eds.). (2009). *Handbook of adolescent psychology: Individual bases of adolescent development*(3rd ed.). John Wiley & Sons, Inc.

Lloyd, M. A. (1985). *Adolescence.* New York: Harper & Row.

Mager, R. F. (1997). Preparing instructional objectives: a critical tool in the development of effective instruction. Atlanta: Center for Effective Performance.

Marcia, J. E. (1976). Identity six years after: A follow-up study. *Journal of Youth & Adolescence, 5*, 145-150.

Mendenhall, G. (1973). Research, evaluation and diagnosis: Some basic distinctions. *View-points*, *5*, 17-21.

Midgley, J., & Piachaud, D. (1984). *The Fields and Methods of Social Planning.* New York: St. Martin's Press.

Niemi, J. A., & Nagle, J. M. (1977). Learners, agencies, and program development in adult and continuing education. In P. D. Langerman & D. H. Smith (Eds.). *Managing adult and continuing education program and staffs.* Washington DC: National Association of Public Continuing and Adult Education.

Queeney, D. S. (1995). *Assessing needs in continuing educations.* San Francisco: Jossey-Bass Publishers.

Rakos, R. R., & Schroeder. H. E. (1980). *Self-directed Assertiveness training.* New York: Bio Monitoring Applications.

Rogers, A. (2002). *Teaching adults (3nd ed.).* Buckingham: Open University Press.

Rothwell, W. J. & Cookson, P. S. (1997). *Beyond instruction: Comprehensive program planning for business and education.* San Francisco, CA: Jossey-Bass,

Schroeder, W. L. (1980). Typology of adult learning systems. In J. M. Peters & Associates (Eds.). *Building and effective adult education enterprise.* San Francisco, CA: Jossey-Bass.

Skidmore, R. A. (1995). *Social Work Administration: dynamic management and human relationships.* Boston: Allyn and Bacon.

Smaldino, S. E., Russell, J. D., Heinich, R., & Molenda, M. (2005). *Instrucational technology and media for learning(8th ed.).* New Jersey: Pearson.

Sork, T. J., & Caffarella, R. S. (1989). Planning programs for adults. In S. B. Merriam

& P. M. Cunningham (Eds.). *Handbook of adult and continuing education.* San Francisco, CA: Jossey-Bass.

Spears, L. C. (1995). *Insight on Leadership: service, stewardship, and servant-leadership.* New York: John Wiley & Sons.

Sork, T. S. (2000). Planning educational programs. In A, I, Wilson & E, R, Hayes (Eds.). *Handbook of adult and continuing education*. San Francisco, CA: Jossey-Bass.

Stufflebeam, D, L. (2004). The 21st century CIPP mode, In M, C, Alkin (Ed.), Evaluation root: Tracing theorists' views and influences. Thousand Oaks, Calif.: Sage Publications.

Stufflebeam, D. L. (1971). The relevance of the CIPP evaluation model for educational accountability. *Journal of Research and Development in Education,* 5, 19-25.

Tanner, J. M. (1991). Growth spurt, adolescent. In R. M. Jerner, A. C. Petersen & J. Books-Gunn(Eds.), *Encyclopedia of adolescence.* New York: Garland.

Tyler, R. W. (1949). *Basic Principles of Curriculum and Instruction.* Chicago: University of Chicago Press.

Verner, C. (1964). Definition of terms. In G. Jensen, A. A. Liveright, & W. C. Hallenbeck (Eds.). *Adult education: Outlines of an emerging field of university study.* Washington, D. C.: Adult Education Association of the U. S. A.

Waldron, M. W., & Moore, G. (1991). *Helping adult learn: Course planning for adults.* Toronto: Thompson Educational Publishing.

Wlodkowski, R. J. (1999). *Enhancing Adult Motivation to Leam(2nd ed.).* San Francisco: Jossey-Bass.

York, R. O. (1983). *Human service planning: Concepts, tools and methods.* Chapel Hill, NC: University of North Carolina Press.

Young, K. M. (1977). Educational planning. In H. J. Burbach & L. E. Decker (ed.). *Planning and assessment in community education.* Michigan: Pendall Publishing Company.

Youniss, J., & Hart, D. (2005). The intersection of social institution with civic development. In L. Jensen & R. W. Larson (Eds.), *New horizons in development theory and research*(pp. 73-81). New York: Wiley.

국립국어원 표준국어대사전. (2025). https://stdict.korean.go.kr

AUTHORS

# 저자소개


**김동일**

교육학박사

광신대학교 초빙교수

**추 양**

교육학박사

세한대학교 겸임교수

**이학곤**

경영학박사과정

세한대학교 객원교수

**천은영**

문학박사

호원대학교 전임교수

**유승창**

문학박사

나주대학교 전임교수

**전대성**

행정학박사

경북전문대학교 전임교수

**오현숙**

사회복지학박사

호산대학교 전임교수

**신선애**

사회학박사 수료

부산과학기술대학교 전임교수

**이송희**

사회복지학전공 문화예술학박사

명지대학교 겸임교수

**박호문**

한국청소년활동학회 이사

대구과학대학교 교수

# 청소년프로그램 개발과 평가


**초판 1쇄 인쇄** / 2025년 3월 5일
**초판 1쇄 발행** / 2025년 3월 10일

•

**공저자** / 김동일 · 추 양 · 이학곤 · 천은영
유승창 · 전대성 · 오현숙 · 신선애
이송희 · 박호문
**발행인** / 이 중 수
**발행처** / **동 문 사**

•

서울특별시 서대문구 홍제원 1길 12
(홍제동 137-8)
Tel: 02)736-3718(대), 736-3710, 3720
Fax: 02)736-3719
**등록번호:** 1974.04.27. 제9-17호
**가격:** 22,000원

•

ISBN: 979-11-6328-644-8 (93370)
E-mail: dong736@naver.com
www.dongmunsa.com